WERNER TRAUTMANN
NATURWISSENSCHAFTLER BESTÄTIGEN
RE-INKARNATION

W

WERNER TRAUTMANN

Naturwissenschaftler bestätigen Re-Inkarnation

FAKTEN UND DENKMODELLE

WALTER-VERLAG
OLTEN UND FREIBURG IM BREISGAU

Alle Rechte vorbehalten
© Walter-Verlag AG, Olten 1983
Satz: LibroSatz, Kriftel
Druck und Bindearbeiten:
Grafische Betriebe des Walter-Verlags
Printed in Switzerland

ISBN 3-530-88460-X

Dieses Buch ist eine «Auftragsarbeit».
Unsere tödlich verunglückte Tochter äußerte wenige Wochen
vor ihrem Tode den Wunsch, Material über die neuesten
Ergebnisse zur Re-Inkarnationsforschung zu erhalten.
Dieses Begehren veranlaßte zu einer gründlicheren
Beschäftigung mit dem Thema, weit über ihren Tod hinaus.
Das Ergebnis ist ein Geschenk ihres Drängens.
Deshalb ist diese Arbeit Karin gewidmet.

INHALT

Ein Wort zum bisherigen Todeserleben: Der Tod ist das Unverfügbare

Während die Vertikale des Denkens früher von der tiefsten Hölle bis in die höchsten Himmel reichte, begnügt sich der moderne Mensch allzuoft nur mit dem gesellschaftlichen Oben und Unten, das, gemessen an dieser anderen Vertikale, zur Nichtigkeit schrumpft. Erst die unmittelbare Berührung mit dem Tod läßt ihn an den Abgrund der anderen Vertikale gestellt sein und – angesichts der unauslotbaren Tiefe unter ihm und einer mit menschlichem Auge nicht mehr auszumachenden Höhe kosmischer Dimensionen über ihm – erschaudern vor der eigenen Nichtigkeit und der nicht aufzuklärenden Gewalt transzendentaler Mächte.

Davon war noch ein wenig zu ahnen in der Lesebuchzeit. Dürers «Ritter, Tod und Teufel» berührte stark. Da schiebt sich der Tod mit dem erhobenen Stundenglas zwischen den Ritter und seine in der Ferne aufragende Burg. Der weltliche Herr zeigt sich unerschrocken, unbekümmert, uneinsichtig. Doch dieser Tor wird seine Burg nicht mehr erreichen, denn der Totenschädel, Sinnbild des Endes, liegt auf seinem Weg. Wird sich sein Roß der Gewalt entziehen und ihn stürzen lassen? Wird Schwäche oder eine geheime Krankheit seinen Weg kürzen? Wird man ihn überfallen und töten? Was ihm auch geschehen mag, sein Weg ist der Lebensweg des Menschen damals und heute, und sein Tod ist der gleiche wie in unseren Tagen: unerbittlich, unausweichbar, absolut. Ob Atheist oder Nihilist, ob Muselmane oder Christ: dieser seinsimmanenten Autorität hat jeder seine Reverenz zu erweisen.

Seinsimmanent? Alles, was in der Zeit – im Gegensatz zur

Unendlichkeit, zur Ewigkeit – steht, hat ein Ende. Also gehört der Tod zur Seinsordnung alles Daseienden. Er läßt sich nicht bezweifeln, spätestens im Augenblick des Endes hört jede Diskussion auf. Er ist eine absolute Macht – eine absolute Wahrheit.

Das hatte bereits der jugendliche «Greis» Hugo von Hofmannsthal erkannt, als er unter dem Pseudonym Loris mit achtzehn Jahren seinen lyrischen Totentanz «Der Tor und der Tod» schrieb und damit das Ghetto des Subjektinnenraumes, in dem sich Marcel Proust bewegte, durchbrach.

Seltsam, wie bewußt nahe Jugend dem Tod stehen kann, wie stark humorigbeschwingte Heiterkeit eine Sache der Altersweisheit ist!

So ist also der Tod das Unverfügbare. Nur seine Erscheinungsweisen variieren. Und der Kirchenlehre gemäß, hat man im Mittelalter viel mehr auf diese wechselnden Erscheinungsweisen geachtet als heute: Man sprach von der «mors improvida», dem plötzlichen Tod. Der Totentanz an der Kirchhofsmauer des Berner Predigerklosters von Niklaus Manuel, der 1484 geboren wurde, zeigt den Tod, wie er als Krieger mit einer Dirne buhlt, einem Maler den Pinsel aus der Hand nimmt, dem Papst die Tiara absetzt. In unseren Lesebüchern fanden wir ihn auch in der Sicht Hans Holbein des Jüngeren (1497–1543). Auf dem Blatt «Daß Jungkine» sah man, wie er ein Kleinkind vom Herde der Mutter weg zur Tür hinauszieht, auch «Der Altmann» ist noch gegenwärtig. Das Blatt zeigte einen am Stock tappenden Greis vom zitherspielenden Totenskelett in die Grube geführt. – So ist der Tod der große Gleichmacher: hoch und niedrig, alt und jung ebnet er ein, ja selbst das Gestern und das Morgen, wenn man an das «momento mori» der Totentänzer früherer Darstellungen des «Danse macabre» denkt: «Was ihr seid, das waren wir, was wir sind, das werdet ihr», rezitierten sie. Der Tod ist unnachsichtig, brutal; er ist übermenschlich und darum un-menschlich. Jeder mag dankbar sein, dem ein qualvoller Tod des Siechtums erspart bleibt oder das Erleben des Todes in der apokalyptischen Weise, wenn er als kollektives Schicksal auf seiner Mähre wolkenhoch über die Völker jagt, wie auf den Blättern Meister Dürers.

Die besondere Furcht vor der Vernichtungskraft einer Atombombe bleibt allerdings schwer verständlich; denn zwischen dem rot lodernden Rom Neros und den weißen Chrysanthemen moderner Bombennächte gibt es als todbringendes Verhängnis keinen Unterschied: apokalyptische Todeslandschaften haben durch Jahrhunderte und Äonen die gleichbleibende schaurige Affinität. Auch wer im Kollektiv eines Krieges oder einer Pest stirbt, stirbt – nicht nur im Abstellraum des Krankenhauses – allein; ein einziges Mal, nur seinen eigenen Tod, und er bedeutet Entwurzelung, Trennung, Distanz, Abschied unwiderruflich. Doch wie er ihm begegnen will, das dürfte verschieden sein, also das, was früher die «ars moriendi» genannt wurde: die Kunst zu sterben.

«Aus des Dionysos, der Venus Sippe, / Ein großer Gott der Seele steht vor dir», – so heißt es bei Hugo von Hofmannsthal über den Tod. Und in der Tat, im dionysischen Rausch, in der Liebe, im Tod werden wir ganzheitlich entgrenzt! Der durch die Liebe Entgrenzte fließt über in das Du. Zu was entgrenzt uns aber der Tod? Holbein mochte das noch fraglos gewußt haben. Erinnern wir uns seines «Ackermannes», dessen Mähren bereits der peitschenschwingende Tod treibt. Großartig die auch geistlich gemeinte Raumtiefe dieses Holzschnittes, die langgezogenen Ackerfurchen zum Kirchdorf hin, dahinter die aufsteigenden Berge, über denen die Morgensonne der Verklärung einer künftigen Heimat aufgeht. – Oder erinnern wir uns des alten Ägypten, seiner «Kultur zum Tode hin», wie sie Oswald Spengler nannte. Zweifellos wußten die Ägypter zu sterben. Osiris verkörperte das Mysterium des toten Gottes. Als «toter» Gott stellte er in seinem Wesen die reinste Essenz des Todes dar. Vor ihm

11

stand der Verstorbene, und er pries den «toten» Gott, pries ihn mit dem eigenen stillgestandenen Herzen.

Zunehmend gleichgültiger wurde dem modernen Menschen diese überweltliche Seite des Todes, und die irdisch-innerweltliche stieß ihn ab. Von ihr sprechen die Figuren der «Törichten Jungfrauen» am Straßburger Münster: Kröten und Schlangen zerfressen den Rücken der dargestellten weiblichen Schönheit. Auch das ist der Tod: physische Formen zerfallen in seiner Hand, und wo sich die Formen auflösen, bricht das Unästhetische herein, der blühende Leib wird zum süßlich faulenden Kadaver, den gedunsenen Körper zersetzen Larven. – Daran will niemand erinnert sein.

Und auch dies ist ein Zug der Zeit: Man spricht nicht vom Genickschuß, sondern von Liquidierung; nicht von Vergasung, sondern von Endlösung; man glättet, indem es in den Todesanzeigen lautet, die betroffene Person habe «das Zeitliche gesegnet», westfälisch abgewandelt, sie sei «aus der Zeit gegangen», oder es heißt, sie sei «entschlafen», von Gott dem Herrn «heimgeholt» worden. Die Leichenhalle wurde zu den «Aufbewahrungsräumen». – In Amerika gibt es riesige Friedhöfe ohne Kreuz oder Denkmal, ohne Grab und Einfassung, selbstverständlich auch ohne Grabpflege. In einer herrlichen Wiesenhügellandschaft mit ästhetischen Baumgruppen kann man nur winzig kleine Platten im Rasen entdecken, die ein Grab anzeigen. Nichts, aber auch nichts konfrontiert den Menschen hier.

Der Tod ist zu dem geworden, was nicht sein soll, er ist das oft Halbbewältigte, Hinausgeschobene, Weggerückte, Unterdrückte: das Verdrängte. Und seine allegorischen Attribute aus einer Zeit der nichttechnisierten Agrargesellschaft muten uns fremd an: Fackel, Stundenglas und Sense.

Seit einem knappen Jahrzehnt ist allerdings eine Wandlung eingetreten: Die Todesentfremdung löst sich auf, sie macht sogar einer gewissen Todesneugier Platz – besonders unter Professoren und Studenten –, seitdem die Wissenschaft Materialien vorgelegt hat über das Erleben des Todes von seiner Innenseite her.

Darüber wollen wir zunächst berichten. Das wissenschaftliche Material wird ergänzt durch das mythologische Wissen unterschiedlichster Rassen und Kulturen. Aber auch Philosophen haben zu unserem Thema bereits mehr ausgesagt, als wir bisher wahrhaben wollten.

1. KAPITEL

Die Re-Inkarnationshypothese
verschiedener Wissenschaftszweige

Zunächst müssen wir eine Einschränkung machen: *die* Wissenschaft über den Tod gibt es nicht, die Wissenschaft als solche ist nur in einigen Disziplinen mit dem Teilbereich Tod befaßt: so die Medizin, die Psychologie, die Psychotherapie, die Parapsychologie, die Biologie, die Philosophie, die Theologie. Was einzelne Wissenschaftler bringen, sind zunächst Hypothesen zur Re-Inkarnation[1], als solche begierig aufgegriffen, aber auch strikt abgelehnt, solange sie nicht genügend verifiziert, also an anderem Ort zu gleichen Bedingungen mit den nämlichen Ergebnissen wiederholt werden konnten. Ob dieses Prüfungskriterium richtig ist, wie man zu den vorgebrachten Hypothesen Stellung nehmen kann oder muß, das soll später erörtert werden. Vorläufig erstellen wir nur eine weitgehend unreflektierte Materialsammlung. Sie wird sich zuweilen lesen wie atemberaubende Phantastereien.

Vorweg sei erinnert an die Hypothesen des amerikanischen Mediziners Dr. Andrew Earnhardt vom St.-Louis-Hospital in den Vereinigten Staaten. Ihm fiel auf, daß verstorbene Patienten vor ihrem Tod häufig über den Ausfall des Hörvermögens geklagt hatten, der bis zu zwei Stunden dauern konnte. Sie starben spätestens 72 Stunden nach einem solchen Gehörausfall. Fortan führte er genau Buch über die Äußerungen seiner Patienten am Krankenbett. Sie sprachen von Sphärenklängen während des Gehörausfalles, von einem Gefühl des Brennens im Kopf, dem Verlust des Geschmacks, einer Beeinträchtigung der Sehkraft und der Fähigkeit, die Umgebung klar zu erkennen. Dr. Earnhardt zog daraus den Schluß, daß sich der Tod zuerst im Hirnstamm bemerkbar mache, und er versuchte, diese Erkenntnis zu erhärten, indem er nach einem eigenen Schlaganfall den Chirurgen Dr. Play bat, alle Äußerungen, die er auf dem Krankenlager mache, ebenfalls aufzuzeichnen. Sie entsprachen ab dem eingetretenen Gehörverlust dem von Dr. Earnhardt selbst zusammengetragenen Material.

Unterstellen wir, daß Dr. Earnhardt tatsächlich das Sterben ein wenig erhellt habe, dann ließen sich bereits einige Schlüsse ziehen: Die Sinnesorgane fallen aus. Besser: Sie scheinen partiell auszufallen. Vielleicht könnte man auch sagen, die physischen Orientierungsfunktionen lösen sich auf, sie erfahren demnach eine Desintegration.

Und was können wir hinsichtlich der zeitlichen Erfahrung des Todes durch den Sterbenden sagen? Der Tod ist psychologisch sicherlich das «factum brutum», ein gewalttätiges Geschehen, er ist aber zeitlich augenscheinlich nicht als «interruptus» aufzufassen: als eine Erscheinung des überraschenden Abbruchs, sondern als ein Prozeß, der kumuliert im Augenblick des Herzstillstandes. Das ist eben der Unterschied zwischen einem «natürlichen» Tod und einem «unnatürlichen».

Versuchen wir uns hypothetisch darauf zu einigen, daß der Prozeß des Sterbens einsetzt mit dem von Dr. Earnhardt festgestellten Gehörausfall als einer akuten Zuspitzung des Auflösungsprozesses im Hirn und daß dieser Prozeß zum Abschluß kommt wiederum bis zu drei Tagen nach dem Herztod, dann nämlich, wenn die Kurve des Elektroenzephalographs auf Null absinkt: auch Hirnzellen nicht mehr weiterleben, dem Herztod demnach der Hirntod gefolgt ist. Zwischen dem Herztod und dem Hirntod arbeiten also noch Hirnzellen weiter in einem Zustand akuter «Unterernährung»; denn sie werden nicht mehr durchblutet, erhalten also keine Sauerstoffzufuhr. Wenn wir uns daran erinnern, daß vom Hirn 20 bis 25 Prozent des im Blut kreisenden Sauerstoffes verbraucht wird, obwohl es nur 2 bis 3 Prozent des Körpergewichtes ausmacht, und wenn wir wissen, daß eine für fünf Sekunden stockende Blutzufuhr schon Bewußtlosigkeit auslöst, dann können wir das Ausmaß dieser «Unterernährung» abschätzen. Wird nun ein Mensch aus dem klinischen Herztod mit den Folgen aussetzender Atemtätigkeit, Unablesbarkeit des Blutdrucks und ausgeweiteten Pupillen ins «Leben» zurückgeholt, dann geschieht das aus diesem Zustand anormal weiterarbeitender Hirnzellen; denn eine Reanimierung wird noch im Ablauf von fünf Minuten für möglich gehalten, in Ausnahmefällen ist sie sogar erst nach zwanzig Minuten erfolgt – ohne feststellbare Hirnschäden[2]. Alle Erlebnisse von einem «Leben nach dem Tod» sind also zunächst hier einzuordnen und keineswegs als transzendental, also als Jenseitserlebnis anzusehen. Bestenfalls handelt es sich hier um Erlebnisse, die den einsetzenden Prozeß des Hinübergehens über die Todesschwelle ahnen lassen – ahnen lassen noch diesseits der Schwelle.

Out-of-Body-Erlebnisse Reanimierter

Dr. med. Raymont A. Moody war Wissenschaftler genug, um klar zu sagen, daß der Tod erst dann eingetreten ist, wenn eine Reanimierung unmöglich wurde, daß demnach von den Reanimierten niemand nachgewiesen «tot» war[3], sondern lediglich in einem Zustand biologisch minimalster Aktivität, der von unseren herkömmlichen Meßmethoden und Kontrollinstrumenten nicht mehr erfaßt wird. Natürlich hätte das deutlicher gesagt werden sollen. Die ausgesprochen angenehmen Eindrücke Reanimierter, des Gelöstseins von den physischen Fesseln in einem zeitweilig von Geräuschen begleiteten tunnelartigen Durchgang[4] und einem Zustand des schwerelosen Dahintreibens[5], passen eigentlich zu der schon beschriebenen Neigung des Menschen, die bitteren Todeserwartungen des Unwiderruflichen und die beängstigenden Vorstellungen christlicher Endgerichtsbarkeit zu verdrängen. Auch die Begegnung mit einer Lichterscheinung, die eine starke Versuchung zu sein scheint, sie als Begegnung mit Gott auszulegen, dürfte eher eine Wunschprojektion des Unterbewußten sein, zumal sie mit dem unterschiedlichen religiösen Milieu des Reanimierten stark variiert[6]. – Nein, so einfach sind die Dinge nicht! Und doch bleibt in diesen Berichten ein bemerkenswerter Rest.

Fast durchweg wird gesprochen von einer filmartigen Schau des gesamten gewesenen Lebens im Ablauf eines Augenblicks, einem Erlebnis nicht zu beschreibender Intensität[7], und einem Zustand des Raumerlebens, das jenes Leben im dreidimensionalen euklidischen Raum weit hinter sich läßt, weil dieses Erleben multiperspektivisch zu sein scheint[8]. So wird eine Sache augenscheinlich von oben und unten, von links und rechts, aus Entfernung und Nähe, ja sogar von innen und außen im gleichen Augenblick erlebt, da man das Handeln und das Denken über beabsichtigtes Handeln gleichzeitig zu begreifen scheint. Fassen wir die von den Reanimierten kaum zu beschreibende Lebensrückblende als ein Ereignis des zu diesem Raumerlebnis eigentlich gehörenden Zeiterlebnisses auf, nämlich des Zusammenfallens von Vergangenheiten und Gegenwart zur Gleichzeitigkeit, dann scheinen die Reanimierten von einem räumlich-zeitlichen Totalerlebnis jenseits unseres euklidischen 3-D-Raumes zu berichten.

Haben sie vom «Jenseits» gesprochen? Will man wenigstens negativ abgrenzen, dann sprachen sie jedenfalls nicht mehr vom Diesseits. Aber vom «Jenseits» . . .? Die Neurologie kennt das heautoskopische Phantom[9]: eine Doppelgängerbegegnung beschränkt bis zum Hals- oder Brustansatz; die Psychologie berichtet von bedingten Out-of-Body-Erlebnissen bei extremen Isolierungsexperimenten: dem Gefühl, vom eigenen Körper teilweise abgetrennt zu sein. Todesnäheerlebnisse und Isolationserfahrungen sind möglicherweise nur graduell verschieden[10].

Es gibt einige Aussagen Reanimierter, die nach einem Autounfall in die Klinik kamen. Sie behaupten, daß jenes, was schwerelos über dem Körper schwebt, was sich vom Körper trennt, was entgrenzt wird, bereits vor dem tödlichen Aufprall aus dem Körper ausgetreten sei und den Unfall als unbeteiligter Zuschauer mit unvorstellbarer Klarheit ohne alle Emotionen der Angst oder des Entsetzens erlebt habe. – Haben wir damit eine Aussage über den Tod erfahren? Über Todeserlebnisse vielleicht, aber nicht über den Tod, wenn wir nicht aufgrund der Re-Inkarnationsforschung vermuten könnten, daß die Out-of-Body-Erlebnisse tatsächlich Schwellencharakter haben.

Reicht die Rückerinnerung Reanimierter bis an die Schwelle des Todes, so die Berichte Re-Inkarnierter über diese Schwelle hinaus zu den Ereignissen vorangegangener Leben. Shakespeares Hamlet dürfte geirrt haben, wenn er ein unentdecktes Land hinter dem Tod vermutete, «von des Bezirk kein Wanderer wiederkehrt». Welche Indizien gibt es für so eine Hypothese?

Erinnerungen an das vorangegangene Leben im frühen Kindesalter

Prof. Ian Stevenson, Fachgelehrter der Psychiatrie und gleichzeitiger Direktor der parapsychologischen Abteilung der Universität Virginia[11], hat mit seinen Mitarbeitern weit mehr als 1200 Fälle gesammelt, unter denen 600 herausgefunden, die für die Re-Inkarnationshypothese sprechen könnten, davon ein Drittel erforscht und von diesen 20 prägnannte Fälle veröffentlicht[12]. Bei Aufschlüsselung der genannten 600 Fälle kamen die Hälfte aus Indien, Ceylon, Thailand und Burma, von den restlichen dreihundert die meisten aus der Türkei, Syrien und dem Libanon, dann aus Europa und Brasilien, wenige aus Amerika und Kanada, verhältnismäßig mehr aus den Indianerbezirken Alaskas[13]. Es handelte sich durchweg um spontane Bilderinnerungen im frühen Kindesalter, wodurch die Aussagen nachprüfbar wurden durch Befragung der Versuchsobjekte, umfangreiche Zeugeneinvernahmen und Recherchen am gegenwärtigen und vergangenen Lebensort. Diese Erinnerungen setzten demnach am frühesten ein mit 1½ Jahren, hielten sich in ihrer Intensität bis zum 5. bzw. auch noch 7. Lebensjahr, um dann zunehmend schwächer zu werden. Die anhaltende Dauer von Resterinnerungen im weiteren Leben scheint demnach abzuhängen von einer mehr oder minder nachlassenden Identifizierung mit dem angeblich früheren Leben[14]. Hier einige verblüffende Fälle. Orts- und Personennamen – wegen ihres fremdländischen Charakters oft geradezu verwirrend – erlauben wir uns auf das allernotwendigste Mindestmaß einzuschränken. Da beeindrucken zwei Beispiele aus dem Lebensbereich der Tlingit-Indianer Südostalaskas wegen des Phänomens von Muttermalen in zwei Varianten, die man mit dem bisherigen wissenschaftlichen Wissen nicht zureichend erklären kann.

William Georg sen. beabsichtigt als Sohn seiner Schwiegertochter im nächsten Leben wiederzukehren; er zeigt ihr auffällig pigmentierte Muttermale auf der äußeren linken Schulter und dem inneren linken Unterarm, die als Erkennungszeichen bei Erfüllung des Wunsches dienen sollen[15]. Der in Alaska berühmte Fischer, welcher wegen eines verletzten Knöchels lahmt, erleidet den Tod vermutlich durch Ertrinken im August 1949; seine Leiche wird jedenfalls nicht gefunden. – Neun Monate später bringt seine Schwiegertochter einen Sohn zur Welt, den sie William Georg jun. nennt, weil der Knabe angeboren beide Muttermale an der Körperstelle des Großvaters trägt[16]. Er gleicht ihm später in Gesichtszügen und Haltungen, ja er hinkt in abgeschwächter

Form wie er und zeigt ebenso die Tendenz, den rechten Fuß beim Laufen auswärts zu werfen[17]. Einerseits läßt er eine bemerkenswerte Wasserscheu erkennen, andererseits zeigt er ohne eine Unterweisung ungewöhnlich früh große Geschicklichkeit mit Booten und Netzen und Kenntnisse der Fischerei[18], die bis zu dem Ratschlag gehen, man möge doch in einer bestimmten Bucht fischen, in der *er selbst* – er selbst als William Georg sen. – schon einmal einen Fang gemacht habe. Verblüffend wird diese vermeintliche Rückerinnerung eines noch nicht schulreifen Buben aber erst dann, wenn man erfährt, daß dieser rückerinnerte Fischfang die Berufslaufbahn des Großvaters einstmals entscheidend bestimmte[19]. Es braucht nicht betont zu werden, daß Wiedererkennungstests in markanter Weise erfolgreich verliefen. Auffällig werden solche Fälle vermeintlicher Re-Inkarnation aber meistens durch spontanes Wiedererkennen; wenn also William George jun. mit etwa vier Jahren von der Straße hereingelaufen kommt und behauptet, seine Schwester sei eben vorbeigegangen, die Eltern aber nachträglich feststellen können, daß es sich um die Schwester von William George sen., die Schwester des Großvaters, gehandelt habe[20].

Die Tlingit-Indianer glauben nun zwar an eine Wiedergeburt, sie möchten am liebsten getötet werden, wenn sie Krankheit oder Armut heimsuchen, um jung und gesund zurückkehren zu können; sie kennen deshalb auch keine Furcht im Kampf. Aber es wäre weit gefehlt, zu meinen, bei ihnen achte man nun besonders auf kindliche Reaktionen der geschilderten Art. Zwar bedauert die ältere Generation, daß die Jüngeren nicht mehr auf die vererbten Muttermale als Kennzeichen Wiedergeborener achten würden, doch gleichzeitig sind sie überzeugt, daß Kinder, die sich an ihr früheres Leben erinnern, vom Schicksal dazu bestimmt seien, jung zu sterben, so daß sie solche kindlichen Regungen eher unterdrücken.

Die Muttermale der beiden William George verblüffen zugegebenermaßen besonders, doch wären sie allein noch kein Beweis für Re-Inkarnation; denn anhand von zwölf Stammbäumen ließ sich feststellen, daß die Erbmasse nicht immer voll dominant ist, sondern in zwei der untersuchten Familien fand sich das Muttermal von Großeltern und Enkelteil bei den Eltern nicht[21]. Um ein solches Vorkommnis könnte es sich auch hier gehandelt haben. Erst zwei weitere Fälle für Re-Inkarnation rücken allgemein Muttermale in den Bereich einer anderen als der genetischen Erklärungsweise.

Da ist aus dem Bereich der Tlingit-Indianer jener Victor Vincent, der als Sohn seiner Nichte geboren werden will mit dem Kennzeichen einer Operationsnarbe auf dem Rücken. Tatsächlich bringt diese Nichte im Frühjahr 1946, etwa 18 Monate nach seinem Tod, einen Buben zur Welt mit der bewußten Narbe als Muttermal. Erkennbar als Operationsnarbe wird dieses Muttermal durch eine Reihe runder Pigmentierungen um die Narbe herum, die den Nadelwunden nach der Operation im Vorleben entsprechen[22]. Hier setzen nun alle herkömmlichen wissenschaftlichen Erklärungen von Muttermalen aus; man müßte, wollte man jedes weitere Nachfragen abblocken, einen mehr als merkwürdigen Zufall bemühen oder in noch ungewöhnlicherer Weise den Fall psychokinetisch umschreiben. Victor Vincents Nichte hätte dann nämlich nach Wiedergeburtsankündigung und Tod die ungewöhnliche Fähigkeit entwickelt, durch konzentrierte geistige Kraft dem Embryo im eigenen Leib ein detailliertes Prägemal dauerhaft aufzudrücken.

Coliss Chotkin ist aber nicht nur durch die Operationsnarbe Victor Vincents gekennzeichnet, er bezeichnet sich mit dreizehn Monaten mit dem Tlingit-Stammesnamen Victor Vincents, er erkennt mit zwei Jahren spontan seine Stieftochter auf einem Tlingit-Treffen, ebenso spontan seine Witwe, und auf der Straße ein andermal Victor Vincents Freundin, die er sogar mit dem richtigen Kosenamen nennt[23]. Victor Vincent und Coliss Chotkin sind übrigens beide Linkshänder und religiös gewesen[24].

Doch bleiben wir bei den recht handfesten körperlichen Merkmalen. – In den gegebenen Umschreibungen solcher Phänomene war ja stets der Willensimpuls für das Auftauchen der Muttermale von einiger Bedeutung. Erbbiologisch ungewöhnlich ist jedenfalls die Erblichkeit erworbener physischer Merkmale. Zunächst scheint es, als ob der folgende Fall wenig Neues biete, und dennoch wird er das Rad unserer Gedanken unerbittlich weitertreiben. Ravi Shankar aus Indien erinnerte sich im dritten Lebensjahr daran, als sechsjähriger Knabe ermordet worden zu sein. Er gibt Namen und Beruf seines früheren Vaters an, seine Mörder, den Tatvorgang und den Ort[25]. Tatsächlich treffen seine Erzählungen auf einen Knaben namens Munna zu, der sechs Monate vor seiner Geburt, die am 19. 1. 1951 erfolgte, ermordet wurde, indem man seinen Hals aufschlitzte[26]. Und der als Munna wiedergeborene Ravi Shankar trägt bezeichnenderweise ein Muttermal, getüpfelt pigmentiert wie eine Narbe, auf dem Drittel einer Länge zwischen Brustbeineinschnitt und Kinn[27]. Er erzählt ungehemmt – auch fremden Leuten – später seinem Lehrer, daß dieses Muttermal von der Todesnarbe stamme, er kennt die Namen seiner angeblichen Mörder, ihre Berufe – es sind die eines Friseurs und eines Wäschers –, er weiß um seine Ermordung in einem Obstgarten auf dem Weg zum Flußufer, die Verbrennung der Leiche[28]. Er zeigt in seinem neuen Leben eine unerklärliche Angst vor Menschen dieser Berufe, Angst in der Nähe eines Tempels, bei dem man zweihundert Meter entfernt den abgetrennten Kopf Munnas gefunden hatte, panische Angst, als er zum erstenmal ungewollt seinen einstigen Mördern begegnet[29]. Als sein Vater aus dem vorangegangenen Leben von den Erzählungen des Knaben in der gleichen Stadt hört, geht er ihnen nach bis zu dem Versuch einer Wiederaufnahme des Prozesses gegen den vermeintlichen Mörder, einen von zwei

Nachbarn, die den Knaben nach Augenzeugenberichten weggelockt hatten; denn die Berichte über den Mordvorgang entsprechen in ungewöhnlicher Weise dem widerrufenen Geständnis des angeblichen Mörders.

Es gibt nur zwei Erklärungen für diesen Vorgang: Entweder handelt es sich um ASW-Erfahrungen (außersinnliche Wahrnehmungen), die ob ihrer Detailtreue alle bisherigen Erkenntnisse einer rückwärts gerichteten Präkognition in den Schatten stellen, oder um Erfahrungen der Re-Inkarnation. Da sich das Muttermal unter den bisher bekannten ASW-Erfahrungen nicht unterbringen läßt, haben wir es hier möglicherweise mit handfesten Indizien für eine Re-Inkarnation zu tun.

Dr. Resat Bayer arbeitete als Präsident der Türkischen Parapsychologischen Gesellschaft jahrelang mit Prof. Stevenson zusammen. Bei 78 Prozent der im Libanon und Syrien untersuchten Fälle von Rückerinnerung handelte es sich um Personen, die früher gewaltsam ums Leben kamen und bereits in wenigen Monaten, höchstens aber nach vier Jahren, wiedergeboren wurden. Gerade wegen dieser kurzen Zeitspannen ließ sich ein zusätzlicher Indizienbeweis finden, der sehr nachdenklich stimmt. Dr. Bayer untersuchte in 15 Jahren etwa 200 Fälle einer möglichen Re-Inkarnation. Davon zeigten 140 angeboren ungewöhnliche Muttermale, Leberflecke oder Narben. Prof. Stevenson verglich in 17 Fällen die Autopsiebefunde zu den einstigen Todeswunden mit den Geburtsmerkmalen der Wiedergeborenen. Die Vergleiche erbrachten volle Übereinstimmung. So deckte sich nach Dr. Bayers Recherchen die Verbindungslinie zwischen einer Geburtsnarbe am Kinn und einem Muttermal am Hinterkopf eines türkischen Knaben nahtlos mit dem gerichtsmedizinisch festgelegten Schußkanal jenes Mannes, den der Knabe vorgab, einmal gewesen zu sein[30].

Natürlich läßt sich fragen, warum das nachfolgende Leben mit so einem Makel der Häßlichkeit belastet sei, obwohl es sich doch um unschuldige Opfer handelte. Aber gerade eine solche Frage macht verständlich, weshalb wir den Gedanken wegweisen müssen, bei diesen biologischen Vererbungsvorgängen im Rahmen von Re-Inkarnation handele es sich um ethisch deutbare Vorgänge. Nein, gewiß nicht; wir bezweifeln das sogar, obwohl der nächste Fall Indizien dafür bietet, daß der ausgeführte Mord beim re-inkarnierten Mörder symptomatische physische Defekte bewirkt haben könnte.

Es ist der Fall Wijeratne aus Ceylon. Wijeratne, geboren mit einem athrophierten rechten Arm und rudimentären, zusammengewachsenen Fingern[31], spricht mit zweieinhalb Jahren in Selbstgesprächen davon, wie er in seinem Vorleben mit einem Messer seine angetraute Frau erstochen habe, weil sie sich weigerte, in sein Haus zu ziehen[32], wie er verhaftet, abgeurteilt und hingerichtet worden sei. Und die Berichte Wijeratnes scheinen nicht der Phantasie zu entspringen: Sie treffen zu auf den 1928 hingerichteten Bruder seines Vaters. Ein buddhistischer Professor für Philosophie macht die ersten bestätigenden Überprüfungen, als der am 17. 1. 1947 geborene Wijeratne etwa fünfeinhalb Jahre alt ist.

Er zeigt zunächst keinerlei Bedauern über seine Tat; Schwierigkeiten tauchen erst auf, als eine Mitschülerin, die Ähnlichkeit mit der Frau seines Vorlebens gehabt haben soll, ihn in einer Art Wiederholungssituation abweist[33]. Da erkrankt er an einer hebephrenen Schizophrenie deshalb, weil er sich vorgenommen hatte, das unberechenbare Temperament seines Vorlebens zu zügeln und nicht wieder Gewalt anzuwenden[34].

Trotz mancher aufkommender Fragen soll es uns im Augenblick nur um physische Merkmale eines re-inkarnierten Ermordeten, eines re-inkarnierten Mörders und – im nächsten Fall – eines re-inkarnierten Selbstmörders gehen.

Schauplatz des Geschehens ist diesmal Brasilien. Die Liebe ist wiederum ausschlaggebend, eine enttäuschte Liebe. Enttäuschend durch den eigenen Vater, der eine Heirat nicht erlauben will. Ein Allerweltsfall also, ein Allerweltsfall auch die Reaktion – wenigstens in unserer Zeit: der freiwillige Tod.

Maria Januaria de Oliveiro, reiche Farmerstochter, genannt Sinha', setzt sich aus Liebeskummer absichtlich derartig Kälte und Feuchtigkeit aus, daß sie an einer schweren Lungeninfektion, wahrscheinlich einer Tuberkulose des Kehlkopfes und der Lunge, stirbt[35]. Sie gesteht ihrer besten Freundin, Ida Lorenz, auf dem Totenbett, als deren Tochter wiederkehren zu wollen. Zehn Monate später bringt Ida Lorenz ein Mädchen zur Welt, das bereits mit zweieinhalb Jahren über Ereignisse aus dem Leben Sinha's spricht. Sie nennt es Martha. Man stellt später eine auffällige Ähnlichkeit zwischen der physischen Erscheinung Sinha's und Marthas fest, auch zwischen den Handschriften beider[36]. Martha bekundet aber eine eigentümliche Angst vor Regen[37], sie zeigt eine gewisse Selbstmordanfälligkeit[38], vor allem aber dauerhaft eine so starke Anfälligkeit für Bronchitis und Laryngitis, daß Prof. Stevenson sie «als eine Art ‹inneres Muttermal› ansehen» will[39].

Versuchen wir grob eine erste Zwischenbilanz zu ziehen. Danach sieht es so aus, daß sich die äußere Gestalt möglicherweise bei einer Wiedergeburt wenig zu ändern scheint, wie das beispielgebend an den Fällen William George und Martha Lorenz sehr deutlich wurde.

Das würde erklären, warum es möglich gewesen sein soll, daß Henry Mouton, Direktor einer Konzertagentur, am 6. 12. 1975 um 20.55 Uhr auf dem Flughafen Paris-Orly durch einen ungewollten Zusammenstoß plötzlich die Jugendliebe seines früheren Lebens wiederentdeckte. Sie stutzte, weil sie ihn äußerlich nicht sofort erkannte – schließlich waren sie damals erst 17 oder 18 Jahre alt, und jetzt stand ein reifer, ausgewachsener Mann vor ihr –, aber Augen, Stimme und Blick berührten sie wie einst. Schließlich wurde ein pigmentierter Fleck auf ihrer Stirn zum Erinnerungsdurchschlupf in das frühere Leben. Sie fragte den Mann, mitten in Orly, ob er ein Muttermal zwischen den Schulterblättern habe, was er bestätigte. Sie erinnerten sich beide an die Kopfwunde des Mädchens und den abgebrochenen Eisenpfahl im Leib des Mannes, die sie – im Tode vereint an einem Brückenpfeiler sitzend – an ihren verlassenen Körpern feststellten, als man die Leichname wegräumte. Sie fanden das Dorf in der Bretagne, die Brücke, von der sie sich ins Wasser stürzten, die Bestätigung der Dorfbewohner, daß dieser gemeinsame Liebestod zweier junger Menschen tatsächlich vor 87 Jahren geschah[40].

Mitnahme erworbener Kenntnisse, Fähigkeiten, Dispositionen in ein neues Leben

Standen die bisher ausgewählten Beispiele unter dem Gesichtspunkt physischer Stigmatisierung im vorangegangenen Leben, so die folgenden unter dem Eindruck des Behaltens erworbener Fähigkeiten und Dispositionen über dieses Leben hinaus. – Auch sie widersprechen allen bisherigen erbbiologischen Erkenntnissen.

Da wird von einem Mädchen namens Swarnlata, der Tochter eines Distriktschulinspektors aus Indien berichtet, die mit reichlich drei Jahren Rückerinnerungen an ihr früheres Leben hat und zwischen dem 5. und 6. Lebensjahr mit beeindruckender Stimme nicht nur Lieder in bengalischer Sprache singt, die sie nicht ins Hindi zu übersetzen weiß, sondern dazu auch mit viel Geschick auf diese Lieder abgestimmte Tänze tanzt. Zwar handelt es sich hier nur um einen Fall rezitativer Xenoglossie, er ist aber deshalb sehr bemerkenswert, weil sich solche Fertigkeiten nur durch eifriges Üben aneignen lassen, was erwiesenermaßen in diesem Leben nicht geschah[41].

Da hören wir von dem Inder Parmod, der zwischen dem

3. und 4. Lebensjahr behauptet, ein reicher Ladenbesitzer gewesen zu sein, der englische Redewendungen entsprechend den Kenntnissen des Vorlebens gebraucht, obwohl die Eltern kein Englisch sprechen, und der bei einer Ortsbesichtigung spontan eine sehr komplizierte Sodawassermaschine, die man heimtückisch vorher außer Betrieb gesetzt hat, wieder in Gang bringt, wie das früher zu seiner Aufgabe gehörte. Er zeigt Interesse für Chiromantik, was im einstigen Leben sein Hobby war[42]. Es darf nicht vergessen werden, daß es sich hier um Leistungen von Kleinkindern handelt, die auch gelöst aus diesem Zusammenhang ungewöhnlich wären.

So zeigt Paulo Lorenz aus Brasilien, geboren am 2. 2. 1923, bereits vor dem 5. Lebensjahr ungewöhnliche Talente und Geschicklichkeiten an der Nähmaschine, obwohl ihn niemand dazu angeleitet hat[43]. Und doch gibt es für diese Fähigkeiten, die eher einem Mädchen gemäß wären, mit der Hypothese von der Re-Inkarnation eine Erklärung. Bei Paulo könnte es sich um eine Re-Inkarnation innerhalb der gleichen Familie handeln; denn eineinhalb Jahre vor Paulos Geburt starb die Schwester Emilia, die sich durch ein ausgesprochenes Nähtalent an der Nähmaschine charakterisierte. Sie hatte, mit ihrer Existenz als Mädchen äußerst unzufrieden, ihren Brüdern zuvor gesagt, sie wolle als Mann wiederkehren. Als mehrere Selbstmordversuche mit Arsen nicht zum Erfolg führten, nahm sie Zyanit[44]. Paulo aber wird nicht nur als ungewöhnlicher Nachfolger dieser sehr kinderreichen brasilianischen Familie geboren mit den beschriebenen Nähtalenten, sondern auch mit ausgesprochen femininen Zügen, die sich bis zum 5. Lebensjahr in der strikten Weigerung äußern, männliche Kleidung zu tragen, bis in die Teenagerzeit im Habitus, bis zum 39. Lebensjahr im Verhältnis zu den Männern[45]. Wie Emilia heiratet Paulo nicht, wie sie kennzeichnen erfolglose Selbstmordversuche dieses Leben; es verlöscht ohne Anzeichen von Reue in einem Krankenhaus zehn Stunden nach dem eigenhändigen Überschütten mit einer brennbaren Flüssigkeit[46].

Bleiben wir zunächst bei den augenscheinlich früher erworbenen, also «angeborenen» Talenten des Tanzens und zweier verschiedener technischer Fertigkeiten. – Es wäre widersinnig, wollten wir für diese sehr speziellen «angeborenen» Talente die herkömmliche Erbbiologie bemühen. Andererseits geht von diesen Beispielen eine eigenartige Faszination aus. Liegt hier nicht eine Erklärung für das Phänomen des jugendlichen Genies?

Mozart gab schon mit fünf Jahren Konzerte und komponierte selbst. Auch der Violinvirtuose Yehudi Menuhin hatte mit sieben Jahren die Perfektion der Konzertreife erreicht. Leonard Bernstein, der kürzlich einen großartigen Beethovenzyklus mit den Wiener Philharmonikern zu Gehör brachte, fühlt sich als die Wiedergeburt des sieben Jahre vor ihm gestorbenen Gustav Mahler. Die Wiederbegegnung mit dessen handgeschriebener Partitur der 9. Symphonie soll ihm in einem Durchbruchserlebnis diese Erkenntnis gebracht haben. So kehrt er auch immer wieder von Amerika nach Wien zurück, in Mahlers Heimat.

Schachweltmeister Robert (Bobby) Fischer glaubt die Wiedergeburt des kubanischen Schachweltmeisters José Raoul zu sein, dem er in Statur und Spielstil verblüffend ähnelt. Er erkämpfte sich schon mit 14 Jahren die Schachmeisterschaft Amerikas; und Samuel Reschewsky besiegte mit 5 Jahren in einem Simultanspiel gleichzeitig drei der besten europäischen Schachspieler.

Der englische Philosoph John Stuart Mill soll schon mit 3 Jahren griechische Texte übersetzt haben; der französische Philosoph und Mathematiker Blaise Pascal brachte jedenfalls schon mit 11 Jahren die erste Forschungsarbeit heraus: eine Untersuchung über Akustik.

Wunderkinder! Bewundernswerte Kinder? Verwundernswerte Kinder? Frühvollendete? Oder handelt es sich um

Spätvollendete, die unter dem Zwang der Re-Inkarnations-rückkehr standen, um eine durch den Tod unterbrochene Entwicklung abzuschließen? – Auch dazu scheint es neue Antworten zu geben.

Wir haben solche Erscheinungen bisher immer in unserer Verlegenheit mythologisierend überhöht: dann wurde halt das Genie «von der Muse geküßt», oder wir haben pseudo-religiös überhöht und davon gesprochen, daß dieser Bub «begnadet» gewesen sei. Mozart hatte aber vielleicht lediglich «Nähmaschinentalente» wie Paulo Lorenz aus Brasilien. Das Klavier war Mozarts «Nähmaschine»; ein wiedergeborener Musiker kam durch sein in ihm fortgesetztes Leben quasi zur Vollendung! – Platon und C. G. Jung haben uns bei dieser Gedankenführung gewiß über die Schultern geschaut. Lassen wir jedoch vorläufig nur die Hypothese gelten vom vermeintlichen Mitnehmen erworbener Kenntnisse, Fähig-keiten, Fertigkeiten und Talente in ein nächstes Leben, ohne jetzt schon Folgerungen zu ziehen.

Werten wir die umschriebenen Fälle nämlich noch etwas gründlicher aus, dann scheinen wir nicht nur eine intakte oder versehrte physische Statur, nicht nur erworbene oder nicht erworbene (also lückenhafte) Kenntnisse in ein näch-stes Leben mit hinüberzunehmen, sondern auch psychische Dispositionen, psychische Defekte, ähnlich wie Körpernar-ben. Genau das aber ist es, was ein anderer Forschungszweig zu Tage gebracht hat.

Resümieren wir die wenigen umschriebenen Fälle: William Georg Senior verstarb vermutlich durch Ertrinken; William Georg junior zeigte trotz ungewöhnlicher Kenntnisse der Fischerei eine mehr als durchschnittliche Wasserscheu[47]. – Parmod, das Sodawasser-Maschinen-«Genie» zeigte eine ausgesprochene Aversion gegen Quark, weil er in seinem früheren Leben durch ein Übermaß an Quark eine Magen-Darm-Krankheit heilen wollte, die schließlich zum Tode führte[48]; er bekundete einen Widerwillen, ins Wasser getaucht zu werden oder im Fluß zu schwimmen. Diese Scheu hing mit Wannenbädern zusammen, die kurz vor dem Tode genommen wurden[49]. – Marta Lorenz, die sich in ihrem früheren Leben mit selbstmörderischer Absicht Kälte und Feuchtigkeit aussetzte, bezahlte dies mit einer Angst vor Regen im nächsten Leben[50]. – Bei einem von uns nicht aufgenommenen Fall Gnanatilleka aus Zentral-Ceylon zeigte das Mädchen nach Geschlechtsänderung eine starke Furcht vor Ärzten und Krankenhäusern, besonders aber davor, von etwas herabfallen zu können, weil der frühere Tod wahrscheinlich im Krankenhaus nach einem Sturz vom Stuhl erfolgte[51]. Ein anderer, von uns nicht berücksichtigter Fall aus dem Lebensbereich der Drusen des Libanon handelte von einem Imad Elawar, der sich besonders freute, wieder gehen zu können. Recherchen erbrachten, daß es sich bei dem langen Krankenlager vor seinem Tode um Knochentuberkulose handelte[52]. – Das Todesgeschehen scheint also eine besondere psychologisch prägende Wirkung für ein künftiges Leben zu haben.

Re-Inkarnationstherapie –
Leben als psychische Bewältigung früherer Existenzen

Da es sich bei den bisher umschriebenen Phänomenen der Re-Inkarnation immer nur um solche der Frühkindheit handelte, mußte die Ergebnisausbeute gering sein; um so logischer dünkt es, solche prägenden Wiederholungssituationen bei psychisch Kranken zu entdecken, zu entdecken als eigentliche, tiefste Ursache der Krankheit.
Moris Netherton gründete als promovierter Psychologe das «Institute for Past Life Awareness» in Los Angeles. Nach jahrzehntelanger Praxis legte er, zusammen mit Dr. Nancy Shiffrin von der neuropsychiatrischen Klinik der «University of California» einen ersten zusammenfassenden Erfah-

rungsbericht vor über die Heilerfolge seiner Re-Inkarnationstherapie[53]. Es handelt sich bei den berichteten Fällen um traumatische Erkrankungen, die das Leben unerträglich überschatten, beispielsweise als Hoffnungslosigkeit und als Angstkomplex vor einem Ruin, obwohl nicht der geringste Anlaß dazu besteht, als die ständige Angst, eingesperrt zu werden, sich möglicherweise aus geschlossenen Räumen nicht mehr befreien zu können, eine Form von Klaustrophobie also, oder ganz einfach: als das Lebensgefühl des «In-der-Patsche-Sitzens». Aber auch ganz handfeste Magenerkrankungen psychosomatischer Art gehören dazu; dann die typischen Fälle einer psychotherapeutischen Praxis: Epilepsie; vorzeitige Ejakulation, Orgasmusunfähigkeit und Impotenz; Alkoholismus; Kopfschmerzen; kindliche Überaktivität, sofern es sich nicht um die Schädigung eines zerebralen Erethismus infolge Meningithis handelt.

Bei den Probanden, deren Fall für die Veröffentlichung interessant erschien, handelte es sich mit Ausnahme von einem Fall um keine Kinder, sondern um Menschen aller sozialen Schichten, darunter ein Mediziner, ein Rechtsanwalt, ein Manager, ein Geschäftsmann. Reale soziale Schwierigkeiten hatten sie nicht. Gerade das machte sie ja zu einem Fall für den Psychotherapeuten. Warum wurden sie aber gleichzeitig zu Probanden wissenschaftlicher Analyse in der Praxis Dr. Nethertons? Deshalb wohl, weil die herkömmliche Art der Psychotherapie, derartige Fälle zu behandeln, nicht immer den entsprechenden Erfolg zeigte.

Ein Kindheitserlebnis kann sehr bedrängender, einschränkender, ängstigender Art sein. Dann werden die entsprechenden Traumata ein Fall für den Psychotherapeuten oder für den psychiatrischen Gutachter im Gerichtssaal, wenn die neurotischen Belastungen etwa in die Kriminalität führten. Solche Einflüsse können auch in der pränatalen Phase liegen, also vor der Geburt. Exakter müßten wir heute schon sagen in der pränatalen Phase des Mutterleibes. Und da meinen wir nicht die möglichen physischen Folgen eines im Schnitt um zwei cm kürzeren Babys bei der rauchenden Schwangeren oder die schon möglichen Deformationen des werdenden Kindes durch Röteln der Mutter, sondern psychische Erkrankungen, die auf die pränatale Mutterleibphase zurückgehen, weil der Embryo nicht nur alle physischen, sondern auch alle psychischen Erlebnisse der Mutter in dieser Zeit teilt. In konsequenter Sigmund-Freud-Nachfolge lassen sich so entstandene Traumata durch Reaktivierung des Unterbewußtseins psychotherapeutisch behandeln. Dr. Netherton und andere sind nun einen Schritt weiter gegangen, indem sie den Patienten in die pränatale Phase außerhalb des Mutterleibes zurückführten. Und siehe da, sie entdeckten Existenzen verschiedener Vorleben, aber auch Existenz außerhalb jeder Leiblichkeit. Man bezeichnet das «Zurückgehen» (lat. regredi) in das Vorleben einer Person als «Regredieren». Wie das möglich ist, lassen wir zunächst offen. Wir müssen hypothetisch jedenfalls annehmen, daß es so etwas gibt, da Netherton in der psychotherapeutischen Ursachenergründung für psychische Erkrankungen aufsehenerregende Erfolge zu haben scheint, gerade dort, wo die Medizin bisher versagte. Da er jedoch lediglich mittels Suggestion arbeitet, muß seine Richtung wahrscheinlich eingeordnet werden zwischen das, was Stevenson bei Kindern recherchierte, die sich im Wachbewußtsein selbst an frühere Vorleben erinnerten, einerseits und andererseits Hypnoseärzte die eine solche Erinnerung auf Befehl bewirken. Netherton setzt an bei den wiederkehrenden Stereotypen in der Alltagsrede seiner Patienten. Suggestion läßt sie als Prägungen eines Vorlebens erkennen, so daß sich der Patient bei bleibender Wahrnehmung der Umwelt rückerinnert.

Es ist ein weitverbreiteter Irrtum, daß Hypnose nur dann gegeben sei, wenn die hypnotisierte Person in einen schlafähnlichen Zustand der Bewußtlosigkeit falle. Schon die hypnotischen Erscheinungen der Massensuggestion während

Fußballspielen, Krawallen oder revolutionären Reden macht die fließenden Übergänge deutlich. Die Patienten Dr. Nethertons befinden sich also in so einem Übergangsstadium. In dieser leichtesten Form der Hypnose arbeitet der Patient noch bewußt mit; im Sinne von Leibniz ausgedrückt, er apperzipiert das früher Perzipierte: er hebt in früheren Leben unbewußt Erlebtes in diesem Leben ins Bewußtsein. Was sich dabei zeigte ist grauenerregend. Wir dürfen jedoch nicht vergessen, daß es sich um die Ursache von Zwangsneurosen handelt, also um die Diagnose tief Kranker, von denen her sich allerdings Folgerungen ziehen lassen auf den wahrscheinlich «gesunden», den «normalen» Ablauf von Wiedergeburten. Bei gewissen Patienten will man schon bis zu siebzehn festgestellt haben! Was läßt sich demnach über Nethertons Material zusammenfassend sagen?

1. Die pränatale Phase des Mutterleibes stellt in sich eine gegliederte Zeitabfolge dar: den Augenblick der Empfängnis, die Zeitspanne der Empfängnisungewißheit, die restliche Schwangerschaftszeit und die Phase der Geburt. Alle Phasen kennzeichnen sich durch die Disposition für eine bestimmte Art von Trauma. Das Unterbewußtsein des ungeborenen Kindes nimmt unterschiedslos alles auf: die liebende Zuneigung der Mutter, ihre psychischen Belastungen und Gedanken, das zwischenmenschliche Zusammenleben der Eltern, jede Rede, die an die werdende Mutter gerichtet wird, nach Netherton sogar schon vor der Empfängnis. Diese Erlebnisse des Fötus bringen, ausgelöst durch charakteristische Umstände im Leben der Mutter, bestimmte Vorgänge vergangener Leben des werdenden Kindes bewußtlos in dessen Erinnerung, so daß derartig erinnerte Ereignisse die Verhaltensmuster für das nächste Leben zu prägen scheinen, obwohl das Bewußtsein postnatal, also nach vollzogener Geburt, davon nichts weiß. «Mit der Geburt beginnt für das Kind ein Leben, in dem es versucht, die Erfahrungen aus früheren Existenzen ‹bewältigen›, ohne sie überhaupt zu

kennen»[54] – psychologisch zu bewältigen, müssen wir wohl Netherton ergänzen, da sonst moralische Kategorien vermutet werden könnten.

2. Eng mit den traumatischen Erlebnissen früherer Leben und den traumatischen Prägungen in der pränatalen Phase hängt das Geburtstrauma zusammen. Da die Geburt als erste mit Bewußtsein erlebte Situation gilt, prägt sie die psychische Belastbarkeit des werdenden Lebens, wobei Mutter, Vater, Ärzte und Krankenschwestern jeweils einen Part in diesem Lebensspiel haben können[55]. – Unter «Streß» zusammenbrechende Menschen erfuhren zum Beispiel hier ihre Disposition.

3. Der Tod macht unser Tun und Wollen abrupt unvollendet. Er stimuliert das Trauma des Ungenügens; das kann so stark sein, daß von jenem, was von uns überlebt, fast augenblicklich ein neues Leben «gewählt» wird, das ein Verwirklichen der noch nicht ausgelebten Verhaltensmuster zuläßt.

Schwer wird gestorben, wenn der Tod Rückerinnerungen an frühere schmerzhafte und angsterfüllte Tode auslöst. So wird mit der zu erwartenden Todesstunde unser Tod in künftigen Leben geprägt, aber auch alle todesverwandte Lebenssituationen wie Abschied, Trennung, Ungenügen. Damit scheint die Begründung gefunden zu sein für die in abgewandelter Form ständige Wiederholung von Grundsituationen in allen rückerinnerten Lebensläufen einer bestimmten Person. Handelt es sich um solche tief traumatischer Art, dann ergibt sich ein Kreislauf erschreckenden Ausgesetztseins. Zwei typische Beispiele sollen genügen.

Erstes Beispiel: Bei der zu behandelnden gesundheitlichen Beschwerde handelte es sich nur um schreckliche Kopfschmerzen eines jungen Arztes, der sich über Nacht entschloß, seine gutgehende augenärztliche Praxis aufzugeben und seine Frau und einen neunmonatigen Sohn einfach zu verlassen. Es läßt jedoch aufhorchen, wenn man die Ursache vernimmt. In einem früheren Leben will der Mann mit einem

Indianermädchen im Wald überrascht worden sein. Die Stammesangehörigen des Mädchens hätten sie umzingelt, dem Weißen wegen dieses Frauenraubes ein Lederband um den Kopf gelegt und mit einem Stock solange zusammengedreht, bis der Schädel sprang. – In einem weiteren Leben hätte man ihn wegen eines Büffelraubes gefesselt und auf Bahnschienen gelegt. Diesmal sei er als Indianer Weißen in die Hände gefallen. Jede Bewegung übertrug sich von der Fessel auf ein um die Stirn gelegtes Metallband, das sich dann schmerzhaft zusammenzog. So hätte er reglos gelegen, bis der Zug seinen Schädel zertrümmerte. – Ein drittes Leben sei geendet durch einen Kopfschuß, abgefeuert aus nächster Nähe von einem verfolgenden Reiter, der ihm den vermeintlich strafbaren Vorwurf gemacht habe, mit der Tochter herumgezogen zu sein. – In einem vierten Leben, wiederum als Indianer, sei nach dem Tode des Häuptlings der Kampf mit einem Stammesbruder um die Häuptlingsnachfolge Brauch gewesen. Nach seinem Sieg über den Rivalen habe er am Flußufer gesessen, als ihn ein tödlicher Schlag von hinten auf den Kopf traf, der zum Tod des Ertrinkens führte. – Alle Wiederholungssituationen der Vorleben, in denen es stets um die Bestrafung nach einem Habenwollen ging, wurden virulent durch eine äußerst schwierige Zangengeburt, bei der sich das Metall der Zange um den Schädel legte[56].

«Ich glaube», schreibt Dr. Netherton auf der Grundlage solcher Praxiserfahrungen, «daß in gewisser Weise jede Krankheit psychischen Ursprungs ist»[57]. Netherton hat in wenigen Fällen auch über gemachte Aussagen Recherchen angestellt, obwohl solche Beweisführungen gar nicht in seiner Absicht lagen, sondern lediglich der therapeutische Erfolg. Zudem geben die Patienten der Re-Inkarnationstherapie oder in Hypnose Rückgeführte selten genaue, nachprüfbare Daten an, die ihnen angesichts des Bemühens, Traumata aufzulösen, auch unwichtig erscheinen müssen. Außerdem ist die Fehlerquelle des Irrtums einzuschließen. Um so erstaunlicher ist es, dennoch in Einzelfällen nachprüfbarem Material auf die Spur zu kommen.

Zweites Beispiel: Eine Patientin Dr. Nethertons berichtete, sie sei 1903 als uneheliches Kind einer Schauspielerin in New York geboren, von einem älteren Ehepaar adoptiert und bis zum Unfalltod ihrer Zieheltern im Jahre 1916 in Pennsylvania aufgezogen worden. In den zwanziger Jahren habe sie Mc. Cullum geheiratet, der 1928 an Lungenentzündung starb. Am 11. Juni 1933 habe sie sich schließlich im Zuschneideraum ihres kleinen Kleidergeschäftes in der Nähe der Siebten Straße Manhattans erhängt. Dr. Netherton hat nun tatsächlich den amtlichen Totenschein einer Rita Mc. Cullum recherchieren können: Todesdatum 11. Juni 1933; Todesursache Erhängen; Alter 30 Jahre (Geburtsjahr also 1903!); Todesort die Dreißigste Straße – bis heute ein Zentrum der Modeindustrie[58].

Die erwiesene Exaktheit dieser in der Retro-Kognition (= Rückschau in die Vergangenheit) gemachten Angaben widersprechen dem Einwand, es könne sich lediglich um einen Fall von ASW handeln. Auch die Widerlegungsexperimente E. Zoliks[59] verlieren angesichts des geschilderten Tatbestandes an Beweiskraft. Er versetzte Probanden in Hypnose und befahl ihnen, sich der durch «age regression» (= hypnotische Rückführung in ein zurückliegendes Lebensalter) bewirkten Retro-Kognition im Wachbewußtsein wieder zu erinnern. Da diese Versuchspersonen darauf thematische Ähnlichkeiten zwischen Theaterstücken und Büchern, die sie gesehen, bzw. gelesen hatten, feststellen konnten, glaubte er die Re-Inkarnations-Berichte Regredierter in den Bereich der Phantasie verweisen zu können. Will man Netherton und Zolik gegeneinander abwägen, dann muß sich die Waage Netherton zuneigen, da er die Stimmigkeit harter «facts» vorweisen kann, während Zoliks Ergebnisse eher im Sinne Platons zu interpretieren wären: Seine Versuchspersonen waren deshalb von bestimmten Theaterstücken und Büchern

erlebnismäßig angesprochen worden, weil Stoff und darge-
stellte Problematik ganz allgemein eine unbewußte Rückerinnerung an früher tatsächlich gelebte Leben bewirkten.

Hypnotisch induzierte Regredierung

Es gibt andere Psychologen, die Retrokognitionen in Hypnose auch gern als Konfabulation, als «schnelle Projektion»
abtun, obwohl gerade der letzte Terminus die Tatsachen
total verfälscht. Denn «age regression» führt nicht zu Wahn-
phantasien, sondern zum direkten Nacherleben von
Schmerz, von Todes- und Geburtsangst. Dieses Nacherleben
vollzieht sich in der gleichen intensiven Art, wie sich das
Nacherleben tatsächlicher traumatischer Kindheitserleb-
nisse dieses Lebens hypnotisch induziert abspielt, seitdem
Sigmund Freud in dieser Weise erstmals praktizierte. Niemand vermag nachzuweisen, daß ein solcher Intensitätsgrad
des Nacherlebens nur durch ein geistiges Erlebnis, also ein
weniger existentielles und emotionales, bewirkt werden
könne mittels Theater und Buch.
Das Schweizer Fernsehen gab die Möglichkeit, eine solche
hypnotisch induzierte Regredierung mitzuerleben. Das Geschehen erschöpfte auch den Zuschauer. Bei dem erwähnten
Fall gelang es nämlich dem Hypnotiseur kaum noch, die in
nacherlebter Todesgefahr schwebende Frau über dieses Erleben hinwegzubringen. Insgesamt zeigte der Fernsehfilm
drei nacherlebte Situationen dreier Vorleben; da sie stark
geschichtsbetont waren, hatte der Hypnotiseur nachträglich
die aufgenommenen Tonbänder Oxford-Historikern zur
Verfügung gestellt. Der Film gab demnach ein in England
gemachtes Experiment wieder, das vom Schweizer Fernsehen übertragen wurde. Vielleicht vermittelte er aber nur die
Wiederholung eines hypnotisch induzierten Zurückgehens
in frühere Leben, da sich eine Person beliebig oft in die

einmal berichtete Situation regredieren läßt. Bei solchen Wiederholungen kommen nämlich auch die Antworten als stereotype Wiederholungen, was ebenfalls gegen ein freies Fabulieren spricht. Der Film wurde 1976 gedreht. Gleichzeitig erschien über Arnall Bloxheim aus Cardiff und seine Experimente ein Buch. Diese Veröffentlichung des Präsidenten der britischen hypnotherapeutischen Gesellschaft basiert auf etwa 400 Regredierungen seit 1926, von denen die Patienten in den früheren Jahrzehnten nicht einmal etwas erfuhren[60].

Nun aber zu der einen dieser drei Regredierungen: Die junge Frau, eine Walliser Hausfrau, lag mit geschlossenen Augen. Sie führte uns in das Mittelalter zurück, in die Stadt York. Schreckliches mußte sie damals erleben, weil sie zur jüdischen Gemeinde gehörte. Ein Judenpogrom bedrohte ihr Leben. Den Berg hinauf flohen die Verfolgten, dort stand eine Zitadelle. Als auch sie den mordgierigen Christen nachgab, konnten sich nur wenige durch eine geheime Pforte retten, darunter die Frau mit ihrem Kind und ihrem Mann, dessen Namen sie zu nennen wußte. Unterhalb des Hügels stand eine Kirche, angeblich neben einem Tor, dessen Namen sie auch noch kannte. Dorthin rannten sie. Sie kamen ungesehen bis in die Krypta der Kirche und glaubten sich im christlichen Bethaus schon sicher. Doch die Verfolger nahten, drangen lärmend ein, stürzten die Treppen hinunter. Todesfurcht und Panik ergriff die Verfolgten. – Die Frau wälzte sich auf der Liege, schrie, warf den Kopf wild hin und her. Mühsam, sehr mühsam und mit viel Anstrengung brachte der Hypnotiseur diese Frau über ihre Erlebensszene hinweg.

Nein, so kann niemand schauspielern und phantasieren oder ein Buch nacherleben! Diese Frau schien tatsächlich für Minuten die jüdische Mutter des Mittelalters zu sein. Und der Historiker? Seine Antworten waren nicht weniger spannend. Zunächst einmal mußte er feststellen, daß es sich bei diesen geschilderten Erlebnissen um quellenmäßig sehr schwer zugängliche Vorgänge handelte. Er selbst habe von einer Judenverfolgung in York erst erfahren, als er sich im Rahmen einer Lesungsvorbereitung mit der Geschichte des Judentums in England befaßte. Er hielt es deshalb für unwahrscheinlich, daß die einfache Frau durch Lektüre auf die Geschehnisse gestoßen sei. Der von ihr genannte Name des Mannes wurde möglicherweise leicht verstümmelt wiedergegeben; einen Mann dieses Namens weisen jedenfalls die Quellen als Vorsteher der jüdischen Gemeinde zur Zeit des geschilderten Judenpogroms aus. Sowohl die Flucht in die Zitadelle als auch das Entkommen einiger aus dieser Zitadelle ließen sich belegen.

Nun aber ging es um die nicht belegbaren Passagen. Ein Stadttor des genannten Namens fand sich nicht. Man hielt sich an die beschriebene Topographie und lokalisierte die einzig mögliche Kirche. Sie war von der Zitadelle aus sichtbar und ihr so nahe gelegen, daß man die geschilderten Todesschreie vom Massaker in der Zitadelle durchaus bis hierher hätte hören können. Der Film tastete das Kirchenschiff ab. Man restaurierte. Fußbodenplatten lagen aufgeschichtet. Bilder der Enttäuschung; denn der entscheidende Beleg für die Story fehlte: die Krypta. Weder historische Quellen noch Kirchenbücher oder kunsthistorische Nachforschungen erbrachten einen Hinweis. Die Sensation löste ein Zufall aus. Noch während der Fertigstellung des Films entdeckten Bauarbeiter bei der Fußbodenrestaurierung unter einer gehobenen Platte tatsächlich den Zugang zu einer Krypta dieser Kirche, von der niemand bisher etwas wußte. Durch ASW ließ sich diese Ortskenntnis jedenfalls nicht erlangen.

Schließlich scheinen die in Hypnose abgerufenen Sprachfähigkeiten der Probanden ein fast nicht widerlegbares Indiz für eine Re-Inkarnation zu sein. In der Erstphase des Forschungsunternehmens «Re-Inkarnation» konnte der schwedische Internist John Björkhem[61], der sechshundert Fallstudien gesammelt hat, mit einigen sensationellen Beispielen aufwarten. Alle ernsthaften Zweifler an der Re-Inkarnationshypothese muß man auf der Grundlage seiner Tonbandprotokolle wohl fragen, wie es anders zu erklären sei, daß eine englische Sportlehrerin plötzlich altägyptisch sprechen konnte, nach den hinzugezogenen Sprachwissenschaftlern vermutlich einen Dialekt der 18. Dynastie. Wie, so ließe sich weiter drängen, konnte eine Amerikanerin zur Verwunderung der Philologen in Hypnose plötzlich eine nicht mehr gebräuchliche alte arabische Sprache reden? Wie wäre es zu erklären, daß der Italiener Mirabelli im Trancezustand 28 Sprachen und Dialekte – auch schriftlich – beherrschte? Wie könnte eine dreizehnjährige Engländerin zeitgenössische Bräuche, Mundartgedichte und Namen im Dialekt des Lanquedoc als Befreiung von ihren Alpträumen dem britischen Psychiater Dr. Arthur Guirdham aufschreiben, wenn sie die grausamen Verfolgungen der Katharer im Mittelalter nicht selbst erlebt hätte[62]? Der bibeltreue Bildungsprimitivling Cayce, bei dem man in Hypnose die ungewöhnliche Fähigkeit der medizinischen Diagnose entdeckte, gab als Angestellter der Praxis von Dr. Wesley H. Ketchum in Amerika insgesamt 30 000 «Readings» (= Krankheitsdeutungen) von Patienten während seiner Trancezustände, wobei er zuweilen perfekt französisch oder griechisch (!) redete[63]. Sein wohl in früheren Leben – weil eindeutig nicht in diesem Leben – erworbenes medizinisches Wissen und die vermutlich damals gesprochenen Sprachen, runden das Bild ab.

Ergebnis

Ziehen wir Bilanz: Was vor einigen Jahrzehnten einmal spielerisches wissenschaftliches Experiment der hypnotisch-induzierten «age regression» ohne Realitätsbeweis war, ist unterdessen zu einem Sondergebiet der Psychotherapie geworden, die sich im Sinne von Dr. Nehterton Re-Inkarnationstherapie nennt. Die dabei auftretenden Wiederholungssituationen bestätigen die Hypnoseexperimente der Erstzeit. Sie führen den Patienten in eine «Erst»-Situation zurück, deren Finden die weitgehende Heilung bedeuten kann, wie sie mit herkömmlichen medizinischen Methoden nicht zu erreichen war. Prof. Stevenson lieferte mit den Bilderinnerungen von Klein- und Kleinstkindern die Bestätigung für den bei Hypnotisierten festgestellten Tatbestand, daß die in einem früheren Leben erworbenen Fähigkeiten und Fertigkeiten als eine Art untilgbarer «Besitz» augenscheinlich ins nächste Leben mitgenommen werden. So schließt sich die Indizienkette: drei verschiedene Forschungsansätze – ein Ergebnis: Es gibt psychologische Phänomene, für die wir einerseits keine wissenschaftlichen Erklärungen haben, für die andererseits aber die Re-Inkarnationshypothese die überzeugendste Deutung abgibt. Berücksichtigen wir, daß die Forschungsergebnisse Prof. Stevensons von Professoren anderer Länder mit überprüft wurden, daß er die Probanden im Abstand von Jahren, ja Jahrzehnten erneut für einen Aussagevergleich befragte, berücksichtigen wir weiter, daß sich die hypnotisch induzierte Regredierung mit jedem Probanden zu jedem Zeitpunkt wiederholen ließ und läßt und daß sich die Aussagen bei diesen unterschiedlichen Forschungsansätzen mit geringfügigen Abweichungen jeweils decken, dann haben wir hier Versuchsbedingungen, die im positivistischen Sinne als Beweisvoraussetzungen von den Naturwissenschaften gefordert werden.

So läßt sich wahrscheinlich an der Sache selbst, also an den geschilderten Film- und Tonbandaufnahmen, nicht zweifeln, sondern lediglich an den Erklärungshypothesen. – Gerhard Adlers Taschenbuch «Seelenwanderung und Wiedergeburt» ist ein psychologisches Beispiel dafür, wie Vorurteile selbst zum sinnwidrigen Zitat verleiten. Adler zitiert Stevenson lobend ob seiner «weltanschaulichen Askese»: «In diesen Fällen haben wir dann im Prinzip, so glaube ich, einige Beispiele dafür, daß der Mensch den physischen Tod überlebt. Ich sage im Prinzip, weil ich mir nach wie vor der einzelnen Schwächen der vorliegenden Fälle bewußt bin»[64]. Adler meint, daß diese Aussage Stevensons «die Relevanz solcher Forschungen auch für die Theologie beinhaltet»[65]. Der Leser muß also den Eindruck gewinnen, Stevenson habe «im Prinzip» nur jenes Weiterleben bestätigt, von dem die Theologen konkret schon immer zu wissen meinten. Stevenson ist dagegen überzeugt, daß uns solche von ihm gesammelten Fälle, «wären sie uns in noch größerer Fülle zugänglich und könnten wir sie noch gründlicher erforschen, uns auf der Grundlage des hier angenommenen Prinzips» – nämlich einer Re-Inkarnation – «zwingende Beweise für das Weiterleben liefern würden»[66]. Adler hat also nur so weit zitiert, wie Stevenson seine vorgefaßte Meinung zu bestätigen schien.

Stevenson veröffentlichte seine Untersuchungen 1966; der Türke Resat Bayer, mit den beschriebenen Schußkanalunterlagen des vorigen Lebens und den dazu passenden Muttermalen und Narben in diesem Leben, publizierte seine Forschungen 1977; Netherton machte die Welt 1979 mit seinen ungewöhnlichen Heilerfolgen bekannt. – Sie lassen sich als die von Stevenson gewünschte zahlenmäßige Ausweitung und Methodenverfeinerung verstehen.

Da sich das Insgesamt unseres wissenschaftlichen Denkens in seinen Grundprinzipien bei Annahme der Re-Inkarnationshypothese ändern müßte, dürfte aber kaum von theologischer Seite mit dem härtesten Widerstand zu rechnen sein. Die meisten Wissenschaftler werden sich zeitgemäß opportunistisch verhalten wie im Falle Galilei: Sie werden sich weigern, überhaupt durch das neue «Fernrohr» hindurchzuschauen, und sie werden in unserer säkularisierten Zeit die Wissenschaft – richtiger die herkömmlichen wissenschaftlichen Methoden und Denkkategorien – zu einem Tempel der Unantastbarkeit machen. So dürften sie ihren wissenschaftlichen Glauben genauso zum sakrosankten Dogma erklären, wie das damals bei Galilei klerikal erblindete Glaubenshüter taten. Man hat es ja mit Einstein erlebt. Noch in den zwanziger Jahren haben andere Professoren Studentendemonstrationen gegen ihn, den angeblichen Phantasten, organisiert. Doch – jede geniale Tat ist zunächst eine Häresie, ja der menschheitliche Erkenntnisfortschritt lebt geradezu von den Häresien! Aus der Konvention bisherigen Denkens entstand noch nie Genialität. So wäre es ein Gebot geistiger Aufgeschlossenheit, gerade gegenüber der ungewöhnlichen Idee aufmerksam zu reagieren.

Das heißt natürlich nicht, sich jeder Phantasterei zu öffnen. Es gibt ja gegenwärtig unzählige Veröffentlichungen zu den sogenannten Grenzwissenschaften. Da muß man scharf selektieren. So ist die von Adler vorgelegte Materialzusammenstellung schon deshalb als Diskussionsgrundlage ungeeignet, weil sie ohne Beurteilungskriterien Indische Geisteswelt, Europäische Antike, Hypnose, Trance, Parapsychologie, Spiritismus, Spiritualismus, Theosophie, Anthroposophie etc. einfach aneinanderreiht[67]. – Wir haben daher nur ausgewählt aus wenigen wissenschaftlichen Richtungen, die jeweils Hunderte von Fällen über Jahrzehnte empirisch auf die Probe stellten. – So halten wir beispielsweise die angebliche Verbindung zu den Toten über Medien oder Tonbandträger schlichtweg für Hokuspokus, lediglich geeignet, eine gewisse Sensationslust oder ein unqualifiziertes Glaubensbedürfnis zu befriedigen. Bei solchen Spielereien gibt es zu viele gewöhnliche Erklärungsmöglichkeiten aus dem ASW-Bereiche. Solange dies aber der Fall ist, bedarf es nicht ungewöhnlicher Erklärungsweisen. Das ist ein Gebot der Redlichkeit. Lassen sich derartige Versuche, eine Weiterexistenz nach dem Tode zu beweisen, nicht freihalten von den Einwirkungen des Unterbewußtseins durch beteiligte Personcn, so sind diese «Gespräche» mit «Toten» reine Zufallsprodukte der Phantasie, da sie sich inhaltlich nicht – wie bei den oben beschriebenen Phänomenen der Re-Inkarnationstherapie und der hypnotisch induzierten Regredierung – wiederholen lassen. Dennoch scheinen viele Menschen eher geneigt zu sein, an solchen Spuk zu glauben, als revolutionäre Wissenschaft ernst zu nehmen. Zudem läßt sich die ganze Bedeutungstragweite der breiten Masse nicht deutlich machen. Dafür reichen diese Probleme zu tief in die Grundlagenforschung. Letztlich geht es ja um ein völlig neues Verständnis der Begriffe Materie, Geist, Leben, Tod, Bewußtsein, Unterbewußtsein.

Im nächsten Kapitel wollen wir zunächst einmal berichten, wer bisher in der Weltgeschichte dem Gedanken der Re-Inkarnation nahestand. Trägt man den Schutt der Jahrhunderte ab, dann fragt man sich, wie zuweilen an archäologischen Ausgrabungsstätten, ob wir wirklich so fortschrittlich sind, ob die Menschheit nicht vielleicht längst gewonnene Weisheit wieder verloren hat.

2. KAPITEL

Die Re-Inkarnationsvorstellung
in der Menschheitsgeschichte

Unsere neuen Erkenntnisse über eine Wiedergeburt scheinen lediglich eine Wiederentdeckung längst gewonnener Einsichten zu sein. Das würde die alte These stützen, alle Geschichte sei eine ständige Rinascita, eine ewige Folge von Renaissancen – oder drücken wir es platonisch im Sinne der Re-Inkarnationshypothese aus: eine ständige Rückerinnerung. Da sind wir schon mitten in der Sache. Wie jedoch läßt sie sich methodisieren? Sicherlich denkt man sogleich an Indien. Dieses Stichwort würde die geographische Lokalisierung zum Ordnungsprinzip machen, wir kämen zur Beschreibung von Kulturkreisen. So ist man aufzählend gewöhnlich bisher verfahren. Uns schwebt allerdings vor, die Entwicklung dieser Idee oder dieser Weisheit, eventuell gar das zeitliche Tradieren solcher Erfahrungen, ein wenig durchsichtig zu machen. Denn in Indien scheint uns die Re-Inkarnationsvorstellung eher schon durch Verfälschungen späterer Zeit überlagert zu sein. Wann also anfangen? Dort, wo die Menschheitsgeschichte beginnt! Aber das wird auch zu leichtfertig dahingesagt. Nach unseren heutigen Erkenntnissen in der Ethologie (der Verhaltensforschung) wissen wir, daß Tiere einem Gegenstand durch ihr Tun (ihr bewußtes Tun?) Werkzeugcharakter vermitteln können. Das Zurechtschlagen eines Steines könnte dann theoretisch auch von Piticiden vollbracht worden sein. Bestattungsrelikte beweisen dagegen eindeutig die Hominisation. Demnach würde das menschliche Todeswissen den Menschen charakterisieren. Vom Zeitpunkt dieses Wissens an weiß der Mensch um jenes, was er im Tod verliert und gleichzeitig um

jenes, was ihn vermeintlich überdauert. Seitdem gibt es für
ihn Welt und Überwelt, Diesseits und Jenseits, Zeit und
Ewigkeit, Immanenz und Transzendenz. Aber die Urvorstel-
lung des Menschen von einem Weiterleben nach dem Tode ist
ja noch nicht identisch mit einer Re-Inkarnationsvorstellung. Das wird in manchen Darstellungen nämlich ziemlich
krude vermischt.

Da gibt es die Hypothese eines Kunsthistorikers[1], daß die
Höhlenmalereien und Artefakte der Altsteinzeit den Glau-
ben an eine Wiedergeburt beweisen könnten. Doch sprechen
tierische Sexualakte, Beischlafszenen oder Sexualsymbole
im Umkreis von Magie und Tod schon für Re-Inkarnation?
Handelt es sich dabei nicht eher um eine Form von Vitalis-
mus, um eine Anbetung, eine Beschwörung, ein magisches
Ritual, das lediglich auf das Leben als Grundprinzip des
Seins hindeutet, auf eine Überwindung des Stirb durch das
Werde?

Ein wenig konkreter wird die Sache, wenn wir uns von der
oft sehr hypothetischen Archäologie und der in ihrem Gefolge noch spekulativeren Kunstgeschichte der Ethnologie
zuwenden und den von ihr erbrachten Ergebnissen in Isolationskulturen der Urzeit.

Das Zerstückelungsmotiv – Totenseele und Lebensseele

Wir müssen uns natürlich wieder auf einige Kerngedanken
beschränken und uns die Varianten der Entfaltung unter den
verschiedensten Völkerschaften ersparen. Besonders bemerkenswert dürfte das «Zerstückelungsmotiv» sein, nach dem
der eine Seelenteil jenseits des Todes zu dem zurückkehrt,
was als göttlicher Seinsgrund verstanden wird oder in das
Reich des Todes, während ein anderer Seelenteil für die
Re-Inkarnation bestimmt ist. In dieser Eschatologie der
Ngadju-Dajak auf Borneo, der Toba-Batak auf Sumatra,

der südamerikanischen Apapocuva gegenwärtiger Isolationskulturen liegt mehr Kultur als in der Todesverdrängung der technisierten Massengesellschaft. Manche architektonische oder künstlerische Ausdrucksform, manches grausam dünkende religiös-rituale Handeln der Olmeken, Mixteken, Azteken meso-amerikanischer Kulturen sind Ausdrucksformen, Überlagerungen, Verfälschungen dieses Urwissens um das Zerstückelungsmotiv. Der Mensch im Jaguarrachen ist Re-Inkarnationssymbol ebenso wie der Mensch im Tigerrachen; das eine Bild stammt von den Olmeken, das andere aus China vor dem Jahre 1000 v. Chr. Zeitlich gleich wurde die Re-Inkarnation in China geglaubt, als das Zerstückelungsmotiv in der Osiris-Mythologie Ägyptens auftauchte[2].

Dieses sehr ursprüngliche Ahnen ist also global gewesen, wenn wir den räumlichen Rahmen der genannten Völkerschaften abstecken: Borneo, Sumatra, China (Ägypten), Südamerika, Mittelamerika. Allein das globale Vorkommen des Zerstückelungsmotivs belegt ein Urwissen, das wir etwas gewagt vergleichen möchten mit den von C. G. Jung umschriebenen Archetypen und den globalen Märchenmotiven. Interessant ist ja, daß auch im Märchen der Tod nicht ausgeklammert wird, aber daß für den Märchenhelden der Tod immer nur ein vorübergehender, niemals ein endgültiger Zustand ist[3]. – Vielleicht sollte dies nachdenklich machen: Märchentypen, Archetypen, Zerstückelungsmotiv – global! Diese psychologische Wirklichkeit einfach als primitiv zu belächeln, zu verachten oder als Aberglauben abzustempeln, dürfte nicht mehr lange möglich sein; denn das Zerstückelungsmotiv als Unterscheidung einer Lebensseele und einer Totenseele scheint durch modernste Hypothesen von Mathematikern und Physikern bestätigt zu werden[4]. Die logische Spekulation des Verstandes hätte dann lediglich die Weisheit eines «Consensus gentium» des Unbewußten[5] der Urzeit nach vielen Jahrtausenden mühsam wiedererlangt. Der Religionswissenschaftler und Maya-Forscher Paul Arnold hat das Totenbuch der Maya erstmals zu übersetzen gewußt durch den Vergleich der Maya-Bildschrift mit jenen Hieroglyphen der chinesischen Schrift, die bereits 2000 v. Chr. entwickelt und bis 1000 v. Chr. beibehalten wurden. Auch seine Forschungen lieferten Indizien für den zeitlich und inhaltlich unübersehbaren Bezug zwischen der chinesischen Kultur und der Maya-Kultur. Von den drei noch erhaltenen Codices der Maya, der Dresdner, der Madrider und der Pariser Handschrift, ist der Pariser Codex für unsere Erörterung besonders interessant, weil er von einer Existenzebene zwischen zwei inkarnierten Leben berichtet. – Der Maya war allerdings überzeugt – im Gegensatz zu den asiatischen Varianten der Re-Inkarnationsvorstellung – «daß das irdische Leben ein Segen ist». Er erweckte und bestärkte das Verlangen des Toten und half ihm, «den Weg in einen Mutterschoß zu finden»[6]. Das besorgte der Chilan, der Priester-Wahrsager, im Trancezustand. Wenn eine Frau empfangen wollte, mußte sie erst einmal ein Gebet verrichten. «Die Frau betet vor dem Grab (C. P. 3), um die Seele eines Verstorbenen anzuziehen.» Ihr Gebet war aber nur «die Eröffnung der heiligen Handlung im Tempel», die zur «Erweckung des Toten durch den Chilan» führte, «der ihn durch die Rituale zur Wiedergeburt» brachte. «Es ist der Tempel, der die Zeugung lenkt (C. P. 11)»[7], heißt es wörtlich in den Maya-Texten; der Jaguar aber half dem Chilan beim «Fischen» der Seele in der vorletzten Phase vor der Re-Inkarnation. Das Gebet der künftigen Mutter am Grab war durchaus eindeutig; denn «jede Geburt scheint die Re-Inkarnation eines Ahnen gewesen zu sein ... Das Neugeborene war nichts anderes als ein Ahne ... Jedes Mitglied der Gruppe ging durch die Geburt oder den Tod in eine neue Seinsform über: in die der Lebenden, die stark miteinander verbunden waren, aber im einzelnen ganz individuelle Eigenheiten besaßen, oder in die der Toten, die eine unbestimmte Masse bildete und sich später aufteilen würde in individualisierte

48

Seelen . . .»[8]. Wir begegnen in den Maya-Texten also dem Zerstückelungsmotiv wieder, von dem alle indianischen Kulturen bis zur Conquista religiös bestimmt waren[9], und einem Ahnenkult, den allein die Maya unter den Indo-Amerikanern praktiziert zu haben scheinen. «Dem Prinzip und manchen besonderen Details nach ähnelten Bestattung und Ahnenkult den Bräuchen des alten China, wo der Ahnenkult aus eben denselben Gründen eine der ältesten Einrichtungen war».[10] China hielt bis auf den heutigen Tag unter konfuzianischem Einfluß fest an der Auffassung, daß die Ahnenreihe der fortlaufende Lebensträger sei: Rest des ursprünglichen Glaubens an Auferstehung und Wiedergeburt entsprechend dem Zerstückelungsmotiv[11]. Auch die Germanen glaubten unter den verstorbenen Mitgliedern der Sippe weiterzuleben, um von daher hineinzuwirken in das Denken und Tun der Lebenden oder wiedergeboren zu werden in den Enkeln und Urenkeln. Ihr Glaube stand demnach dem Zerstückelungsmotiv ebenso nahe wie dem Ahnenkult[12]. Tritt Ahnenkult zu den Re-Inkarnationsvorstellungen hinzu, dann haben wir es jedenfalls mit einem fortgeschrittenen Zustand zu tun, nämlich dem Beleg dafür, daß der Mensch begann, im Bewußtsein der Geschichtlichkeit eigener Existenz zu leben.

Die buddhistische und hinduistische Variante der Re-Inkarnation

Voraussetzung für die Annahme der Re-Inkarnationsvorstellung schien ein Vertrauen zu sein in das Grundprinzip des Werdens, eine Bereitschaft, sich als Glied des Kosmos zu fühlen. Die Annahme der Re-Inkarnation oder Metempsychose entsprach also dem abstrahierenden Denken, das einen *entpersonalisierten* Seinsgrund annahm. Geographisch läßt sich dieses Denken lokalisieren auf Altamerika, Asien,

Nordeuropa und Griechenland. Westlich des Hindukusch entfaltete sich dagegen ein mehr konkretes Denken, dem die Vorstellung von einem *personalisierten* Seinsgrund gemäß ist, sowie eine teleologisch-eschatologische Weltsicht, mit dem Glauben an Palingenese, also der Hoffnung auf Gottnähe des idealen Seelenteils[13].

Ehe wir die griechische Linie ausführlich weiterverfolgen, müssen wir allerdings noch begründen, warum wir Buddha und Wischnu dem abstrakten Denken zuordnen konnten. – Grundsätzlich stellen Buddhismus und Hinduismus wegen der Mischung mit Personalisierungen verfälschende Spätformen eines ursprünglich viel älteren Glaubens dar. Buddha und Wischnu sind auch nur Erleuchtete, nicht Gott oder der Seinsgrund, höchstens Götter, die, ähnlich der germanischen Mythologie, dem abstrakten Seinsgrund hierarchisch untergeordnet werden.

Der abstrakte Seinsgrund ist das Nirvâna, irrtümlich als Nichts von den Abendländern bezeichnet, richtiger wohl das erlösende «ganz andere»[14]. Am Ende des Kreislaufes der Inkarnationen steht das Mysterium des unpersonalen «brahman» oder der unpersonalen «bodhi» (Erleuchtung)[15]. Ganz ursprünglich, in der Kausîtaki-Upanishad (1. 2. 4) und bei Yâjnavalkya wird schon die Metempsychose gelehrt und die Karmalehre, nach der die Entelechie des Seelenkerns die postmortale Existenz bestimmt. Lebensziel ist dann, das «tat tvam asi» zu erreichen, einen Zustand, von dem sich sagen läßt, «Das bist Du, Du eines und alles, Himmel und Erde und Mitmensch und Pflanze, Dein Selbst und das Weltprinzip brahman sind eines» (Chândogya – Upanishad 6)[16]. Wie konnte man eine solche bewundernswert demütige Haltung, die den Makrokosmos mit dem Mikrokosmos der Psyche zum Einklang bringt, als Sehnsucht nach einer Auflösung im Nichts interpretieren?

Die buddhistische Versenkung soll das «nirvâna», das Erlöschen, partiell bereits hier und jetzt bewirken. Das erinnert an unsere christlichen Mystiker und deren versuchte «unio mystica». Und doch vollzieht sich in der buddhistischen Versenkung noch etwas entscheidend anderes.

Die Versenkungspraxis des Yoga ist bezeugt für eine Zeit lange vor den indischen Erlösungsreligionen des Buddhismus und des nachbuddhistischen Hinduismus. Die Archäologie hat in Mohenjo daro, einer Ruinenstätte am Indus, die über ein gewaltiges Reich geherrscht haben muß, ein Siegelamulett mit dem Abbild eines Priesters oder Gottes in der typischen Sitzhaltung des Yoga gefunden. Das Dokument stammt aus dem 3. Jahrtausend v. Chr.[17]. Es ist anzunehmen, daß bis zu einer solchen Reichs- und Kulturentwicklung wiederum Jahrtausende vergangen waren, so daß die heutigen Erlösungsreligionen des indischen Subkontinents aus dem 6. und 3. Jh. v. Chr. eher den Blick verstellen. Wir wissen jedenfalls, daß die hinduistische Bhagavadgîtâ wie der Mahâyâna-Buddhismus die Versenkungspraxis übernahmen, weil das «Déjà vu», also die Rückerinnerung an frühere Existenzen, zur Vorbedingung einer möglichen Erlösung gehört[18]. Ein solcher Samnyâsin, der alles von sich wirft (sam-ni-as), was ihn hier und jetzt bindet oder verpflichtet, möglicherweise bis hin zum Sterbefasten[19], tut dies, um sich der Karma-Wirkung seiner Handlungen und Werke in pränatalen Existenzen bewußt zu werden.

Bei sonst unterschiedlichen Interpretationen ist Karma für Hinduismus, Buddhismus und Dschainismus das zwangsläufige Wirksamwerden der moralischen Lebensweise früherer Existenzen in diesem Leben durch das Wiedergeborenwerden in Mensch, Tier oder Pflanze. – Nur wenn das Karma nicht unbewußt, aber doch bestimmend weiterwirkt[20], gewinnt der Samnyāsin die Möglichkeit, dem «samsāra» als einem Kreislauf der sich bewegenden Wandelwelt zu entkommen[21].

Die asiatische Welt hat für diese Vorstellungen einleuchtende abstrakte Symbole: den Kreis für die ewige Wiederkehr; den leeren Kreis für den Erlöschungszustand des Nirvâna, der auch *unbegrenztes* Bewußtsein von den Dunkelheiten des Unbewußtseins, Leere als *Freiheit* von Determinationen des Karma, Gefühlsseeligkeit als *Unberührtsein* von Kummer bedeutet; das Symbol des Rades als Ausgleich der kosmischen Grundprinzipien von Yin und Yang im chinesischen Denken; die Radnabe als Erlösungsort aus der Wiederverkörperung des «samsāra». Faszinierend sind jene Zeilen aus dem «Tibetanischen Totenbuch»[22], in denen das «klare Licht» umschrieben wird als jenes «worin alle Dinge wie der leere wolkenlose Himmel sind, und der nackte fleckenlose Geist wie ein durchsichtiges Vakuum ohne Umkreis oder Mittelpunkt». Aus diesen streng abstrahierenden Umschreibungen der ersten Stufe des Tschikhai-Bardo, auf der die Seele im Augenblick des Todes von Angesicht-zu-Angesicht mit dem Urlicht zur Erkenntnis des eigenen Selbst gelangt, wird deutlich, daß hinter dem Bild der Leere des wolkenlosen Himmels sich die Fülle des Seinsgrundes verbirgt, ja auch das, was wir die Allgegenwart Gottes nennen. Es ist der Zustand des «tat tvam asi» der Upanischad.

Nach dem tibetanischen Bardo Thödol durchläuft das Bewußtseinsprinzip vom Höhepunkt des Todes bis zum Abstieg in der Geburt drei Bardo-Stufen – wir könnten auch sagen Zwischenzustände zwischen dem Zustand der Entkörperung des Bewußtseinsprinzips im Tod und dem von dort aus erfolgenden Abstieg des Bewußtseinsprinzips zur neuerlichen Verkörperung in einer Wiedergeburt –: den Sterbezustand, den Zustand der Wirklichkeitserfahrung und den Wiederverkörperungszustand, wobei der Bardo-Körper als eine genaue Kopie des menschlichen Körpers aus einem unsichtbaren Stoff gebildet sein soll.

Die von Moody Reanimierten sprechen überraschenderweise von einem ätherischen, kugeligen Schrumpfleib analog zum früheren Aussehen. Ja, die vom «Tibetanischen Totenbuch» umschriebene 1. Bardo-Stufe der Lichtbegegnung, die

2. Bardo-Stufe des Tschikhai-Bardo einer gewissen Orientie-
rungslosigkeit schwebend über den Orten hiesigen Lebens
und Wirkens und die 3. Bardo-Stufe des Tschönyi-Bardo mit
der Erkenntnis des Trennungsschmerzes der Hinterbliebe-
nen, des vergeblichen Versuchs, mit ihnen eine Verständi-
gung zu erzielen und den ersten karmischen Bildern, sind fast
identisch mit den Berichten Reanimierter, wie sie Moody
festgehalten hat.

Jener Zustand der letzten Bardo-Stufe einer Re-Inkarnation
wird geprägt von dem im vorigen Leben mitgestalteten
Karma. Sie bedeutet weiteren irdischen Abstieg, wenn das
frühere Leben nicht genutzt wurde, sich auf den Höhepunkt
der Bardo-Stufe des Todes vorzubereiten durch die gelebten
drei Bardo-Stufen, die vor dem Tode liegen: den Wachzu-
stand, den Traumzustand, den Versenkungszustand (Medi-
tation, Yoga usw.).

Ähnliche Haltungen einer Vorbereitung auf den Tod kannte
auch das Christentum.

Der Kirchenvater Origenes lehrte die Präexistenz

So eindeutig wie man heute tut, war übrigens die Ablehnung
der römischen Kirche gegenüber den Re-Inkarnationslehren
nicht, «da bis zum 6. Jahrhundert keine ausdrückliche kirch-
liche Verdammung der Präexistenzlehre vorlag!»[23]. «Unbe-
streitbar ist . . ., daß Origenes nicht nur die Präexistenz gelehrt hat, sondern daß sie geradezu die grundlegende Idee in
seiner Lehre von der Geisterwelt» gebildet hat[24]. Origenes
(185–253), der in seiner Bedeutung nur mit Augustinus verglichen werden kann, hat sie dargelegt in seinem theologischen Hauptwerk «De principiis» und in den Kommentaren
zum Johannes- und Matthäusevangelium aus seinen späteren Lebensjahren. Wir haben von Justinian, von Hierony-
mus und Gregor von Nyssa, in dessen Schriften «De anima

et resurrectione» und «De hominis opificio», diesen Tatbestand bezeugt[25]. Wir wissen durch Porphyrius, Pamphilius und aus seinen eigenen Äußerungen, daß er «Pythagoras, Plato, Aristoteles eifrig gelesen», daß er «zu Füßen des Neuplatonikers Ammonius Sakkas» gesessen und daß sein «Lehrer Clemens die Präexistenzlehre wenigstens als zulässig» angesehen hat[26]. Gegen die Lehren des Origenes standen die Schriften «Adversus häreses» des Irenäus und «De anima» des Tertullian. Es kam zu regelrechten Origenistenkämpfen unter palästinensischen Mönchen, in die Kaiser Justinian parteinehmend eingriff mit einer Verwerfungssentenz in Form eines an den Patriarchen Mennas von Konstantinopel gerichteten Schreibens. Patriarch Mennas verurteilte die «Irrtümer» des Origenes daraufhin (543) offiziell; diesem Urteil traten alle orientalischen Patriarchen und Papst Vigilius bei. Das war aber nur eine Synodalentscheidung. Darum dauerte der Streit fort. Durch den Bericht des Kirchenhistorikers Evagrios wissen wir von der Erörterung der Präexistenz in den Vorverhandlungen zum ökomenischen Konzil von Konstantinopel (553). Deshalb wurden diese Verhandlungen von Kundigen, «mit Recht nicht zum ökomenischen Konzil gerechnet»[27]. Nach Ansicht von Prof. Dr. Ludwig, der sich als einer der wenigen Theologen mit der Frage der Präexistenz im Zusammenhang mit dem Origenismus befaßt hat, enthält der 11. Canon des Konzils «eine allgemein gehaltene Verurteilung des Origenes»[28]. Andere Kirchengeschichtler zogen aus der Tatsache, daß die Einberufung zum Konzil Origenes nicht erwähnte, den Schluß, er sei überhaupt kein Thema des Konzils gewesen. Die Päpste Vigilius, Pelagius I. (556–561), Pelagius II. (579–590) und Gregorius (590–604) behandelten das Fünfte Konzil jedenfalls, ohne Origenes auch nur zu erwähnen. Hätte ihn die damalige Kirche offiziell verdammt, wäre ein solches Verhalten undenkbar gewesen. Ein offizieller Konzilsbeschluß hätte zudem vom Papst durch Unterschrift ratifiziert werden müssen, wenn er Gültigkeit erlangen sollte. Das ist nicht geschehen. Im Gegenteil! Papst Vigilius weilte in Konstantinopel, ohne das Konzil zu besuchen. Er leistete also gegen Konstantins Kirchenpolitik, die sich gegen einen «von Sekten durchwühlten Orient»[29] richtete, Widerstand; denn an dem Konzil nahmen nur östliche Bischöfe und sechs afrikanische teil, kein einziger römischer! Konzilspräsident war der dem Kaiser ergebene Patriarch Eutychius von Konstantinopel.

Was aber sagte Origenes? «Jede Seele ... kommt in diese Welt gestärkt durch die Siege oder geschwächt durch die Niederlagen ihres vorangegangenen Lebens. Ihr Platz in dieser Welt ... ist bestimmt durch ihre früheren Verdienste oder Versäumnisse» (De Principiis). Nun muß man gerechterweise zugeben, daß sich solche Ansichten schwerlich aus der Bibel belegen lassen. Sie vertritt jene personalisierte Hochgottvorstellung, die sich bei Judentum, Christentum und Islam westlich des Hindukusch herausgebildet hat, mit dem dominanten Gottesbild dessen, der außer der Welt und über der Welt geglaubt wird.

Natürlich bleibt die Frage offen, warum dann Origenes die Re-Inkarnationslehre vertrat. Lagen hier Irrtümer der Exegese, der Hermeneutik vor? Keineswegs. Ein zweites Zitat bringt die eindeutige Begründung; erlaubt seien dabei einige hervorhebende Sperrungen: «Ist es nicht *mehr* in Übereinstimmung mit der *Vernunft*, daß jede Seele aus geheimnisvollen Gründen – ich spreche jetzt in Übereinstimmung mit der Meinung des *Pythagoras* und *Plato* und *Empedokles* – in einen Körper hineingeführt wird, und zwar gemäß ihren früheren Taten?... Die Seele bedient sich zu einer Zeit eines Körpers ... der aber in ihrem veränderten Zustand nicht mehr adäquat ist; sie tauscht ihn dann gegen einen zweiten ein» (Contra Celsum).

Origenes sagte also, es sei der *Vernunft* gemäßer, die Re-Inkarnations-Hypothese anzunehmen, er bezog sich also nicht auf das Fundament des Glaubens. Und wer wollte leugnen, daß die Psyche, daß Leben und Tod auch ein Gegenstand der Vernunft sind? Wenn es richtig ist, daß wir vom Christentum lernten, die Welt mit dem Glauben zu erfassen, und von der griechischen Antike, die Welt mit der Vernunft zu begreifen, dann war Origenes neben Thomas von Aquin einer der wenigen, der die Synthese versuchte. Origenes zählt also zu den «Genies der Summation», zu «jenen konservativen Geistern, die alles stichhaltig erscheinende Wissen der Vorzeit zu schützen und ihrem System einzuordnen»[30] strebten.

Wer an Griechenland denkt, erinnert sich aber zunächst des Homer, jenes legendären Literaten des 8. Jahrhunderts, der den Griechen die Theogonie geschenkt haben soll: also ihren Götterhimmel. Wenn dem so ist, dann war das eine großartige, alle griechischen Stämme vereinigende Leistung gewesen. Doch «Odyssee» und «Ilias» sind ja nur geniale Zusammenfassungen alter heldischer Volkslieder, die bis ins 14. Jahrhundert v. Chr., also die Zeit der mächtigen Burgherren von Mykene, zurückreichen. So sollte man nicht nur jene zu Datierungszwecken genau beschriebenen Artefakte dieser Zeit beachten, sondern auch das, was unser Thema berührt: die Todesauffassung!

In der Ilias (1, 3–5) findet sich jedenfalls noch ganz deutlich die Unterscheidung einer Lebens- und einer Totenseele, also das uns bekannte Zerstückelungsmotiv. Da die humanistische Wissenschaft nie das Re-Inkarnationsmotiv ernstnehmen wollte, bestenfalls nur als ein mythologisches Bild gelten ließ, hat man viel über die homerischen Begriffe «thymós» und «psyché» reflektiert und vergeblich einen befriedigenden Schluß gesucht[31]. Vom Zerstückelungsmotiv her ist die Erklärung geradezu simpel. «Psyché» ist eine Variante der Totenseele, die als blutloser Schatten im Hades verweilt. «Dreimal sprang ich hinzu und verlangte, ans Herz sie zu drücken; / Dreimal glitt sie mir, wie ein Schatten oder ein Traumbild, / Aus den Händen» (Od. 11, 206 ff.), so schildert

Odysseus die versuchte Begegnung mit der Totenseele seiner Mutter im Hades[32]. Walter F. Otto, einer der feinsinnigsten Griechenkenner, sagt: «Der Schatten im Hades ist die Realität des Gewesenen.»[33] Das ist auch für die Erörterung unseres Themas eine schlechthin großartige Aussage. Was aber sagt die Mutter des Odysseus, die nach griechischer Todesvorstellung als Tote mehr weiß («Odysee»: Vgl. Nekyia)[34]? «Dies nun ist das Los der Menschen, wenn sie gestorben: / Nicht mehr wird dann Fleisch und Gebein durch Nerven verbunden, / Sondern die mächtige Kraft des lodernden Feuers vernichtet / Alles, sobald der Geist die weißen Gebeine verlassen, / Und die Seele entflieht wie ein Traum und wehet ins Weite» (Od., 11, 218 ff.). Während die Todesseele als immaterieller Schemen gespensterhaft das Leben des Verstorbenen im Hades fortsetzt, entflieht die Lebensseele, sie «wehet ins Weite». Und obwohl an dieser Homer-Stelle «psyché» steht, handelt es sich um das, was nach neuerer Forschung bei Homer «thymós» bedeutet: Leben[35]. Denn in Homers Gedichten wird «psyché» auch zuweilen im Sinn von Leben gebraucht[36]. Einig sind sich die Philologen nur darin, daß sich im 6. Jahrhundert eine Identifikation von «psyché» und «thymós» vollzog. Durchgesetzt hat sich der Begriff «psyché» für Seele; man nimmt an unter dem Einfluß der orphisch-pythagoreischen Seelenlehre[37]. Drücken wir die Sache im Sinne unserer Überlegungen aus: Die Seele wurde seitdem als Einheit verstanden – das Zerstückelungsmotiv ging verloren. Der Seelenbegriff erhielt abendländischen Charakter.

Orpheus und die Bruderschaft der Pythagoreer

Nietzsche hat uns mit seinem Aufsatz über die «Geburt der Tragödie ...» jenes Griechenland erschlossen, das mit der gelackten Winckelmann-Phrase der «stillen Einfalt und edlen Größe» nichts gemein hatte. Er lenkte den Blick von Apollon weg auf Dionysos. Dennoch blieb bis auf den heutigen Tag weitgehend die bemerkenswerte Deutung dieses Mythos durch Heraklit unbekannt. Er identifizierte Dionysos nämlich mit dem Gott der Totenwelt[38]. Da er aber auch der Gott der Wiederkehr des Lebens ist, stellt sich in ihm der Kreislauf zwischen Tod und Leben dar im Sinne der Zoä, also des kosmischen Lebens, das alles Individuelle übersteigt[39].

Als Heimat des Dionysos wird gewöhnlich Trakien genannt, wo angeblich auch Orpheus als Sohn der schönstimmigen Muse Kalliope geboren wurde. Wenn wir heute das Orpheus-Motiv der Literatur als das erschütterndste Symbol des Trennungsschmerzes zweier Liebender hochschätzen, dann ist das allerdings ebenso eine Verunstaltung des Orpheus und der Orphik, wie die platte Operettenwitzelei über ihn. Um Orpheus rankten sich in der Antike die frommen Legenden, weil er im Range eines Gottgesandten, als heiliger Künder der Unsterblichkeit, auftrat, wissend darum, was die Seele jenseits des Todes erwartet. Er wurde zum Stifter und Schutzherrn der orphischen Genossenschaft. Da er untröstlich blieb über den Tod seiner geliebten Eurydike und dadurch andere Männer in seinen Bann zog, ja, von den Mysten des orphischen Kultes Askese und innere Wandlung forderte, kränkte er die trakischen Frauen bis zum Haß. So stürzten sich die verzückten Dionysosbegleiterinnen der Mänaden über ihn, und die besessenen Bacchantinnen zerfetzten seinen Leib[40]. Eine tiefsinnige Bildfolge: An ihm, der den orphischen Gemeinden als ein Todwissender die Wiedergeburt aus dem Tod kündete, vollziehen sich gleichsam paradox die Überschreitungen der Schwelle hierhin und dorthin. Mit Hilfe der Totengottheiten Pluto und Persephone kehrt er aus dem Totenreich zurück in dieses Leben; von den sexuell gepeitschten Mänaden des Fruchtbarkeitsgottes Dionysos wird er zurück über die Todesschwelle gestoßen; doch noch sein abgeschlagenes Haupt sang, wie der Mythos behauptet, weiter zum Zeichen der Fortdauer seines Lebens. – Euridyke war also nur der episodische Anlaß eines tiefgründigen Toten- und Re-Inkarnationskultes, der Spuren über Jahrhunderte hinterlassen hat, vornehmlich in der pythagoreischen Bruderschaft.

Das Aufkommen der eleusischen, der orphisch-pythagoreischen und der dionysischen Mysterien mag bedingt gewesen sein durch den tiefgreifenden sozialen Umbruch, der im 7. und 6. Jahrhundert v. Chr., also in der archaischen Epoche der griechischen Geschichte, auch eine geistige Neuorientierung bewirkte. Durch den Verlust einer intakten Landwirtschaft, die Auflösung der Großfamilie, durch Landflucht der entwurzelten Landarbeiter, landfahrendes Handwerk und Söldnertum[41] ergab sich eine Gesellschaft äußerster Mobilität, aber auch sozialer Wurzellosigkeit und nach dem Verlust der ungebrochenen «Lebensfreude und Lebensbejahung» Homers[42] eine Zeit geistigen Umbruchs, ein Klima schweifender Unrast. Gleichzeitig vollzog sich ein Prozeß weitgehender Individualisierung. In dieser Umbruchszeit waren die Mysterien «Träger der ‹neuen› Konzeption von ‹Seele›»[43]; lange vor den Sophisten boten sie für die Eingeweihten als eschatologisches Konzept – beinahe dreiviertel Jahrtausende vor Christus – die «Idee von der Gleichheit aller Menschen»[44]! So entstand gerade für die Entwurzelten der Umbruchsepoche mit den Mysterien ein neuer Sozialkörper: eine Art Gegenpolis. Es entwickelte sich «ein prononciertes Gemeinschaftsgefühl, etwa in dem Wunsch der Mysten nach gemeinsamer Bestattung gipfelnd, eine tendenzielle Intoleranz gegen Andersdenkende»[45]. Man wollte zurück zur Unbeschwertheit Homers.

Diese Unbeschwertheit verkündete Pythagoras von Samos. Der Historiker Timaios aus dem 4. Jahrhundert v. Chr. berichtet von einer Art Klostergemeinschaft der Pythagoreer. Wer zur Gemeinschaft gehören wollte, den überließ

Pythagoras zunächst drei Jahre der Verachtung, um Stand-
haftigkeit und Lerneifer zu prüfen; weitere fünf Jahre des
Stillschweigens folgten für den Adepten, in denen er die
Lehrvorträge des Pythagoras hören durfte, ohne ihn zu
sehen. Während dieser Jahre übertrug er seine ererbten
Güter der Gemeinschaft; dann gehörte er bis zum Lebensende zu den Esoterikern dieser kommunistischen Aristokratie.

Wir sprachen von dem Adepten und haben gewiß Mißverständnisse hervorgerufen; denn ein solcher Adept konnte
auch weiblich sein. Die Bruderschaft der Pythagoreer ist also
nicht mit der elitären Einseitigkeit eines Mönchsordens vergleichbar. Da die Frau vom griechischen Bildungssystem
ausgeschlossen blieb, lag in diesem Gleichheitsprinzip der
Mysterienkulte etwas attraktiv Revolutionäres. Pythagoras
sprach die Frauen, nach Kroton gekommen, in einer Rede
eigens an. Sie soll in ganz Italien eine große Wirkung gehabt
haben, weil er die Frauen darstellte als «am tiefsten zur
Frömmigkeit veranlagt». Wahrscheinlich sah er in ihnen die
Trägerinnen jeder einzelnen Wiedergeburt.

Aristoxenos schreibt[46], die Pythagoreer hätten sich um 370
v. Chr. nach einem allein in der Einsamkeit unternommenen
Morgenspaziergang, der dem Rüsten ihrer Seele und dem
Ordnen ihres Denkens galt, in Tempeln und Hainen zu Lehr-
gesprächen über Geometrie, Arithmetik, Astronomie und
Musik getroffen und körperlich ertüchtigt. Der Nachmittag
habe den öffentlichen Geschäften der Außenpolitik gegol-
ten, schließlich der Übung des Gelernten auf Spaziergängen
zu zweit oder dritt; nach dem gemeinsamen Mahl am Abend
folgten Trankopfer und Lektüre. Sie verabscheuten, Tiere zu
töten, weil in ihnen, gemäß ihrer Re-Inkarnationslehre, eine
menschliche Seele hause. Nach Dikaiarchos, einem Schüler
des Aristoteles, lehrten die Pythagoreer die Unsterblichkeit
der Seele, den Ortswechsel der Seelen von einer Art Lebewesen in das andere und die Verwandtschaft aller Lebewesen

miteinander[47]. Ein Pythagoreer sollte stets besonnen und überlegt sein, gerecht in Wort und Tat, wahrheitsliebend, in jeder Weise beachtend das Maß. Pythagoras forderte, zuerst nach Bildung zu streben; besonders den Knaben legte er das in einer seiner vier Reden zu Kroton nahe, komme doch die Bildung (paideia) von ihrem Lebensalter (pais – Knabe)[48]. Er soll, wie uns Timaios überliefert, gesagt haben, «Geistesbildung ist innere Schönheit»[49].

Wir könnten sagen, die Harmonie sei Letztwert seines Systems gewesen, sein Ideal, sein geistiges Hochziel. Über sie hat er sich auch recht konkret geäußert. Sie sollte zum Ausdruck kommen in der von den Pythagoreern so hochgeschätzten Freundschaft. «Freundschaft aller mit allen ... nach dem Vorbilde des Gedeihen schaffenden Zusammenwirkens unter den kosmischen Elementen»[50], so ließe sich Pythagoras zur Formel verkürzt wiedergeben.

Mit Pythagoras begann die abendländische Wissenschaft. So traf seine Schule erstmals die Unterscheidung zwischen geraden und ungeraden, teilbaren und Primzahlen; sie formulierte die Theorie der Verhältniszahlen und schuf mit der Anwendung von Flächen eine geometrische Algebra. Doch diese ersten wissenschaftlichen Erkenntnisse stilisierte Pythagoras zu einer kosmischen Offenbarung, zu einer Art Zahlenmystik. Ausgehend davon, daß Sonne, Mond und die Planeten beseelt und göttlich seien, glaubte er, der Himmel wäre nach Zahlen geordnet. Für dieses Weltall erfand er das in der griechischen Geistesgeschichte so bedeutsame Wort Kosmos: Schmuck, Ordnung[51]. Darum verehrten die Pythagoreer drei Begriffe als göttliche Mächte, als ihre religiöse Trinität: den Himmel, die Harmonie und die Zahl[52]. Wie stark der Kosmos Harmonie sei, «Sphärenharmonie», himmlische Musik, das erfuhren sie darin, daß alle Harmonien irdischer Musik durch Zahlenverhältnisse bestimmt sind[53]. Die das Schicksal der Menschen unumstößlich bestimmenden Gestirne konnten sich nach dem Harmonie-

Denken der Pythagoreer nur auf Kreisbahnen bewegen, so daß alle Erscheinungen und Geschehnisse nach dem «vollkommenen Jahr» wieder auftreten müßten. – Nun erst kann deutlich werden, warum die Lehre von der Wiedergeburt ein zentrales Anliegen der Pythagoreer sein mußte: sie ist Teilstück der Lehre von der Ewigen Wiederkehr aller Dinge. Jetzt wird uns vielleicht einleuchten, daß jede Art Disharmonie die «Eintracht» stören mußte, in diesem Kosmos: dieser Ordnung nach Zahl und Maß. Griechisches Denken bewegte sich zwischen Chaos und Kosmos – und in diese Antinomie war nicht minder eingespannt der Wechsel vom Leben zum Tod, vom Tod zum Leben.

Pythagoras glaubte sich an vier pränatale Existenzen seiner Seele erinnern zu können. Um 570 wurde er auf der Insel Samos geboren. Nach umfänglichen Bildungsreisen fand er vierzigjährig Zuflucht im unteritalischen Kroton. Die Pythagoreer wollten die Herrschaft über diese Stadt erlangen; sie paktierten dabei mit der Aristokratie. Pythagoras starb 497 v. Chr. Drei Jahre später erfolgte die politische Umwälzung in Kroton. Es kam zum Pogrom der demokratischen Volkspartei gegenüber den elitären Pythagoreern und zu ihrem Exodus, sofern man sie nicht erschlug. Die Lehren des Pythagoras blieben nach Cicero jedoch über drei Jahrhunderte wirksam, erst um 180 seien sie vergessen worden, doch 70 v. Chr. habe sie der einflußreiche Römer Nigidius unter den Vornehmen der Stadt wieder lebendig gemacht[54]. Jacob Burckhardt behauptete, «der Gedanke an Metempsychose ist den Griechen im ganzen antipathisch gewesen und geblieben, trotz Pythagoras, Pindar, Empedokles und Plato»[55]. Setzen wir Heraklit noch hinzu. Dieses Griechenbild dürfte sich heute ebensowenig halten lassen wie das der Klassik vor Nietzsche, wenn wir an die soziale Bedeutung der Mysterienkulte in der Umbruchszeit des 7. und 6. Jahrhunderts denken, an die geistesgeschichtliche Bedeutung der genannten Namen, die bezeugte Anziehungskraft des Pythagoras auf

Lukanier, Plutetier, Messapier und Römer[56] und die lange Lebensdauer des Pythagoreismus. Die Bruderschaft der Pythagoreer war «eine große religiöse Macht in der griechischen Welt»[57].

Empedokles, Arzt, Naturphilosoph und Prophet, der unmittelbar nach dem von ihm hochverehrten Pythagoras in Sizilien lehrte, berichtete: «Wenn ich zu ihnen komme in die prangenden Städte, zu den Männern und Frauen, so werde ich von ihnen verehrt. Sie aber ziehen mit, Tausende, um zu erkunden, wo zum Heil der Pfad führe ...»[58] Von ihm haben wir das schöne Bekenntnis «Denn ich wurde bereits einmal Knabe, Mädchen, Pflanze, Vogel und flutentauchender, stummer Fisch» (B 117).[59]

Seelenwanderung und Weltbrandmythos – Heraklit

Noch immer wird des Herodot Meinung (II, 123), die Lehre von der Seelenwanderung sei von Ägypten nach Griechenland gekommen, aufrecht erhalten, obwohl die Fabulierkunst des Herodot (II, 123) bekannt ist und alle Ägyptologen Herodot einstimmig dementieren: Ägypten sei die Seelenwanderungslehre völlig fremd gewesen. Eine Reise nach Babylon gehört heute zu den Pythagoras-Legenden[60]. Direkte indische Einflüsse auf Griechenland sind noch nie belegbar gewesen, dennoch nahm sie Jacob Burckhardt einfach an[61]. So bleibt lediglich Ciceros Mitteilung «Pherekydes hat als erster gesagt, daß die Seelen der Menschen unsterblich sind» (Diels, Fragmente, Pherekydes 7 A5)[62]. Aristoteles, Aristoxenos und Dikaiarchos haben Pherekydes jedenfalls als Lehrer des Pythagoras bezeugt[63]. Doch Pherekydes, der in seiner «Pentemychos» («Fünfschlucht») eine Weltentstehungslehre entwickelte, lebte als Weiser auf Syros. Das ist eine Kykladeninsel in der Nähe von Delos und Mykonos. Die Inselgruppe liegt auf halbem Wege zwischen Athen einerseits und dem Samos des Pythagoras, aber auch dem Milet des Heraklit andererseits.

Für die griechische Lehre von der Metempsychose (Seelenwanderung) lassen sich also keine Kausalverbindungen zu Indien oder dem Orient herstellen. Das verwundert kaum, weil die Hochgottvorstellungen westlich des Hindukusch die Seelenwanderung ausschlossen. Die Vorstellung vom «großen Jahr», die wir bei Orpheus, Pythagoras und Platon finden, auch die Sintflutsage, sind dagegen eindeutig babylonisch.

Allein die Verbindung einer Re-Inkarnationsvorstellung mit dem Weltenbrand könnte uns Indizien für die Herkunft der Metempsychose-Vorstellungen im Griechischen liefern. Die Nachforschungen führten in den Iran. Hier befinden wir uns aber auf indogermanischem Boden. Wir wissen heute, daß Zarathustra zuerst vom Feuerurteil am Jüngsten Tag sprach, wenn Ahura Mazda die Guten und Bösen richtet. Dieses Feuerurteil aber ist menschlich verstanden, nicht kosmisch, wie bei Heraklit und der Stoa. In der menschlichen Form des Weltenbrandes ist des Zarathustras Einfluß feststellbar im Bereich der Hochgottvorstellung: in der biblischen Apokalypse, in apokryphen Apokalypsen, in der Gnosis, in der mittelpersischen Schrift Bundahisn[64]. Nicht erst in der Höllenvorstellung des Mittelalters, sondern in den Schriften dieses Einflußbereiches werden die Bestrafungsqualen im Feuer drastisch ausgemalt. Das ist orientalisch! Doch mit diesem Feuerurteil iranisch-orientalischer Art hat das Endzeitfeuer der griechischen Vorstellungswelt nichts gemein. Wenn Weltenbrandglaube und Metempsychose-Überzeugung der Griechen nicht aus der indisch-orientalischen Welt ableitbar sind, dann ist nur die einfachste Erklärung möglich, es habe sich um indogermanisch-germanisches Erbe gehandelt.

Der Verdacht des mündlichen Tradierens indogermanischer Weisheit wird durch zwei Indizien erhärtet:

1. Die Erforschung des Megalith-Bauwerks von Stone-

henge in der südenglischen Grafschaft Wiltshire führte zu weiteren Untersuchungen an 600 anderen Steinsetzungen in England und Schottland mittels Computer durch den Astroarchäologen Prof. Thom. Sie ergaben ein Wissen um ein ziemlich genaues Kalendarium eines sechzehnteiligen Jahres von 365 Tagen bei Berücksichtigung des Schaltjahres, den Beweis für die Beobachtung zahlreicher Fixsterne und die Kenntnis des Pythagoreischen Dreiecks[65]. Stonehenge reicht mit seinen ältesten Schichten zurück bis auf 2600 v. Chr. Sie weisen auf ein Totenheiligtum. Eine derartig hochentwickelte Mathematik und Astronomie kann sich nur über Jahrhunderte, ja Jahrtausende entwickelt haben. – Das Wissen der Indogermanen um das Pythagoreische Dreieck taucht aber bezeichnenderweise in jenem ionischen Raum wieder auf, in den die Protogriechen der Ioner und Aioler der indogermanischen Wanderung von 1850–1600 v. Chr. durch die nachfolgende Ägäische Wanderung von 1250 abgedrängt wurden.

2. Auffällig verwandt waren die religiösen und damit auch die Todesvorstellungen der Griechen, Germanen (Illyrer) und Indogermanen bis hin zur etymologischen Wurzel (idg. ziu – grch. zeus; idg. ostara, angelsächsisch eosta – grch. eos). Hier wie dort personifizierte Gottheiten, hierarchisch untergeordnet dem abstrakt verstandenen Seinsgrund des Schicksals. Sie glaubten, selbst die Götter seien ihm unterworfen. Dieser Seinsgrund wurde zwar häufig personifiziert umschrieben als die Moiren, bzw. die Nornen (Urd, Werdanti, Skuld[66]), doch sie bedeuteten eher die Differenzierung des Abstraktums Schicksal in die Abstrakta des Werdens, des Lebens und des Schicksals. Sie bildeten als Seinsgrund eine Einheit. Deshalb war Leben nie denkbar ohne das Gewordene und das werdende Werden. Ein so verstandener Seinsgrund entbehrte jeder statischen Qualität.

Indogermanen und Germanen sahen also alles Sein dem lebendigen Strom des Werdens ausgesetzt, sogar die Welt, die nach dem Ragnarök des Weltbrandes zerbirst, doch nur um neu zu entstehen[67]. Ihre Vorstellung, daß der Seinsgrund im Werden selbst liege, ihre Überzeugung vom Weltenbrand und die Grundauffassung einer Re-Inkarnation legen die Vermutung mündlicher Überlieferung nahe, da die Philosophie des Heraklit, die im gleichen geografischen Raum entstand wie die Mathematik und Philosophie des Pythagoras, geradezu als eine Rezeption germanischer Religiosität angesehen werden könnte.

Man muß wohl ausgehen von der Archä (arché), dem axiomatischen Ausgangspunkt des «Woher» und «Wohin» des Heraklit, also von dem, was nach seiner Auffassung Ursprung und Ziel sei, wenn man ihn verstehen will. Dabei ist es interessant, wenn wir Heraklit im Sinne der üblichen Klassifizierung der Geschichte der Philosophie begreifen. Man nennt die Vorsokratiker nämlich auch Hylozoisten oder Hylopsychisten. Sie waren demnach Erforscher des belebten Stoffes, dachten sich also die Welt aufgebaut aus einer, allerdings verschiedentlich benannten Materie, die beseelt sein sollte[68].

Wir betonen diese Klassifizierung besonders, weil man gewöhnlich die Beseelung der Materie als mythischen Rest ansieht. Dort, wo davon gesprochen wird, daß die Götter als «das heilige Sein der Welt», als das «Wesen und Sein», als der «Urgrund alles Seins und Geschehens»[69], «in der Besonderung immer zugleich das Ganze der Welt und des unendlichen Seins»[70] seien, also innerhalb der Welt existieren sollen, herrschten angeblich «gärende Zustände», und der Logos, rational im modernen Sinn, hätte sich noch nicht von den «Wogungen der religiösen Phantasie»[71] gelöst. Die Kathederphilosophen solch konventioneller Philosophiegeschichte dürften künftig arg in Verlegenheit geraten. Im nächsten Kapitel werden wir nämlich über Vertreter exakter Naturwissenschaften berichten, die vom naturwissenschaftlichen Experiment der Grundlagenforschung herkommend und mittels scharfsinniger Logik wieder zu klassischen Hylo-psychisten geworden sind (Charon).

Für Heraklit ist die alles belebende Archä das Feuer, weder von den Göttern noch den Menschen geschaffen «ewig lebendiges Feuer, erglimmend nach Maßen und erlöschend nach Maßen» (Fr. 30). Da das Allfeuer als Seinsgrund alles Daseienden als ewige Weltbewegung aufgefaßt wird, kommt er zu dem von ihm wohl bekanntesten Grundprinzip: Panta rhei – «alles fließt». Will man Heraklit, wie das gewöhnlich geschieht, als Denker des Werdens bezeichnen – im Gegensatz zu Parmenides als Denker des Seins –, dann würde mißachtet, daß das Sein bei Heraklit eben «als eine Bewegung von Gestaltung und Umgestaltung»[72] begriffen wird. Werden und Sein sind identisch und göttlich (Fr. 67). Spricht Heraklit vom Werden, dann redet er vom Sein, das sich stets wandelt wie das «ewig brennende Feuer» (Fr. 30). Wenn das Feuer im allgemeinen Weltenbrand das Ende der Welt bewirkt und nach diesem Vorgang eine neue Welt entsteht (Fr. 65 und 66), ganz analog zum germanischen Mythos, dann ist mit diesem Werdevorgang ebenfalls die Wesenheit des Seins umschrieben, das göttlich ist. Dieses Seinsverständnis resultiert aus der Identität der Gegensätze. «Die Gegensätze, so überlegte er, die immer nur einer durch den anderen existieren, können nur zusammen verstanden werden und drücken so ein und dieselbe Wirklichkeit aus»[73]. Werden und Sein, Tag und Nacht (Fr. 57), Gut und Übel (Fr. 58) seien nur Aspekte der gleichen Sache. «Gott ist Tag Nacht, Winter Sommer, Krieg Frieden, Sattheit Hunger. Er wandelt sich aber gerade wie das Feuer . . .» (Fr. 67) Deshalb würden wir uns täuschen, wenn wir nur die eine Seite der Dinge haben möchten. Darum sei der Kampf das Gesetz aller Dinge: «Der Krieg ist der Vater aller Dinge, aller Dinge König» (Fr. 53). So wären – würden wir Heraklit folgen – auch Leben und Tod nur die verschiedenen Aspekte einer Sache. Und er sagt tatsächlich über den Tod: «Derselbe aber ist Hades und

Dionysos, dem sie da toben und ihr Lenaienfest feiern»
(Fr. 15).

Wenn es für die Welt nie ein statisches Moment gibt, sondern
das dynamische Moment des Werdens, das als solches das
Sein ausmacht, dann kann es auch in der herakliteischen
Anthropologie nicht die Absolutheit eines Endes geben, zumal die menschliche Seele teilhat am universalen Prinzip der
Welt, weil sie aus der gleichen Substanz bestehe wie das
göttliche Feuer[74]. Wenn man weiß, daß seine paradoxalen
Formulierungen nur die dialektischen Aspekte der einen
Sache sind und daß er gar nichts anderes als die «Metempsychosis» annehmen konnte, dann sind angeblich dunkle Seiten seiner Philosophie durchaus einleuchtend klar: «Tod ist,
was wir im Wachen sehen, was aber im Schlummer – ein
Traumbild und was im Tode – Leben» (Fr. 21). Dunkel bleibt
nur, «ob er sich dieses Wiederaufleben als eine Palingenese,
also eine Wiedergeburt der Seele in derselben Person, oder
als ein Wiedererscheinen auf der Erde in einer anderen Identität als der früheren vorgestellt hat»[75]. Setzen wir in das den
Philosophen rätselhafteste Fragment für «Unsterbliche» die
Toten im herkömmlichen Sinne, für «Sterbliche» aber die
Lebenden im herkömmlichen Sinne, dann wird aus diesem
Fragment eine großartige Zusammenschau der Schwelle des
Todes und der Schwelle der Geburt, jeweils gleichzeitig gesehen von beiden Seiten: «Unsterbliche: Sterbliche; Sterbliche:
Unsterbliche, denn das Leben dieser ist der Tod jener und
das Leben jener der Tod dieser» (Fr. 62). – Schließen wir
Heraklit ab mit seinem 10. Fragment: Gott, der Kosmos und
der Mensch sind nach Substanz und Qualität unterschieds-
los: «Ganzes und Nichtganzes, Einträchtiges Zwieträchti-
ges, Einklang Zwieklang und aus Allem Eins – und aus
Einem Alles.» – Das ist bereits philosophische Physik jenseits von Einstein: ein in sich abgerundetes streng logisches
Gedankengebäude.

Orpheus, Pythagoras und Empedokles rückten bereits eng

zusammen. Nun schließen sich überraschend Heraklit, Pythagoras und Platon zu einer Einheit. Es wird deutlich, wie die Philosophie umzudenken hat, wenn sie die Re-Inkarnations-Hypothese nicht mehr als beiläufig, als orientalisch-ungriechisch, bestenfalls noch als Vereinigung des «griechischen mit dem orientalischen Genie»[76], sondern als Faktum griechischer Logik zu behandeln hätte.

Platon:
Wiedererinnerung, Wissen a priori, Wiederkehr

Platon ist eigentlich ein Name, den der aristokratische Ring-kämpfer Istmischer Spiele erwarb: «Der Breite». Zweifellos studierte der wohlhabende Jüngling direkt bei ägyptischen Priestern Mathematik, doch Archytas in Taras (Tarent), ein bedeutender Geometer, Zahlentheoretiker, Musiktheoretiker, Philosoph und Staatsmann, den man seinen Freund nennen kann, führte ihn auch in die pythagoreische Philosophie ein, ebenso Timaios in Lokri. Wie die Pythagoreerschule von Kroton 520 bereits eine Vielzahl von Kursen anbot, so auch die «Platonische Akademie». Reiche Freunde kauften um 386 v. Chr. für ihren Lehrer Platon in einem Vorort Athens einen Lusthain, der nach einem attischen Heros benannt war: «Akademos». Hier entstand Platons berühmte Akademie, die für neunhundert Jahre zum Mittelpunkt Griechenlands werden sollte. Deshalb ist es geradezu grotesk, wenn ein populärer Kulturhistoriker behauptet, Platon wäre «kein Grieche gewesen», hätte es «nicht seine vollendete Prosa»[77] gegeben. Er will also nur die Form als Griechisch gelten lassen, weil Platon inhaltlich dem «Pythagoras und dem Orphismus einen orientalischen (!) Glauben an Seelenwanderung, Karma, Sünde, Läuterung und ‹Erlösung›»[78] entnommen hätte.
Platon hat die Stoa, den Neuplatonismus, die Gnosis, nicht

zuletzt das Christentum tief beeinflußt, der pythagoreisch-orphische Platon! «Medeis ageometretos eisito» (niemand ohne Geometrie möge hier eintreten) stand über dem Eingangstor der Akademie, die vornehmlich Arithmetik, Geometrie, Sphärik (Astronomie) und Musik lehrte bei einem gleichzeitigen Kult der Musen! Es gab keinen bedeutenden Mathematiker Griechenlands vom 3. Jahrhundert an, der nicht durch diese Schule gegangen war; Aristoteles, Demosthenes, Lykurgos u. a. zeigten sich durch sie tief beeinflußt. Wer ist heute noch überrascht, befremdet, erschüttert, weil er staunt? Staunen aber ist die Wurzel aller Philosophie für Platon[79]. Sind wir noch fähig, das «wahrhaft Schöne und Zarte und Vollendete und Glückseelige»[80], also das Wesen des Seins, das Göttliche, zu begreifen, wenn wir den «schönen» Schein nicht mehr erkennen, wenn der Eros als Impuls, nach dem Schönen zu streben, also nicht mehr motiviert wird? Dies ist der eine Weg der Erkenntnis, den uns Platon öffnet. Der andere aber ist uns erschlossen durch die «tausendjährige Wanderung» der Seele, wie Platon die Abfolge vieler Re-Inkarnationen nennt[81].

Denn wenn es «in der Tat ein Wiederaufleben und ein Werden der Lebenden aus den Toten»[82] gibt, dann würde es mit Platon logisch vielleicht auch stimmen, «daß unser Lernen nichts anderes ist als Wiedererinnerung», dann stimmt es andererseits auch, daß dieses wieder erinnernde Lernen «unmöglich wäre, wenn unsere Seele nicht schon war, ehe sie in diese menschliche Gestalt kam»[83]. Platon meint, allein der Leib mache uns in unserer Erkenntnissuche «zu schaffen wegen der notwendigen Nahrung; dann auch, wenn uns Krankheiten zustoßen, verhindern uns diese, das Wahre zu erjagen, und auch mit Gelüsten und Begierden, Furcht ... erfüllt er uns»[84]. Er verwirre uns, «so daß wir seinetwegen nicht das Wahre sehen können»[85]. Die «Gewalt dieses Kerkers» zwinge uns, «wie durch ein Gitter durch ihn das Sein zu betrachten»[86].

Platon folgert daraus, wir könnten «Niemals zum Wissen gelangen, außer nach dem Tode»[87]; solange wir leben, würden wir «dann dem Erkennen am nächsten sein, wenn wir, soviel möglich, nichts mit dem Leibe zu schaffen noch gemein haben»[88]; so sei «das Geschäft der Philosophen Befreiung und Absonderung der Seele von dem Leibe»[89], sie würden sich bemühen, «so nahe als möglich an dem Gestorbensein zu leben»[90], ja, es «trachten die richtig Philosophierenden danach zu sterben, und tot zu sein ist ihnen unter allen Menschen am wenigsten furchtbar»[91]. Diese Befreiung von leiblichen Einflüssen ist Tugend, ist Reinigung im Sinne der Orphik, wie das auch im Phaidon unmißverständlich angedeutet wird[92].

Nun müssen wir aber eine ganz scharfe Abgrenzung vornehmen, ehe Mißverständnisse entstehen. Man könnte ja den Philosophentyp Platons mit dem bereits umschriebenen Samnyāsin indischer Religiosität vergleichen. Leicht ließen sich in der äußeren Lebensweise, auch in einigen Grundeinstellungen, Affinitäten herstellen. Doch das wäre recht zweifelhaft. In seinem berühmten Siebenten Brief an die Verwandten und Freunde des Dion in Syrakus hat Platon seinen Philosophentyp präzisiert: «Wohl übt er den Beruf, in dem er gerade steht, aus, über allem aber hält er sich immer an die Philosophie und eine solche Lebensweise, die ihn aufs höchste lernbereit, gedächtnisfrisch und zu nüchternem Denken fähig macht. Die entgegengesetzte Haltung ist ihm zeit seines Lebens verhaßt. Die aber wirklich keine Philosophen sind, sondern sich nur mit leeren Sprüchen geschminkt haben wie die Leute, die ihre Haut von der Sonne haben anbräunen lassen – wenn die sehen, was man alles lernen muß und wie lang die Anstrengung ist und daß nur eine geordnete Lebensweise zur Sache paßt, dann merken sie, daß es schwer und über ihre Kraft ist, und sie gewinnen auch nicht die Kraft, sich darum zu bemühen.»[93]

Platons Philosophentyp ist also kein weltfremder Asozialer

wie der echte indische Samnyāsin. Auch das angestrebte «Déjà vu» des indischen Yogi als Vorbedingung für die Erlösung aus dem Samsāra ewiger Wiederkehr als Rückerinnerung an frühere Existenzen ist ihm fremd. Platons Philosophentyp kann die Anamnesis nur anstreben als Wiedererinnerung an die Präexistenz der Seele im Reiche der *Ideen*. «Daß es Ideen gibt und unsere Seele vor der Geburt schon existierte, das sind zwei Pole eines und desselben notwendigen Zusammenhangs. Aus der vorgeburtlichen Erkenntnis der Ideen hat die Seele das apriorische Wissen»[94].

Platons Vorstellungen von Metempsychose und Anamnesis gaben ideengeschichtlich Anlaß zu einer der bedeutendsten Bewegungen philosophischer Reflexion. Augustinus, Thomas von Aquin, Kant und der deutsche Idealismus versuchten immer wieder aufs neue die Ursachen von Erkenntnissen a priori zu erklären. – Wir vermögen zum Beispiel Gleichheit und Ungleichheit nur festzustellen, weil wir «ein Wissen um Gleichheit immer schon vorausgesetzt haben»[95]. «Wir besitzen also offenbar ein Wissen, das wir zugleich vergessen haben»[96]. Die Seelen existierten nach Platon «ehe sie in menschlicher Gestalt waren, ohne Leiber, und hatten Einsicht»[97], Einsicht nicht in Gutes und Schönes, sondern in die Idee des Guten und Schönen. «Wir können diese Ideen transzendentale Ideen nennen, weil sie sich auf die grundlegenden Bedingungen alles Erkennens und Handelns beziehen und sie allem Seienden zugrunde liegen . . . Platon kennt auch solche Ideen, nämlich die urbildlichen Strukturen und Wesenszusammenhänge, die den einzelnen entstehenden und vergehenden Naturdingen als sich gleichbleibende und unwandelbare Modelle zugrunde liegen»[98], sie sind also der Zeit und dem Werden entzogen: immer seiend – ewig!

Das wird begründet mit der Einfachheit oder Einheit der Ideen im Gegensatz zum Zusammengesetztsein sinnlicher Gegenstände. Platon löste damit erstmals das in der griechischen Geistesgeschichte «alte Problem von Einheit und Vielheit»[99].

Die Erkenntnisfähigkeit der Ideen durch die Seele ist deshalb möglich, weil Platon der Seele «Unsterblichkeit durch ihre dauernde Aktivität» zu beweisen suchte. «Wenn etwas existiert und dabei unaufhörlich in Bewegung ist, so kann dieses auch nicht aufhören zu existieren. Was aber dauernd in Bewegung ist, muß sich selbst bewegen . . .»[100] Von hier aus hat Platon «abschließend das Problem der Unsterblichkeit gelöst; die Seele ist unsterblich, insofern sie das Prinzip aller Bewegung ist»[101].

Man sieht an dieser Gedankenführung zweierlei: 1. Die Metempsychosis ist ein sinnlogisches Attribut dieser «Seele der Selbstbewegung». 2. Mit orientalischer oder asiatischer Religiosität hat dieses Philosophieren abendländischer Problemstellungen über die Metempsychosis nichts zu tun. Sie ist tatsächlich ganz und gar griechisch.

Nun erlauben wir uns einen Schritt, der sich nicht durch Platon, sondern allein durch Logik rechtfertigen läßt: die Interpretation des Höhlengleichnisses aus der «Politeia» im Sinne der Metempsychose. Bisher ist dieses dichterische Symbol nur verstanden worden als ein Paradigma für den umschriebenen Philosophentyp, der aus dem Gefängnis des Leibes, das ihn wie eine Höhle mit Gaukelschatten umfängt, emporsteigt ins gleißende Licht der reinen Ideen, der zurückgekehrt in die Höhle, erleben muß, daß die Gefangenen nichts von dem hören wollen, was er erfahren hat, daß sie seine Aufforderung, die Ketten zu zerbrechen, belächeln, ja drohen, ihn umzubringen. – Eigene bittere Lebenserfahrungen Platons haben sich in diesem Gleichnis niedergeschlagen. Zweifellos lotet es auch die ganze platonische Tugendlehre aus, zudem sein pädagogisches Credo, daß Lernen nur Wiedererinnerung sei[102]. Da Einsicht in die intelligible Welt der Ideen aber vornehmlich in jenem Zustand zu erreichen ist, in dem die Seele vom Leib befreit ist – denn «die Ideen in ihrer Unvergänglichkeit sind . . . der sinnlichen Wahrnehmung entzogen»[103] – und lernendes Wiedererinnern bei Platon im Sinne apriorischen Wissens erfolgt, dürfen wir den Aufstieg aus der Höhle in die Anschauung des Lichtes auch als Tod und die Rückkehr in die Höhle als Wiedergeburt deuten. Und diese Re-Inkarnation geschähe wohl öfter; denn es hinderte nichts, daß die Seele «noch oft würde geboren werden und wieder sterben – denn so stark sei sie von Natur, daß sie dieses gar vielmal aushalten könne...» (Phaidon)[104].

Eine Wiedergeburt erfolgt nach Platon aber nicht ohne Umschweife. Nach dem Tode gibt es eine Gerichtsbarkeit über das vergangene Leben; Bestrafung und Lohn[105]. Platon unterscheidet die unheilbaren Schwerstverbrecher, die für immer im Tartaros zu bleiben hätten, von jenen heilbaren Schwerverbrechern, die jährlich aus dem Tartaros an den Acherusischen See gespült würden, um dort wiederholt jene zu rufen, die sie ermordet oder an denen sie gefrevelt hätten, so lange, bis diese Seelen ihnen gestatten, zu ihnen in den Acherusischen See zu steigen. Wer ausgezeichnete Fortschritte gemacht habe in seinem vorherigen Leben, dürfe dagegen nach der Gerichtsbarkeit wieder auf der Erde wohnen; Seelen aber, die sich durch Weisheitsliebe schon gereinigt hätten, «leben für alle künftigen Zeiten gänzlich ohne Leiber»[106]. Jene Seelen nun, die wieder «auf der Erde wohnhaft werden»[107], kämen zunächst zur «Spindel der Notwendigkeit», durch die «alle Sphären in Umschwung gesetzt werden»[108]. Bei ihr säßen «weiß bekleidet, am Haupte bekränzt... die Moiren... Lachesis das Geschehene, Klotho das Gegenwärtige, Atropos aber das Bevorstehende»[109]. Lachesis lasse den Seelen belehrend sagen: «Eintägige Seelen! Ein neuer todbringender Umlauf beginnt für das sterbliche Geschlecht. Nicht euch wird der Dämon erlösen, sondern ihr werdet den Dämon wählen... Die Schuld ist des Wählenden; Gott ist schuldlos.»[110] Dann würden die Seelen Grundrisse von Lebensweisen wählen. Das anzuschauen «sei jämmerlich zu sehen gewesen und lächerlich und wunderbar. Die meisten nämlich hätten der Erfahrung ihres früheren Lebens gemäß gewählt»[111]. – Platon rät jedoch, «in Beziehung auf dergleichen ein mittleres Leben zu wählen und sich vor dem Übermäßigen nach beiden Seiten hin zu hüten, sowohl in diesem Leben nach Möglichkeit als auch in jedem folgenden. Denn so wird der Mensch am glücklichsten.»[112] Klotho, die den Schwung der Spindel bewirke, befestige an ihr das neu-gewählte Lebensgeschick, Atropos mache das Angesponnene unveränderlich. Durch furchtbare Hitze und Qualen schreitend, komme die Seele schließlich auf das baumlose Feld der Vergessenheit, wo sie nur ein bestimmtes Maß Wasser aus dem Flusse sorglos trinken sollte, ehe sie zu einem neuen Leben auf ihrer «tausendjährigen Wanderung» gelange[113].

Wir hatten drei Beweggründe, dieses dichterische Bild, das so gar nichts mit abendländischer philosophischer Logik zu tun hat, so ausführlich zu zitieren.:

1. Da ist zunächst einmal das Moment einer individuellen Gerichtsbarkeit unmittelbar nach dem Tode, dann das Moment der Vergebung von Taten durch die Tatbetroffenen und das Moment einer leiblosen ewigen Glückseligkeit für den umschriebenen Philosophentyp. Alle drei Momente nehmen substantiell Christentum vorweg; das Christentum hat das Vergebungsmotiv und das Erlösungsmotiv nur generalisiert, also auf alle Menschen, bzw. Seelen übertragen. – Die Vorstellung vom «Zwischenaufenthalt der Seele im Jenseits» zwischen zwei Wiedergeburten «ist eine alte Vorstellung, die wir in vielen Mythen verschiedenster Völker finden»[114]. Auch das Christentum sah sich genötigt, diesen Glauben zu übernehmen. Es wandelte den Zwischenzustand ab zu einem zwischen dem Tod mit individueller Gerichtsbarkeit und der späteren allgemeinen Endgerichtsbarkeit mit Auferweckung aller Toten. Das geschah in dem Augenblick, als die «Naherwartung» der Urchristen einer Auferweckung Jesu von den Toten, wie das im 1. Brief an die Thessalonicher verheißen

wird, nicht in Erfüllung ging[115]. Zudem hatte die «Perusie-verzögerung» für die Kirchenväter auch das Problem aufgeworfen, was mit den Toten bis zum Jüngsten Tag würde, besonders den Märtyrern. Platon hatte für sie das Problem gelöst[116]. – «Die heutige Exegese macht darauf aufmerksam, daß z. B. die Berichte von den Erscheinungen des auferweckten Christus in den Evangelien zum Teil bereits von dieser Auseinandersetzung des Christentums»[117] mit der Stoa, der Gnosis und dem Manichäismus geprägt waren, die dem Platonismus anhingen.

2. Wir haben deshalb Platons dichterische Ausmalungen des Jenseits so ausführlich zitiert, weil die platonische Selbstwahl der Grundmuster für ein neues Leben der Wiedergeburt durch die psychotherapeutischen Erfahrungen von Dr. Netherton bestätigt zu werden scheinen, aber auch durch zahlreiche der zitierten Fälle von Rückerinnerungen aus dem Forschungsbereich von Stevenson.

3. Wenn Platons Erklärung des apriorischen Wissens durch Metempsychose noch nicht deutlich gemacht haben sollte, wie wenig die griechische Todesvorstellung orientalisch beeinflußt war, so dürften das die Moiren eindeutig machen. Sie sind nun unzweifelhaft indogermanischen Ursprungs und rücken in Platons «Politeia», analog zur germanischen und keltischen Glaubensvorstellung, in den unmittelbaren Bezug zur Metempsychose. Ja, Platon kennt auch die germanischen Wiedergänger, «Schattenbilder» von Seelen, die noch «teilhaben an dem Sichtbaren», Seelen der Schlechten, welche «gezwungen sind herumzuirren»[118]. Sogar bis in die Beschreibung des Tartaros mit seinen Mördern im *Schlammstrom* gibt es Analogien zur germanischen Glaubenswelt. «Dort sah ich waten / Durch *Sumpfströme* / Meineidige / Und Mordtäter . . .» heißt es in der Edda.

Um diesen Zwischenzustand der Seelen zwischen dem Tod und dem Zeitpunkt des Weltenbrandes nach dem Muster indogermanischer Endzeiterwartung stritten sich auch die

Stoiker; teilweise nahmen sie an, daß nur die Weisen dessen teilhaftig würden[119], teilweise vertraten sie die Ansicht, daß selbst der Weltenbrand die Seele nicht ganz vernichten könne, daß sie – wie alles – wiederkehre und nach dem Weltenbrand mit der vorigen durchaus identisch sei[120].

Der Kreis griechischer Kultur ist ausgeschritten. Wir wollen nur noch Ergänzungen geben: Es geht um «eine richtungsorientierte Ereignisweise der Todessymbolik»[121] verschiedener Mythen und Religionen. Richtungsweiser ist die Sonne. «Sie ist das Urbild für den Kreislauf des Lichtes und des Lebens, und es ist nur natürlich, daß sie auch als Seelenführer (Psychopompos) der Begleiter auf dem Nachtwege der Seele ist. Sie nimmt die Seele mit sich in die Unterwelt und sichert auch deren Wiederkehr im Osten. Der Westen im Sonnenuntergangspunkt wird zum Symbol des Lebensendes, und der auf das Erdenleben bezogene Kreislauf des Daseins wurde durch die Bindung an die Sonne oft zum Sein auf kosmischer Ebene erhöht»[122].

Trauer und Freude um das Sterben und Neuwerden der Mutter Erde lösten bei den Indogermanen und Germanen das Julfest und das Mittwinterfest aus. Ursprünglich schien das Mittwinterfest auch ein Totenfest gewesen zu sein; denn in den heiligen Zwölfnächten sollten ja die Geister der Abgeschiedenen nach dem Glauben der Germanen zu den Stätten diesseitiger Tätigkeit zurückkehren. Man suchte diese toten Seelen durch Gastfreundschaft zu befrieden, deshalb deckte man auch für sie den Tisch, schürte das Herdfeuer, das nicht ausgehen durfte. Aus diesem Herdfeuer der Zwölf- oder Rauhnächte sind die Grablichter unserer Tage geworden. Unter christlichem Einfluß gesellte man zu Wotans Totenheer der Rauhnächte die Ungetauften und Selbstmörder und jetzt verschloß man wiederkehrenden Seelen des Zwischenzustandes das Haus. – Das alt-arische und keltische Glaubensgut einer Wiedergeburt muß schon früh Ausdruck gefunden haben im Sonnenkult, galt doch die Sonne als die Unbesiegte. Darum wurde zur Wintersonnenwende tagelang jubelnd gefeiert. Da auch das römische Altertum die unbesiegte Sonne verehrte, vermischte sich dieses Brauchtum schließlich mit dem spätrömischen Kaiserkult. Der Kaiser sah im Sonnengott seinen Beschützer und Begleiter. Deshalb deklarierte ihn Kaiser Aurelian 274 n. Chr. zum Reichsgott und seinen Geburtstag zum Staatsfeiertag: den 25. Dezember. Jenen Tag, an dem die Soldaten auch den persischen Mithras als «unbesiegte Sonne» feierten, machte er zum «natalis invicti» (zum Geburtstag des unbesiegten Sonnengottes). Dieses Tages bemächtigte sich schließlich die Kirche. Unter Papst Liberius (352–366) legte sie die Geburtstagsfeier ihres wahrhaft unbesiegten Gottes auf den 25. Dezember, aber noch Leo der Große (440–461) klagte, daß selbst Christen beim Betreten der vatikanischen Basilika immer noch die Sonne grüßten, grüßten, wie einst Germanen und Indogermanen. Ja, selbst zur Zeit der Gotik waren letzte Spuren des einstigen Sonnenkultes germanischer Re-Inkarnationsvorstellung noch nicht restlos getilgt: der auferstandene Christus ist durch die Sonne symbolisiert worden, die sich zur gotischen Fensterrose wandelte, durchglutet in der Vesperstunde.

Jahrtausende, Jahrmillionen zählt die Wanderung der gesamten Menschheit. Wie unterschiedlich und doch wie gleich zeigte sich die archetypische Identifikation der Völker mit dem Tod. Könnten wir der tiefen und so übereinstimmenden Weisheit noch etwas hinzufügen? So wollen wir schließen mit einer Todesmahnung der Pueblo-Indianer: «Du sollst in das Haus des Todes wandern und erfahren, daß das Leben wichtig ist» – jenes Leben, von dem man erfährt, wenn man nach innen schaut.

3. KAPITEL

Ein Erklärungsansatz zur Re-Inkarnation von seiten der Kernteilchenphysik

Es geht in diesem Kapitel um die Frage, ob die Aussagen der Mythen, Philosophen und Religionen früherer Zeiten, die durch neueste Hypothesen einiger Mediziner, Psychotherapeuten und Hypnotiseure plötzlich bestätigt zu werden scheinen, wissenschaftlich ernst zu nehmen sind.

Zunächst einmal muß deutlich werden, wie wenig wissenschaftliche Arroganz mit Wissenschaft zu tun hat. Wer ungeprüft behauptet, Re-Inkarnation sei eine Fiktion, weil sie dem gängigen Materie-Begriff und der Vorstellung entgegenstehe, Bewußtsein sei an Physis gebunden, oder wer gar religiös reagiert, Re-Inkarnation widerspreche der Bibel, disqualifiziert sich als Wissenschaftler selbst, weil seit Aristoteles Wissenschaft vom Zweifel lebt, vom Zweifel an der eigenen Position. Wissenschaftliche Selbstgewißheit macht Wissenschaft zur Ideologie, Wissenschaftler aber zu Ignoranten. – Auch jenen, die sich mit einem maliziösen Lächeln über soviel vermeintliche Verrücktheit auf die Diskussion der Frage gleichsam spielerisch einlassen, fehlt die für Wissenschaft notwendige Haltung, da die heimliche Komisierung das Vorurteil belegt. Wer mit Vorurteil forscht, wird aber nur das Material zu seiner Vorurteils-Hypothese ernstnehmen, also sein Vorurteil bestätigen.

Gefährlicher sind jedoch jene durchaus wissenschaftlich denkenden Menschen einer auch wissenschaftlichen Grundhaltung des Zweifels, die bereit wären, die Re-Inkarnations-Hypothese vorurteilslos zu überprüfen, die allerdings nur jenes als wissenschaftlich bewiesen und im philosophischen Sinne für wahr erachten, was sich durch Experiment unter gleichen Bedingungen beliebig oft mit dem gleichen Ergebnis wiederholen läßt. Dieser positivistische Wissenschaftsbegriff hat im 19. Jahrhundert die Naturwissenschaften tatsächlich zu Triumphen geführt. Dennoch ist dieser Wissenschaftsstandpunkt auch naturwissenschaftlich heute fragwürdig; denn es gibt unzählige Phänomene der Natur, die sich dem Experiment einfach entziehen. – Für die durch periodische Helligkeitsschwankungen ausgewiesenen variablen Sterne der Cepheiden konnten Leavitt und Shapley ein Gesetz aufstellen, das sich nicht durch Experiment überprüfen ließ. – Der Astronom muß in diesem Fall «den Himmel nach neuen Cepheiden absuchen und sich vergewissern, ob deren Größe und Periode dem angenommenen Gesetz genügen»[1]. Wenn also eine experimentelle Kontrolle nicht möglich ist, «muß die Hypothese nichtexperimentell geprüft werden, indem man Fälle abwartet oder ausfindig macht, wo die angegebenen Bedingungen in der Natur realisiert sind»[2].

Die Arbeiten von Prof. Stevenson über das häufig in der Natur vorkommende Phänomen der nachprüfbaren Rückerinnerungen von Kleinstkindern an detaillierte Erscheinungen und Vorkommnisse früherer Leben und das von Dr. Netherton psychotherapeutisch gewonnene Wiederholungsmaterial und die Nacherlebenssituation hypnotisch Regredierter sind also in diesem Sinne vollwertiges nichtexperimentelles wissenschaftliches Kontrollmaterial einer aufgestellten Hypothese.

Bewußtsein und überlebendes Kontinuitätsbewußtsein lassen sich positivistisch nicht fassen

So untauglich sich die positivistische Formel für den astrophysikalischen Wahrheitserweis zeigt, so ungenügend dünkt sie uns allerdings auch für die Erforschung der Psyche. Sie fand Anwendung im angelsächsischen Behaviorismus, der in den letzten beiden Jahrzehnten, von Amerika kommend, immer mehr das wissenschaftliche Feld beherrschte. Wir wissen durch ihn heute zwar viel mehr über elektromagnetische und biochemische Funktionsabläufe des Gehirns, über seine Kybernetik, doch das auf diesem Wege experimentell gewonnene Wissen wird stark relativiert, wenn wir erfahren, daß mittels Elektroencephalogramms (EEG) kein Unterschied zwischen dem Hirn eines hochintelligenten Menschen und einem Wasserkäfer feststellbar ist. Zu diesem Ergebnis kam der Nobelpreisträger der Physiologie Adrian beim Vergleich mit seinem eigenen EEG[3]. Auch die Phasen der Bewußtseinshelligkeit und des Traumes drücken sich im EEG bei Mensch und Tier in nahezu gleicher Form aus[4]. Vergleichen wir die elektrischen Phänomene des Gehirns und die Netzwerkstrukturen, dann gibt es offensichtlich zwischen Mensch und Tier keinen qualitativen Unterschied[5]. Die Ethologie hat zudem bei Vögeln und Säugetieren «mit Sicherheit die Fähigkeit zu gewissen Abstraktionen und Verallgemeinerungen» festgestellt. «Menschenaffen vermögen, wie experimentell erwiesen ist, nach Plan und Voraussicht zu handeln»[6], sie zeigen auch «planende Zurichtung von Werkzeugen» und sogar den «Beginn überlegenden, frei entscheidenden Intellekts»[7]. Da also «Bewußtsein im Sinne von Wachheit» keineswegs ein «Prärogativ des Menschen» ist und eine Entfernung von Teilen der Hirnrinde keine «Bewußtlosigkeit zur Folge hätte»[8], könnten wir behaupten, jenes – nach abendländischem Verständnis seit Platon – den Menschen in der Schöpfungsordnung auszeichnende Bewußtsein scheint weder organisch noch funktional humanspezifisch zu existieren. Auch die Versuche Michael S. Gazzanigas, eines Schülers von Sperry, der mit seinen Kollegen Vogel und Bogen (Los Angeles) 20 Epileptikern die jeweils 200 Millionen Nervenfasern des Balkens (Corpus Callosum) zwischen den beiden «Walnußhälften» des Gehirns durchschnitten hat, erbrachten kein Ergebnis. Zwar konnte Gazzanigas durch seine Experimente mit getrennten Hirnhälften nicht unwichtige Erkenntnisse gewinnen über Vorgänge des Erkennens, Handelns und Lernens in beiden Hirnhälften, doch alle nachgewiesenen Abläufe blieben auf das physiologische Niveau beschränkt. Nobelpreisträger Eccles resümiert deshalb, die Neurophysiologie blicke «auf der Suche nach irgendeinem Platz für ein Bewußtsein ins Nichts»[9] und habe die Suche aufgegeben.

Daran änderten im Grunde auch die neueren Forschungen von Prof. Hellmuth Benesch nichts. Seine Ergebnisse der Neurowissenschaften, in denen sich Neurophysiologen, Neuropsychologen, Neuromathematiker, Neurokybernetiker und Neurobioniker getroffen haben, zu denen noch Neurolinguisten und Neuroakustiker kommen sollen[10], treffen gar nicht die letzte Tiefe der Ursachenforschung; denn «der Ursprung des Geistes», so der Titel des Buches, liegt zwar «vor der Entstehung des Geistes. Oder noch paradoxer ausgedrückt: Der Geist ist aus bereits Geistigem entstanden. Wobei dieses Vorgeistige, dieses Rohmaterial des Psychischen, in fester Bindung zu dem Geschehen in den Nervenzellen steht.»[11] Doch «die biologischen Fundamente des Geistes reichen» eben nur «zurück bis in die Entstehung des Lebens»[12]. Insofern beschäftigt sich Forschung dieser Richtung nur mit der Frage: «Mit welchen Umwandlungsverfahren arbeitet das Nervensystem – oder physiologisch zutreffender gefragt: Welches sind die biologischen Trägerabläufe, durch deren Veränderungen Psychisches zustande kommt?»[13] Nur in einer vagen Andeutung wird das eigentliche Problem gestreift: «In unendlich verdünnter Form hat tatsächlich die kleinste neurophysiologische Elementareinheit, die Nervenzelle, psychische Qualitäten aufzuweisen – ob dahinter», so fragt er wenigstens, «auch noch die materiellen Bausteine der Zelle diese Qualitäten aufweisen, ist eine naturphilosophische Frage . . .»[14]

Äußerst befremdend ist zunächst einmal, daß der Neurowissenschaftler Benesch für die «Evolution des Psychischen und die Bedeutung der Nervenzelle für das Psychische»[15] einen Bestseller zum Zeugen heranzieht, dessen Autor lediglich ein Multiplikator längst bekannter Ideen ist. Was Benesch und Ditfurth nämlich sagen, ist originärer vor einem halben Jahrhundert schon von Teilhard de Chardin dargelegt worden, wahrscheinlich sogar kompetenter; denn Teilhard war nicht nur Theologe und Philosoph, sondern auch Paläontologe: «Nicht längs einer einzigen Linie», so können wir bei ihm lesen, «– sondern über einen unermeßlichen Fächer von Nervensträngen ist das Bewußtsein auf Erden hervorgebrochen und breitet es sich aus, wobei jeder Strang eine besondere Grundform sinnlicher Wahrnehmung und der Erkenntnis darstellt.»[16] Er sprach direkt von einer «Evolution des Bewußtseins», die sich «in der Konzentration der Nervensysteme»[17] vollziehe. – Beneschs Anspruch, «die alte Unterteilung in Gehirn und Geist oder Leib und Seele, beziehungsweise Körper und Bewußtsein» als «folgenschweren Schritt»[18] aufgehoben zu haben, steht lediglich in der Nachfolge Teilhards. Für den Paläontologen war es aber keine naturphilosophische Spekulation, die es auszuklammern galt, sondern eine logische Konsequenz, wenn er das Prinzip der Evolution nicht auf den Bereich des Lebendigen beschränkte, sondern auf alles Sein ausdehnte: «Im Universum gibt es nur Geist in verschiedenen Zuständen und verschiedenen Graden der Organisation oder der Vielheit . . .»[19] – oder noch lapidarer: «Wenn man die Materie als eine ‹Sache› ohne eine Spur von Bewußtsein noch Spontaneität definiert, gibt es sie nicht.»[20] Das nahm bereits die Neognostiker unter den derzeitigen Physikern, von denen noch ausführlich zu reden sein wird, vorweg.

Die Neurowissenschaften haben sich also lediglich dem Gedanken einer Evolution des Bewußtseins geöffnet – wobei Begriffe wie Psychisches, Bewußtsein, Geist, Seele noch unqualifiziert austauschbar sind – eine definitive Aussage über das Bewußtsein selbst blieb aber nach wie vor aus. Zu Recht faßt die Einleitung zur umfänglichsten deutschsprachigen Anthropologie der Gegenwart, die mit ihren sieben Bänden alle Bereiche der Humanwissenschaft abdeckt, den Standpunkt der heutigen Forscher dahingehend zusammen, charakteristisch für sie sei «die Kritik an der traditionellen Behauptung von der Sonderstellung des Menschen im Kosmos, die sich vor dem Fortschritt der naturwissenschaftlichen Erkenntnis mehr und mehr als ein theologisches Restvorurteil entlarvt»[21].

Natürlich ist die Schlußfolgerung logisch, und dennoch ist eine solche Aussage falsch. Die Antwort müßte vielmehr lauten, auf positivistischem Wege habe sich ein den Menschen auszeichnendes Bewußtsein nicht ausmachen lassen; sie könnte auch lauten, ein den Menschen auszeichnendes Bewußtsein sei augenscheinlich nicht organspezifisch. Ein solches Ergebnis liegt also möglicherweise im Forschungsgegenstand selbst, wie die Anthropologie-Einleitung unterstellt, es kann aber auch Folge einer unzulänglichen Forschungsmethode sein. – Bewußtsein ist: Wachbewußtsein, Traumbewußtsein, individuelles Unterbewußtsein, kollektives Unterbewußtsein und – Kontinuitätsbewußtsein. Unter Kontinuitätsbewußtes möchten wir jenes integrierend Übergeordnete verstehen, das fortdauernd sogar viele Wiederholungsexistenzen der Materieneuordnung und des Materiezerfalls übergreifend zusammenfaßt. Ein solch komplexes Phänomen wie Bewußtsein läßt sich mit positivistischer Methode also vermutlich niemals erfassen. Und wir zitieren als Kronzeugen Prof. Heisenberg: «Der Positivismus in seiner heutigen Prägung aber macht den Fehler, daß er den großen Zusammenhang nicht sehen will, daß er ihn – ich übertreibe vielleicht jetzt mit meiner Kritik – bewußt im Nebel halten will; zumindest ermutigt er niemanden, über ihn nachzudenken.»[22]

So sagt der Neurologe Klaus Poeck zum Wissenschaftsstreit

um zwei unabhängige Bewußtseinssphären, daß auch Denken kein physiologischer Prozeß sei, sondern sich unabhängig von Physik und Chemie abspiele[23], und das hieße hypothetisch unabhängig von physiologischer, also Materiebindung. Genau hier werden die Hypothesen der Physiker über «denkende» Elektronen den Gedanken weiterführen.

Wir aber sind wissenschaftsmethodologisch zu einem wichtigen Zwischenergebnis zweifacher Aussage gekommen:

1. Es gibt naturwissenschaftliche Tatbestände – zum Beispiel der Astrophysik oder psychologischer Prozesse –, die sich der positivistischen Beweisführung durch das wiederholte Experiment – unter gleichen Bedingungen mit demselben Resultat – entziehen. Der Einwand, daß sich ein den Tod überdauerndes Kontinuitätsbewußtsein positivistisch nicht beweisen lasse, ist also keine Widerlegung der Re-Inkarnationshypothese.

2. Empirisch gesammelte Daten zu einem Problem, zum Beispiel dem des Bewußtseins, sind ohne Aussagewert, wenn wir unterschiedlos alles sammeln, was irgendwie noch als Bewußtsein gedeutet werden kann. Das heißt: «Empirische ‹Tatsachen› oder Befunde können deshalb nur in bezug auf eine gegebene Hypothese als logisch relevant oder irrelevant qualifiziert werden, nicht jedoch auf ein vorliegendes Problem.»[24]

Wir hätten dann für die Lösung des Problems den Begriff Bewußtsein genau zu definieren, indem wir zunächst vorläufige Lösungen als Hypothesen, als Theorien, als Thesen, als Vermutungen setzen. ««Glückliche Vermutungen» dieser Art erfordern besonders dann große Erfindungskraft, wenn sie eine radikale Abkehr von der gängigen wissenschaftlichen Denkweise zur Folge haben, wie zum Beispiel bei der Relativitäts- und der Quantentheorie.»[25] Als Einstein seine Hypothesen 1905 vorlegte, wurde er belächelt, ja verlacht. Als er in den zwanziger Jahren gewisse Wirkungen erzielte, organisierten Professoren und Studenten Demonstrationen gegen ihn. Zu umstürzend waren seine Hypothesen, gemessen am Kanon bisherigen Wissenschaftsertrages. – Was ist also nach der Setzung von Hypothesen, die fast immer auch bestritten werden, zu tun? Es müssen «geeignete Test-Implikationen» aus ihnen abgeleitet werden, die man mit den Beobachtungen oder experimentellen Befunden vergleicht.

Und dennoch beweist diese aus einer Hypothese erschlossene Test-Implikation, die sich als wahr herausstellt, noch nicht die Wahrheit der Hypothese. Beispiel: Die Hypothese lautet, Licht sei Welle. Tests scheinen das zu beweisen. – Die entgegengesetzte Hypothese lautet, Licht sei Korpuskel. Tests scheinen das ebenfalls zu beweisen. Der entscheidende Test eines «experimentum crucis» ist in diesem Falle – da Licht sowohl Korpuskel als auch Welle zugleich ist – nicht zu führen. Testergebnisse können demnach positiv relevant für die Hypothese ausfallen und dennoch ohne Beweiskraft bleiben.

Wie läßt sich dann überhaupt noch Wahrheit finden? Ja, das ist die alte Pilatus-Frage. Und dennoch, wir sind noch nicht am Ende unserer möglichen Bemühungen angelangt. Ausgespart blieb noch der Versuch, «von umfassenderen Hypothesen oder Theorien, die die vorliegende Hypothese implizieren»[26], eine theoretische Stützung zu finden. Gerade dazu eignet sich die Klärung dessen, was wir Bewußtsein nennen. Man kann die Hypothese von einem nach dem Tode weiterexistierenden Bewußtsein in einen für die Logik typischen Konditionalsatz fassen, in eine «materielle Implikation»: Zeit bedingt Endlichkeit. Biologische Struktur ist zeitlich bedingt, also endlich. – Wenn Bewußtsein nach Zerfall der biologischen Existenz weiterexistiert, dann kann es nicht endlich sein, also nicht den Bedingnissen der Zeit unterworfen.

Gehen wir von dieser Hypothese aus, dann spitzt sich die Frage darauf zu, ob es Existenz jenseits unseres Zeitbegriffes geben könnte, und das hieße in einer zeitlosen «Zeit», in einer anderen Zeitdimension, z. B. einer gegenläufigen Zeit oder überhaupt in einer Welt anderer Dimension. – Damit suchen wir die Stützungshypothesen für das, was wir Kontinuitätsbewußtsein nannten, bei der Physik und Astrophysik, und das ist berechtigt, weil Neurophysiologie und Psychologie ihrerseits nicht auf positivistisch-behavioristische Weise Bewußtsein meßbar feststellen konnten. Allein an diesem Tatbestand bricht sich der Einwand, Denken, als eine Funktion des Bewußtseins, sei immer an Hirnfunktion, also Materie gebunden. Wer so argumentiert, leugnet unqualifiziert Existenz in einem vieldimensionalen Raum, unqualifiziert deshalb, weil dieses kosmische Problem nur von der Physik, nicht aber der Biologie, Neurophysiologie und Psychologie beantwortet werden kann. So korrespondiert Kontinuitätsbewußtsein als Teil der Re-Inkarnationshypothese mit den übergreifenden Hypothesen zu Raum und Zeit, Materie und Energie der um Grundlagenforschung bemühten Physik, die sich heute bereits *jenseits* von Einstein bewegt.

Kommunikationsprozesse des Unterbewußtseins

Ehe wir aber unser Problem in diesen ganz großen Rahmen kosmischer Hypothesen stellen, wollen wir einige andere Hypothesen erörtern, die in jene kosmischen Hypothesen ebenso impliziert zu sein scheinen, wie die Hypothesen eines Kontinuitätsbewußtseins und einer Re-Inkarnation. Solche Hypothesen stützen sich dann gegenseitig. Diese zusätzlichen Stützungshypothesen, auf die wir einzugehen beabsichtigen, sind zum Teil nicht weniger phantastisch wie heute noch die von der Re-Inkarnation. Was ist gemeint?
Wenn Denken dem Bewußtsein zugerechnet werden muß, dann ist der telepatisch gegebene Befehl ein Bewußtseinsakt. Welcher Art dieser Bewußtseinsakt sein könnte, wurde durch Versuche im Rahmen der Parapsychologie immer rät-

selhafter. Das ließ sich beweisen durch eine Versuchsanordnung, bei der man den Hypnotiseur in einen Raum A, den Probanden in einen Raum B, den Versuchsleiter in einen Raum C setzte. Raum A und B waren Faraday'sche Käfige (so daß keine elektromagnetische Kommunikation möglich war), der zu hypnotisierende Proband wurde an einen Elektro-Enzephalographen angeschlossen, welcher die langsamer werdenden Deltawellen des Schlafstadiums aufzeichnete. Auf ein Signal von C hatte der Hypnotiseur aus A dem Probanden in B telepathisch abwechselnd die Befehle zum Einschlafen bzw. zum Aufwachen zu übermitteln, was sich im EEG genau niederschlug, allerdings mit leichter Phasenverschiebung zur Auftragserteilung des Versuchsleiters. Die Versuche verliefen zweifelsfrei positiv und bewiesen, daß Bewußtseinsakte der Telepathie jenseits der meßbaren elektromagnetischen und biochemischen Prozesse des Hirns verlaufen ohne zeitliche oder räumliche Behinderungsmöglichkeit. – Der russische Professor Wassiliew experimentierte angeblich erfolgreich zwischen Sewastopol und Leningrad über eine Entfernung von 1700 Kilometern[27]. – Prof. Charon erklärt Telepathie physikalisch als Kommunikation zwischen den Elektronen zweier Individuen. Darauf kommen wir noch zurück[28].

An diesen Beispielen dürfte deutlich werden, warum die Neurologie das Bewußtsein weder definieren noch lokalisieren kann. Möglicherweise findet es eine Anknüpfstelle, einen Transformator im Thalamus und der netzförmigen Struktur der «Formatio reticularis», also im Stammhirn. Das ist aber viel älter als die intelligenztragende Großhirnrinde. Das nun widerspräche aber der phylogenetischen Vorstellung vom Bewußtsein als einer Letztentwicklungsstufe, als einem Epiphänomen (= Folgeentwicklung) der körperlichen Evolution. Bewußtsein wäre dann bereits auf einer phylogenetisch sehr frühen Stufe vorhanden gewesen. Auf einer wie frühen Stufe? Tatsächlich erst auf jener der Hominiden?

Doch das Bewußtsein gibt noch mehr Rätsel auf. Wir nehmen von den Rezeptoren aller Sinnesorgane einen Informationsfluß von 10^9 Bit/Sekunde auf. Das sind 1 Milliarde Informationen. Doch das Hirn wählt im Verhältnis $1 : 10^7$ aus. Es verarbeitet lediglich 1 Information von 10 Millionen. Nur 100 Bit/Sekunde werden dem Menschen *bewußt*[29].

Versuche, bei denen der Proband mit Sinneseindrücken unterhalb der Bewußtseinsschwelle blitzschnell überschüttet wurde, zeigten, daß die EEG-Kurve in dem Augenblick einen anderen Verlauf nimmt, in dem eine Information über die Bewußtseinsschwelle gelangt. Besonders außersinnliche Reize gelangen erst ins Bewußtsein, wenn sie die Assoziationsbereiche des Unterbewußten mit den ihnen anhaftenden Bildern durchlaufen haben. Das Unterbewußtsein erweist sich damit als Informationsfilter des Bewußtseins. Deshalb gelangen alle Informationen schneller ins Bewußtsein, wenn sie emotionsgeladen sind. Das gleiche läßt sich sagen zur Übersetzung der auf elektromagnetischem Wege aufgenommenen Information durch das Kurzzeitgedächtnis in das biochemisch speichernde Langzeitgedächtnis; und alle Forschungsrichtungen, die sich mit der Re-Inkarnationshypothese beschäftigen, stießen immer dann erfolgreich auf das überlebende Kontinuitätsbewußtsein, wenn sie die emotionsgeladensten Erlebnisse eines früheren Lebens abriefen: Geburt und Tod. Der französische Physiker Jean E. Charon spricht in diesem Sinne von einem «Gesamt-Ich», er nennt es auch «kosmisches Ich». Es enthalte «auch ein ‹unbewußtes Ich›, dessen Wurzeln bis in fernste Vergangenheiten und in die weiten Räume des gesamten Universums zurückreichen»[30]. Wir begegnen in ihm also einem Mann, der das Kontinuum unseres Erinnerns so weit spannt, daß nicht nur alle unsere Re-Inkarnationen von diesem eingeschlossen werden, sondern sogar die Gesamtentwicklung des Universums. Das von ihm apostrophierte «unbewußte Ich» entspräche unserem Begriff «Kontinuitätsbewußtsein». «Ich bin fest davon überzeugt», schreibt er, «daß ein Teil dieser unbewußten Erinnerung allmählich in die bewußte Erinnerung einsickern kann, oder anders ausgedrückt, daß es unserem ‹bewußten Ich› gelingen kann, in der ihm eigenen Sprache (der Sprache dieses Lebens als Mensch) Dinge zu formulieren, die dem ‹unbewußten Ich› entstammen.» «Ich glaube», so bekennt er, «daß dieser Einsickerungsvorgang unbewußter Elemente ins ‹bewußte Ich› in Zusammenhang steht mit dem, was wir Kreativität nennen.»[31] Wir folgern deshalb mit einiger Berechtigung, Bewußtsein schlösse stets Unterbewußtsein (= im herkömmlichen Sinne) und Kontinuitätsbewußtsein (= Unterbewußtsein im Sinne Charons) ein, und der angeblich *isolierbare bewußte* Verstand wäre in Wirklichkeit eine Fiktion. Die englische Sprache kennt für diese in etwa umschriebene Komplexität den Begriff «mind». – Denken wir an die Emotionempfänglichkeit aller Bewußtseinsphänomene, dann ließe sich tatsächlich Goethes «Faust» zitieren: «Gefühl ist alles!»

Aus dem bisher zusammengetragenen Material läßt sich nämlich hypothetisch eine ganze Gedankenkette folgern: Bewußtsein, Unterbewußtsein und Kontinuitätsbewußtsein sind nicht trennbar. Bewußtsein wird durch den Erlebnisfilter Unterbewußtsein bedingt; das Unterbewußtsein schließt normierend das überkommene Kontinuitätsbewußtsein eines früheren Lebens ein. Das Kontinuitätsbewußtsein bringt vornehmlich die positiv und negativ emotional erschütternden Erlebnisse und Erfahrungen früherer Erlebnisse in das Unterbewußtsein ein; es bestimmt die Gitterstruktur, mit der emotionale Ganzheitserlebnisse dieses Lebens für das Bewußtsein gefiltert werden. So etwa dürfte nach jetzigen Erkenntnissen der Prozeß verlaufen, wenn wir uns gleichzeitig ausrichten an den psychotherapeutischen Forschungsergebnissen Dr. Nethertons. Die Emotionen machen demnach die Affinität zwischen den drei verschiedenen Bewußtseinsphänomenen aus. Bewußtsein als die Komplexität dieser drei individuellen Bewußtseinsphänomene – Bewußtsein, Unterbewußtsein, Kontinuitätsbewußtsein (man müßte ja exakt auch noch das kollektive Unbewußte C.G. Jungs als viertes Bewußtseinsphänomen dazurechnen) – läßt sich raumzeitlich nicht mehr definieren. Deshalb müßte es sich bei diesen Phänomenen nach der Quantenphysik um mikrophysikalische Vorgänge handeln. Das richtet den Blick auf das Elektron, das sowohl Teilchen wie Welle sein kann. Wäre das Elektron Gedankenträger, dann könnte der Gedanke materiell und nicht materiell sein. Dies gäbe den behavioristischen Wissenschaftlern recht, die behaupten, Bewußtsein sei gebunden an die Physis des Hirns, also materiell gebunden, und gleichzeitig jenen, die Bewußtsein als immaterielles Kontinuitätsbewußtsein entdeckt zu haben glauben. An diesem Punkte neigt die schlußfolgernde Logik zu Eskapaden. Auch Licht ist ja Korpuskel und Welle zugleich. Hätte also auch Licht Bewußtsein? Seine Lichtquanten (= Photonen) verhalten sich nach Max Planck jedenfalls wie intelligente menschliche Wesen.

Primärkommunikation der Pflanzen

Wieso sollten dann nicht Pflanzen kommunizieren können? Über den «Backster-Effekt»[32] haben natürlich die meisten Biologen bisher nur arrogant gelacht, zumal die Experimente dazu zuerst vom führenden amerikanischen Experten für Lügendedektoren gemacht wurden. (Es handelt sich dabei um jene Polygraphen, deren Galvanometer starke Emotionen während der Fragen des Untersuchungsrichters über einen Kabelanschluß an den Körper registriert.) Cleve Backsters an einen Drachenbaum angeschlossener Polygraph zeigte bereits in dem Augenblick erhebliche Erregungszustände, als er den Entschluß faßte, ein Blatt anzusengen, als er ihn also bedrohte. Der Polygraph reagierte dagegen nicht, wenn Backster die Bedrohung mit einem brennenden Streichholz zwar simulierte, tatsächlich jedoch kein Blatt versengen wollte. Der Polygraph signalisierte allerdings wieder eine freudige Erregung der Pflanze bei dem ernsthaften Vorhaben, sie zu gießen. – Pflanzen könnten demnach Gedanken lesen, sie verstünden auch, zwischen Absicht und fingierter Absicht zu unterscheiden. – Fünfundzwanzig verschiedene Pflanzenarten, Früchte und Gemüsesorten zeigten im Test ganz ähnliche Fähigkeiten.

In einer Versuchsanordnung, die mit dem Psychiater Dr. Aristide H. Esser, dem Leiter der Forschungsabteilung am Rockland State Hospital in Orangeburg, New York, und dessen Mitarbeiter, dem Chemiker und Parapsychologen am Newark College of Engineering, Douglas Dean, aufgestellt wurde, machte der an eine Pflanze angeschlossene Polygraph genau die Lügen unter den zahlreichen Antworten deutlich, die der befragte Besitzer der Pflanze zu geben hatte. Diese Lügen sollte, gemäß vorheriger Absprache, die befragte Person eigenständig unter die Antworten mischen. – Pflanzen kommunizieren folglich «denkend» mit Menschen, und zwar auf einem nicht elektromagnetischem Weg, da die Experimente ebenso positiv verliefen, wenn man die Pflanze in einen Faradayschen Käfig setzte. Sie kommunizieren mit dem Besitzer der Pflanze sogar ohne Raumbegrenzung, vollziehen also dessen Erregungszustände, die sich Hunderte von Kilometern entfernt ereignen, am häuslichen Standort zeitsynchron mit.

Um die Kommunikation zwischen Tieren und Pflanzen zu beweisen, wählte Backster kleine Krebschen, die durch eine programmierte automatische Anlage in kochendes Wasser gekippt wurden. Drei Pflanzen in drei verschiedenen Zimmern, an drei verschiedene Polygraphen angeschlossen, registrierten tatsächlich synchron und stark den Tod der Tiere. Die automatisch, ohne menschliche Anwesenheit ablaufende Versuchsanordnung wurde von verschiedenen Wissenschaftlern überprüft, das Ergebnis in einer wissenschaftlichen Abhandlung veröffentlicht[33]. Dieser und zahlreiche andere Versuche lassen den Schluß zu, daß es nicht nur zwischen Pflanze und Mensch, sondern auch zwischen Pflanze und Tier eine Primärkommunikation bisher unbekannter Art zu geben scheint. Sie reicht sogar hinunter bis auf die Ebene der Amöben, Pantoffeltierchen, Hefepilze, Schimmelkulturen und Mundabstrichbakterien, mit denen Backster erfolgreich experimentierte. Der Zytologe Dr. Howard Miller aus New Jersey vermutet, daß allen Lebewesen eine Art «zellulares Bewußtsein» gemein sein könnte. So z. B. reagierten Spermazellen eindeutig auf ihren Spender, während sie die Anwesenheit anderer Männer ignorierten. – Backster vermutet nach diesen Erfahrungen ein Empfindungsvermögen, das bis «auf molekulares, atomares oder gar subatomares Niveau»[34] hinabreiche. – Heute lacht jedenfalls in Amerika niemand mehr über den Backster-Effekt. Er wurde längst positivistisch wiederholt und unzählige Male verifiziert. Die Vermutung des Lügendedektor-Experten, die sich zweifellos unbegründet sogar auf den subatomaren Bereich erstreckt, glaubt man tatsächlich allen Ernstes beweisen zu können. Demnach gäbe es nicht nur ein kommunizierendes zellulares Bewußtsein. Auch die Elektronen des subatomaren Bereichs könnten sogar denken, ja es sieht so aus, daß allein sie denken, während das Hirn dann nur transformatorische Funktionen ausüben dürfte.

Hinter solchen Reflexionen steht eine Bewegung der neognostischen Physik, die etwa um 1970 von Princeton und Pasadena in den Vereinigten Staaten ausging. Sie wurde von den hervorragendsten Physikern und den Astronomen von Mount Palomar und Mount Wilson getragen, denen sich Biologen, Ärzte, Psychologen und Theologen anschlossen. Angelehnt an die Auffassung der Gnosis des 1. Jahrhunderts, daß sogenannte «Äonen» als Träger des Geistes die Materie bestimmen, konstatierten sie «die Existenz einer fundamentalen Größe, die imstande ist, einen Gedanken im Raum entstehen zu lassen, etwa so, wie ein Elektron ein elektrisches Feld entstehen läßt»[35]. Der Mensch solle deshalb nicht sagen «ich denke», sondern richtiger «es denkt» oder «es herrscht ein Gedanke im Raum»[36]. Revolutionär dünkt, wie sich durch diese neognostische Physik unterschiedlichste und bisher unerklärliche Phänomene – die «black holes» im Kosmos, kommunizierende Pflanzen, Kontinuitätsbewußtsein, Re-Inkarnation und vieles mehr – plötzlich zu einem neuen, geschlossenen Weltbild alles Seienden zusammenschließen. Mag der einzelne wissenschaftliche Denkakt des Physikers dem Laien zwar weitgehend unverständlich bleiben, so doch nicht die Ergebnisse dieser Reflexionen. Die Zumutung liegt also lediglich in den rein physikalischen Passagen, die nun folgen.

Das Kontinuum Raum-Zeit

Charons physikalische Forschungen schließen an Einsteins Arbeiten über die Allgemeine Relativität an. Dabei geht es dem theoretischen Physiker um die Grundgesetze physikalischer Phänomene. Er versucht, Modelle der Elementarteilchen zu finden nach Substanz, Form, Größenordnung, internen Mechanismen und äußeren Eigenschaften. Damit rückt er die Grundbausteine des gesamten materiellen Universums ins Blickfeld der Betrachtung. Deshalb sind diese Physiker auch an den Modellen des Gesamtuniversums äußerst interessiert, die von den Astronomen entworfen werden. – In den Jahren 1975/76 machte Charon die Entdeckung, daß gewisse Elementarteilchen, unter denen sich auch einige stabile Teilchen befinden – also Teilchen von unbegrenzter Lebensdauer und damit dem Alter des Universums – «im Inneren ihrer Materiehülle ... eine Art neue Raum-Zeit enthalten»[37].

In dem Bemühen um ein Einheitsgesetz für alle physikalischen Phänomene des Universums kam Charon rein spekulativ auf den Gedanken, den raum-zeitlichen Bezugsrahmen zu erweitern, und er zitiert bestätigend Einstein, daß «eine Theorie durch die Erfahrung verifiziert werden kann, daß aber kein Weg von der Erfahrung zur Schaffung einer neuen Theorie führt»[38], ja, Charon behauptet, daß die Physik augenscheinlich dann «die größten Fortschritte macht, wenn sie Erfahrungstatsachen leugnet (die ja niemals im absoluten Sinn ‹Tatsachen› sind, sondern immer nur Interpretationen von Beobachtungen, die nur auf einem Teil aller Gegebenheiten beruhen; dem Teil, der in der Reichweite unserer naturgemäß beschränkten Sinne liegt)»[39]. Eine massivere Absage an den auch von uns zurückgewiesenen positivistischen Wissenschaftsbericht läßt sich kaum formulieren. Die Problematik, die sich Charon stellte, war das Beziehungsgefüge von Materie-Raum-Zeit-Geist. Das aber ist die Problematik des Todes, deshalb glaubt Charon, die «Sprache der Physik» sei nun so weit entwickelt, einen «Dialog mit dem Tod» zu ermöglichen, und das hieße «eine Einordnung des Phänomens Tod in den Rahmen der allgemeinen Evolution unseres unermeßlichen Universums»[40].

Charon stellt das Postulat auf, «daß die Dimensionen der Zeit und des Raumes komplex und analog (jedoch selbstverständlich nicht identisch) sind». Dies entspräche «der Annahme, daß Zeit und Raum eine Vorder- und eine Rückseite aufweisen». Er will, daß die Vorder- und Rückseite der drei räumlichen, sowie der zeitlichen Dimension Berücksichtigung finden[41]. Selbst der kümmerlichste Erklärungsversuch dieser Theorie führt ein gutes Stück zurück in die moderne Astrophysik und zu Einsteins Relativitätstheorie.

Einstein erklärte in seiner Speziellen Relativitätstheorie von 1905, daß Raum nicht dreidimensional ist und Zeit keine selbständige Einheit. Beide bilden das vierdimensionale Kontinuum Raum-Zeit. Diese Theorie läßt sich im Versuch verifizieren. Eine Beschleunigung von Elektronen auf 90 Prozent der Lichtgeschwindigkeit bewirkt ein «Zusammendrücken des Raumes auf weniger als die Hälfte der ursprünglichen Länge»[42]. In ähnlicher Weise besitzen nach Einsteins Allgemeiner Relativitätstheorie von 1915 auch die physikalischen Phänomene keine vom Raum unabhängige Existenz. Sie sind aus Raum, ihre Substanz ist Raum. Materie ist eine Eigenschaft des Raumes; denn Raum könne sich zu Formen «krümmen»; so, daß sich diese Formen in der äußeren Erscheinung unseren Sinnen als physikalische Phänomene darstellen. Demnach wäre ein Elementarteilchen, aber auch die physikalischen Phänomene der elektromagnetischen Wellen oder der Schwerkraft punktuelle Verdichtungen des Raumes mit einem Durchmesser von 10^{-13} cm[43]. Ein punktuell so zu Energiewellen verdichteter Raum – richtiger: eine nach der Speziellen Relativitätstheorie so verdichtetes Kontinuum Raum-Zeit ist Masse. Es hat Gewicht. Die wichtigste Konsequenz, die daraus gezogen wurde, ist die Erkenntnis, daß Masse nichts als eine Energieform sei. Auch ein ruhendes Objekt enthält in seiner Masse Energie. Der Zusammenhang zwischen beiden wird durch die Formel $E = mc^2$ ausgedrückt. Dabei hat c als Lichtgeschwindigkeit in der Relativitätstheorie fundamentale Bedeutung[44].

«Alles besteht nur aus Formen des Raumes»[45], aus Raum-Zeit. Materie bedeutet Eigenschaften des «verdichteten» Raumes, die sich in der Zeit fortbewegen. «In der ‹Zone der mittleren Abmessungen›, d. h. im Bereich unseres täglichen Lebens, wo die klassische Physik eine brauchbare Theorie bleibt», haben wir davon die Vorstellung «fester Körper»[46]; im subatomaren Bereich lösen sich die Festkörper der klassischen Physik jedoch auf. Dort ist ein Teilchen die extrem kleinräumige Krümmung («Ausbuchtung») des Raumes, der sich zu Energiewellen verdichtet hat, die Masse und darum Gewicht haben. Teilchen sind also Masse und Energie zugleich. Deshalb treten Teilchen in einem Gewichtsmeßgerät als Masse auf, also als ein auf kleinsten Raum beschränktes Gebilde, das sich korpuskelähnlich verhält, und sie werden in einem Energiemeßgerät als Energie sichtbar, also als eine Welle, die sich über weite Räume ausdehnt[47].

Die quantenphysikalisch unterschiedliche Organisation von Energie

Die Quantentheorie, der wir uns damit zugewandt haben, erklärt die Festigkeit der Materie durch den «Quanten-Effekt», der mit dieser Doppelnatur von Welle-Teilchen in der Materie zusammenhängt. Als Max Planck zuerst den Tatbestand entdeckte, daß Wärmeenergie in Form von «Energiepaketen» abgegeben werde, nannte sie Einstein «Quanten»; er erkannte in diesen Energie-Quanten einen fundamentalen Aspekt der Natur. – Zwischen einem Atomkern, der stets elektrisch positiv ist und den ein bis zweiundneunzig Elektronen mit negativer elektrischer Ladung herrscht ein Gleichgewichtszustand der Wechselwirkung. Die Zahl der Elektronen im Atom eines Elements bestimmen dessen chemische Eigenschaften; sie umkreisen den Kern in «stehenden Wellen», deren Enden sich treffen. Wir finden bei Messungen diese Elektronen stets in diesen Wellen, doch die Wellen sind nicht feste Bahnen, analog zum Umlauf der Planeten, sondern ständig wechselnde Wellen: Wahrscheinlichkeitswellen. Ein Elektron bewegt sich jedoch stets in einer bestimmten Bahn dieser Wahrscheinlichkeitswellen, gewöhnlich auf der niedrigsten Bahn mit definitivem Durchmesser. Der Atomkern holt die Elektronen durch elektrische Anziehung so dicht als möglich an sich heran. Bei größeren Abständen ist die Anziehungskraft, bei kurzen Abständen jedoch die Kraft der Abstoßung stärker, so daß gleichzeitig wirksame Anziehungs- und Abstoßungskräfte das Atom zusammenhalten. Bei diesem Anziehungsprozeß der Elektronen an den Atomkern reagieren die Elektronen auf räumliche Beschränkung mit um so größerer Geschwindigkeit. Sie kann 900 km in der Sekunde betragen, dann erscheint das Atom als starre Kugel, so wie ein schnell drehender Propeller uns wie eine Scheibe anmutet[48]. «Die Wellennatur der Elektronen ist somit der Grund für die Identität der Atome und für deren große mechanische Stabilität.»[49] Wenn ein Elektron die dafür nötige Energie erhält, kann es auf höhere Bahnen springen. Dann befindet es sich im «angeregten Zustand». Nach einiger Zeit fällt es aber in den Grundzustand zurück und gibt die Überschußenergie als ein Quantum elektromagnetischer Strahlung in der Form eines Photons ab. Ein Atomzustand läßt sich durch die «Quantenzahlen» beschreiben, welche Ort und Form der Elektronenbahnen angeben[50]. Bricht man durch Energieeinsatz, der 100 millionenmal größer sein muß als beim Molekül, den Atomkern auf, dann entdecken wir Protonen und Neutronen (= Nukleonen), die nach neuesten Erkenntnissen auch noch zusammengesetzt zu sein scheinen. Es gibt in einem Atomkern 1 bis 200 Nukleonen, die in einem Raum von 10^{-13} cm mit einer Geschwindigkeit von 100 000 km je Sekunde wirbelnd kreisen. Diese Nukleonen werden von der «starken Kernkraft» zusammengehalten. Wenn die elektromagnetische Kraft 10^{38} mal stärker als die Schwerkraft ist, so ist die Kernkraft tausendmal stärker als die elektromagnetische Kraft. Danach zeigt sich die Natur als ein Gewebe von Zusammenhängen zwischen der starken Kernkraft, dem Elektromagnetismus, der Schwerkraft, der «schwachen Kernkraft» (die nur ein Zehnmilliardstel der «starken Kernkraft» ausmacht), Protonen, Neutronen, Elektronen und Photonen[51]. Insgesamt aber beschreibt jeder dieser Begriffe nur eine bestimmte Krümmung des Raumes, die sich in der Zeit fortbewegt.

Der einzige Unterschied zwischen unserer Person, einem Baum oder einem Teilchen des subatomaren Bereichs ist die unterschiedliche Raumverdichtung, d. h. nur die unterschiedliche Organisation von Energie; denn auch wir sind Energie, energetische Strahlung. «Was wir Leben nennen, ist nichts anderes als dieses Hinundherfluten von Erregungen, während Energie in uns eindringt und uns wieder verläßt, zitternde Atome funkelnd aufleuchten und wieder verlöschen läßt wie das Gepränge eines Pfauenschwanzes.»[52] Das ist ein faszinierendes Bild. Es wäre aber ein abstoßend erschreckendes Bild ohne die Entdeckung Teilhard de Chardins und Charons: den «Geist der Materie»!

Die Raum-Zeit des Geistes

Rutherfords Untersuchungen zeigten zum Beispiel, daß die Atome, aus denen feste Materie besteht, fast einem leeren Raum entsprechen, wenn man an die Verteilung der Masse denkt. In vergleichbarer Weise beträgt die mittlere Dichte im überschaubaren Teil des Universums auch nur 1 Atom pro Kubikmeter[53]. Man spricht sogar davon, daß Materieteilchen in einem scheinbar «leeren» Raum baden würden[54]. Damit sind die Analogiebeziehungen zwischen den extremsten Größenordnungen der Natur jedoch keineswegs erschöpft. Das Atom zeigt Ähnlichkeit mit dem Sonnensystem: das Neutron, ein wichtiger Bestandteil des Atomkerns, läßt sich nach Dichte, Drehgeschwindigkeit um die eigene Achse, radialer Pulsation und dipolarem Magnetfeld vergleichen mit dem, was die Astrophysik Pulsar nennt[55]. Ein Elektron aber verhält sich wie ein astrophysikalisches «black hole» (Schwarzes Loch). Uns geht es hauptsächlich um die Elektronen. Da sie sich besser beschreiben lassen durch die Charakterisierung der «black holes», müssen wir uns allerdings noch einige Erkenntnisse der Astrophysik zumuten. Energie tritt im kosmischen Maßstab als Gravitation in Erscheinung, eine gravitationsbedingte Zusammenziehung äußert sich als Zusammenziehung großer Sternmassen[56]. Entsprechend dem Newtonschen Gesetz, daß sich die Anziehung auf der Oberfläche eines Sterns proportional zur Sternmasse und umgekehrt proportional zum Quadrat des Sternradius verhält, und entsprechend Einsteins Allgemeiner Relativitätstheorie wird der gravitative Raum um so stärker gekrümmt, je größer die Masse eines Sterns ist und je mehr sich der Sternradius bei gravitativer Zusammenziehung verändert. Auf einen in sich zusammenfallenden Stern wirkt entsprechend den beschriebenen Gesetzen der Gravitationsdruck immer stärker; dieser Gravitationsdruck krümmt zunehmend den Raum so stark, daß er sich ab einem bestimmten Radius-Grenzwert – dem «Schwarzschildradius» – um sich selbst schließt.

Was heißt das? Man denke sich einen Draht, setze ihn in der Mitte unter zunehmenden Druck, so daß sich seine beiden Enden nach oben biegen, man stelle sich vor, ab einem bestimmten Druck würden sich die beiden Drahtenden weit überschneiden, so daß an der Druckstelle eine in sich geschlossene Öse entstünde. Diese Öse wäre vergleichbar dem Schwarzen Loch. – Der Raum krümmt sich also trichterförmig einem Schwarzen Loch entgegen. Gerät Materie in die Nähe des Trichters, dann fällt sie gleichsam hinein, wenn sie sich nicht durch eine genügend große Geschwindigkeit der Anziehung entziehen kann. Ehe sie die Schwarzschildoberfläche durchstoßen hat, also verschluckt worden ist, bewirkt der Sog einen solchen Wirbel, daß die verschwindende Materie eine intensive Röntgenstrahlung abgibt, an der auch entfernte Beobachter ein Schwarzes Loch erkennen. Innerhalb des Schwarzen Lochs haben, entsprechend «den theoretischen Schlußfolgerungen der Relativitätsgleichungen», Raum und Zeit ihre Rollen vertauscht: «die Dimensionen des neuen Raumes sind zeitlicher Natur ... während die Dimension der neuen Zeit räumlicher Art ist». Das geht eindeutig mathematisch hervor «aus den Gleichungen der sogenannten ‹Metrik der Relativität›»[57]. Die Zeit in einem «black hole» läuft in umgekehrter Richtung ab. Diese Erkenntnis hat Folgen. Während sich im Universum die Vorgänge mit wachsender Entropie, also einem Verlust an Ordnung, vollziehen, und das heißt, in der Sprache der Kybernetik, mit ständig abnehmender Information, so herrscht in einem Schwarzen Loch umgekehrt ablaufende Zeit mit abnehmender Entropie, was in der kybernetischen Terminologie Negentropie bedeutet, also Informationszuwachs[58]. Das hatten Wheeler, Mister und Thorne in einem grundlegenden Werk («Gravitation», New York, 1970) dargelegt. Charon bezeichnet die gewohnte Zeit als «Zeit der Materie», die umgekehrt ablaufende Zeit des Informationszuwachses «Zeit des Geistes»[59]. Da Zeit und Raum nach der Relativitätstheorie eine Einheit darstellen, müsse man also eine Raum-Zeit der Materie von einer Raum-Zeit des Geistes unterscheiden, die eine «Doppelseitigkeit aller Dimensionen» bewirke[60]. (Mathematiker sind gewohnt mit «doppelseitigen» Zahlen zu operieren und nennen sie «komplexe» Zahlen.[61]) Raum und Zeit wären also analog dazu nicht wie bei Einstein «einfacher», sondern im mathematischen Sinn «komplexer» Natur[62]. Deshalb nannte Charon seine umwälzenden Erkenntnisse, die er für die Fachwelt in der Ausdrucksweise der Physik schrieb, erhärtet durch eine präzise mathematische Formelsprache: «Théorie de la Relativité Complexe» (Paris, 1977)[63]. Kennzeichen für Charons «Komplexe Relativitätstheorie» ist also die gedoppelte Seinsstruktur von Raum-Zeit der Materie und Raum-Zeit des Geistes, von Entropie und Negentropie. – Auch Teilhard de Chardin, der zum «Transformismus als kosmischer Dimension» nicht zuletzt dadurch kam, daß er ebenfalls die Zeit als vierte Dimension einführte[64], sprach von der Doppelstruktur des «Weltstoffes»: «Da der Stoff des Universums», heißt es bei ihm, «irgendwo eine Innenseite hat, ist er notwendigerweise von *zweiseitiger Struktur*, und zwar in

jedem Raum- und Zeitabschnitt . . .: *es gibt eine Innenseite
der Dinge, die ebenso weit sich erstreckt wie ihre Außen-
seite.*»[65] Welcher Art ist aber diese ziemlich ungenau umschriebene Innenseite? «Konkret gibt es nicht Materie und
Geist: sondern es gibt nur Materie, die Geist ist. Es gibt in
der Welt weder Geist noch Materie: der ‹Werkstoff› ist
Geist-Materie.»[66] An anderer Stelle wird diese Doppelstruktur des «Weltstoffes» sogar ganz im Sinne Charons charakterisiert als innere Dialektik von Entropie und Bewußtseins-
anreicherung: «Seit ihren Anfängen hat sich die moderne
Naturwissenschaft unaufhörlich unter dem zu ausschließ-
lichen Zeichen der Entropie (das heißt des universellen Ver-
schleißes und Zerfalls) entwickelt. Es wäre an der Zeit, anzu-
erkennen, daß ‹transversal› (auch hier wieder) zu einer un-
widerstehlichen Entspannung der universellen Energie und
mit dieser Entspannung verkoppelt ein zweiter und nicht
weniger unwiderstehlicher Strom existiert, der dieselbe Energie zwingt, indem ihre Spannung nachläßt, einen langen
Stromkreis zu beschreiben im immer Komplexeren, was
identisch heißt: im immer Bewußteren.» Er spricht von einer
kosmischen Achse «zugleich physischer Anordnung und
psychischer Verinnerlichung»[67]. – Da Teilhard aber «nur»
die geniale Befähigung besaß, visionär ein spekulatives Weltbild zu entwerfen, wurde er – zumal er als Theologe dieses
naturwissenschaftliche Weltbild auch mit der Offenbarung
in Einklang zu bringen suchte –, weder von den Naturwissenschaften noch von der Theologie anerkannt. Charons
Vorteil ihm gegenüber besteht darin, die ernstzunehmende
Sprache der Mathematik für seine nicht minder spekulativen
Theorien beweiskräftig verwenden zu können.
In seiner «Komplexen Relativitätstheorie» zeigt Charon auf,
«daß dieselbe Art von Gleichungen sowohl superdichte
Sterne, wie Pulsare, als auch Teilchen, wie Neutronen und
Protonen, beschreiben»[68]. Charon glaubt nachgewiesen zu
haben, «daß das Elektron den umgebenden Raum nach Art

102

eines Schwarzen Loches deformiert, das heißt, daß sich der Raum um ein Elektron vollständig ‹schließt›»[69]. Er enthält – wie das Gesamtuniversum –, Materie und Strahlung, vornehmlich «schwarze» Strahlung. Das ist eine Art Photonengas, das alle Geschwindigkeiten annehmen, alle Richtungen einschlagen kann und einen Temperaturwert T definiert. Nach Charons Berechnungen beträgt die Temperatur der Schwarzen Strahlung im Mikro-Universum des Elektrons schwankend 60 Millionen bis 650 Milliarden Grad entsprechend seiner Kontraktion oder Expansion. Es hat also eine zyklische Pulsation, deren Periode 10^{40} mal kürzer ist als die unseres Universums[70], das heute in ganz ähnlicher Weise interpretiert wird.

Jenes Modell vom Urknall und der permanenten Ausdehnung des Universums ist keineswegs mehr unbestritten, weil es unwiederholbare Zustände durchläuft und eine irreversible Evolution postuliert. – Wir kennen nämlich drei Phänomene, die dem widersprechen: das gekrümmte, also «geschlossene» Universum, die «black holes» und das Mikro-Universum des Elektrons. Flögen wir unabgelenkt geradeaus, dann müßten wir zu irgendeinem Zeitpunkt zum Ausgangspunkt zurückkehren. Im zyklischen Universum des Schwarzen Lochs und des Elektrons, in denen die «Zeit des Geistes» gegen die gewohnte Zeit abläuft, werden in ähnlicher Weise alle Ereignisse periodisch wiedererlebt, und die physikalischen Phänomene ereignen sich gegen den Lauf der gewohnten Zeit[71]. Ein Schwarzes Loch entsteht ja durch zunehmenden gravitativen Druck und Radiusschrumpfung eines «sterbenden» Sterns. Verschluckte Materie jenseits des Schwarzschildradius im Schwarzen Loch befindet sich analog zum Mikro-Universum des Elektrons in einer Raum-Zeit des Geistes, in der die völlige Raum-Geschlossenheit und die umgekehrt verlaufende Zeit zu einer Negentropie-Anreicherung, einer Zunahme an Information, einer Mehrung von Ordnungen führen. «Der Tod wäre dann auch für einen Stern nichts anderes als der Übergang in einen anderen Zustand und damit in Wahrheit eine Wiedergeburt.»[72] Und «nach dem heutigen Stand der Messungen über eine sich anbahnende ‹Verlangsamung› der Expansion unseres Universums»[73] wäre dessen absehbare Kontraktion anzunehmen, die bis dahin führen müßte, daß letztlich eine Materieevakuierung der Gesamtmaterie in jener Art geschähe wie durch die «black holes»[74].

Das wäre «Tod» und «Wiedergeburt» des Universums. So gibt es zahlreiche Forscher, die dem Modell einer irreversiblen Evolution das einer zyklischen Evolution entgegensetzen. – Die Verfechter der zyklischen Evolution lassen jedenfalls ernsthaft die Möglichkeit offen, daß sich ein Schwarzes Loch zu einem neuen Universum ausdehnt, daß unser Universum dann auch von einem anderen abstammen könnte und sich von jenem losgelöst habe in dem Augenblick, da es «seine eigene spezifische Individualität» annehmen wollte[75]. – Im Kosmos scheint es jedenfalls keinen Tod zu geben, sondern nur Zustandsänderungen.

Der Tod als vorübergehender Ruhezustand denkender Elektronen

Wir kehren noch einmal zu einer Behauptung neognostischer Physik zurück, die wir vorwegnehmend gleich am Beginn dieses Exkurses zitierten. Charon selbst erinnert an diese ungewöhnliche Behauptung: «Wenn du verkündest ‹Ich denke›, so solltest du, wie wir schon einmal festgestellt haben, eigentlich richtiger sagen: ‹Es denkt›, so wie du sagst: ‹Es regnet›.»[76] Das ist natürlich eine ungeheuerliche Zumutung, schließlich waren wir bisher gewohnt zu sagen, daß Denken ein kontrollierter Akt des Wachbewußtseins sei. Die Wissenschaft weiß allerdings schon lange, daß Denken mit keinem hohen Grad von Bewußtsein ausgestattet sein muß.

Platon stellte die Theorie auf, daß Denken und Sprechen miteinander identisch seien. Eine solche Identitätstheorie ist uneingeschränkt heute nicht mehr haltbar, man beachte nur die Aphasie (= zentrale Sprachstörung); dennoch ist die hinter dem Vollzug des Denkens stehende Intelligenz zweifelsfrei mit den Eigenheiten der Sprache aufs engste verbunden (Wortschatz, Satzbau, Komplexität der grammatikalischen Konstruktion, usw.). Nun hat der schon zitierte Nobelpreisträger Prof. John C. Eccles allerdings neurophysiologische Versuche gemacht, die eine solche Ansicht infragestellen. Wir wissen, aus Versuchen mit den isolierten Walnußhälften des Hirns, daß in der linken Hirnhälfte das große Sprachzentrum liegt, welches an jenes gebunden ist, was wir gemeinhin bisher Bewußtsein nannten: die Fähigkeit, sich Gegenstände der unterschiedlichsten Art vorzustellen. Insofern ist nur das für den Menschen ausdrückbar, was in die linke Hirnhälfte gelangt; denn realiter sind ja stets beide Hirnhälften in Interaktion. Nun konnte Eccles in schwierigen Versuchen aber die linke Hirnhälfte ausschalten. Gab man der rechten Hirnhälfte darauf Befehle, so wurden sie von der Versuchsperson ausgeführt, obwohl sie nicht wußte, welchen Befehl sie empfangen und welchen sie vollzogen hatte. Sie konnte logischerweise auch nichts darüber sagen. Dennoch muß sie gedacht haben oder muß «es» in ihr gedacht haben; denn ein solcher Befehl lautete zum Beispiel: «Suche die Schraubenmutter aus einer Fülle von Gegenständen heraus!»[77] Niemand kann aber eine Schraubenmutter finden, wenn er nicht vorher den Begriff «Schraubenmutter» gedacht hat. Also ist in der Versuchsperson gedacht worden, unverbunden mit dem Bewußtsein der linken Hirnhälfte und dessen großem Sprachzentrum. – Gibt es also auch ein stummes, ein vorsprachliches Bewußtsein? Gibt es ein vorbewußtes Selbst? Gibt es ein vorbewußtes Verstehen? (Man denke an den Backster-Effekt kommunizierender Pflanzen!) Gibt es ein vorbewußtes Denken? Was ist dann Personalität? Fragen über Fragen. – Unmißverständlich und völlig unabhängig voneinander liefern sich allerdings Neurophysiologie und Elementarphysik Stützungshypothesen. Kurzum, es ist unter dem Aspekt von Eccles durchaus nicht verrückt, wenn Charon behauptet, «es» denke in uns. «Was du im Spiegel siehst, ist deine materielle Hülle», sagt er «und diese denkt nicht, sie wird vielmehr von deinen denkenden Elektronen dazu verwendet, die Energie zu erzeugen – die Energie, deren sie zur Erfüllung bestimmter Aufgaben bedürfen, die es ihnen ermöglichen werden, Quantität und Qualität ihrer Information zu steigern.»[78] In logischer Konsequenz wäre der Tod dann nur der Ausfall des Energie-Aggregats Physis, da die mit gegenläufiger Zeit nach dem Gesetz der Negentropie gesammelten Informationen in der Raum-Zeit des Geistes diesen geschlossenen Raum nicht mehr verlassen können. Sie gehen auch mit dem Tod nicht verloren. Die denkenden Elektronen fallen nur in eine Art «Grundzustand» mit unserem physischen Tod zurück. In diesem Zustand würde lediglich die Vermehrung des Informationsinhaltes der Elektronen vorübergehend zur Ruhe kommen und das solange, bis «sie in die materielle Substanz einer anderen organisierten Struktur eingehen – sei es nun Pflanze, Tier oder Mensch. Es findet dann gewissermaßen eine ‹Reinkarnation› des Ichs in einem neuen Lebewesen statt»[79].

Diese Hypothese scheint sich voll zu decken mit dem, was in der psychotherapeutischen Praxis Dr. Nethertons und durch hypnotisch Regredierte deutlich wurde. Sie haben stets nur etwas zu berichten gewußt über den Zustand unmittelbar nach dem Tod und unmittelbar vor einer Wiedergeburt. Warum wußten sie bei diesem augenscheinlich über Jahrtausende reichenden Gedächtnis nie etwas über diese Zwischenzeit auszusagen? Mußte das nicht verwundern? Hier klafften doch Lücken! Und nun? Die Sache scheint durchaus plausibel zu sein.

Wiedergeburt als Wahl-Akt denkender Elektronen

Über den Ruhezustand der denkenden Elektronen gibt es
keine Erlebnisse, also keinen Informationszuwachs zu berichten. Die Sache wird faszinierend, besonders, wenn wir
die Frage aufwerfen, warum sich die denkenden Elektronen
meines Ichs an bestimmte Vorleben so genau erinnern können; denn die Antwort mutet nun ganz einfach an. Jede
innerhalb des Elektrons gespeicherte Information kehrt ja
im ewigen Kreislauf der Raum-Zeit des Geistes nach einer
Umrundung immer wieder zurück, so daß diese Zeit mit
derjenigen etwas gemein hat, «die bei allen Erinnerungsphä-
nomenen vorzuherrschen scheint»[80]. Wenn wir uns ehemals
gespeicherter Informationen erinnern, dann bewirken wir
eine «Art ‹Rückkehr› der schon vergangenen Zeit in die
Gegenwart des Augenblicks»[81]. Es leuchtet zunächst ein,
wenn Charon dem Raum zunehmender Information, der
also seine «‹Ordnung› immer weiter zu erhöhen»[82] in der Lage
ist, als typisch für das Lebendige bezeichnet; denn seine in
ihm gespeicherten Informationen können nicht verlorengehen, und sie können nur erinnert werden im Zustand einer
Re-Inkarnation. Diese uns normierenden Informationen der
Elektronen werden uns jedoch in der Regel nicht bewußt.
Und nun wagen wir eine völlig unabgesicherte Vermutung.
Liegen – so ließe sich im Anschluß an Eccles sagen – diese
Informationsspeicher in der rechten Hirnhälfte, in der «es»
ohne unser Wachbewußtsein zu denken scheint? – Nein, so
läßt sich das noch nicht sagen. – Denn nach den Forschungen im Bereich der Elementarteilchenphysik «scheint es vielmehr so zu sein, daß jedes der Teilchen, die unseren Körper
bilden, für sich allein schon die Gesamtheit jener Information besitzt, deren Inhalt alle Charakteristika ... unseres
‹Ich› ... bestimmt»[83]. «Wir haben in uns wahrscheinlich so
viele Elektronen, die Träger unseres ‹Ich› sind, wie Sterne
und Planeten am Firmament stehen.»[84] Auf der Grundlage

dieser Hypothese läßt sich das Erinnerungsvolumen unserer Vorexistenzen nicht mehr in der rechten Hirnhälfte, gleichsam lokalisiert, annehmen, doch es hat den Anschein, daß die rechte Hirnhälfte den Transformator darstellt zwischen den unzähligen denkenden Elektronen meines Ichs und der linken Hirnhälfte, in der uns das Denken dieser Elektronen bewußt und verbal faßbar wird. Da Eccles geordnetes, zielgerichtetes Handeln, also denkend erfaßtes Handeln jenseits unseres Wachbewußtseins bewiesen zu haben scheint, rückt bei aller Erklärungsbedürftigkeit doch die Wahrscheinlichkeit nahe, auf diesem Wege auch in anderer Weise «gesteuert» zu sein, ohne daß uns der Vorgang bewußt würde. Hier könnte das Geheimnis für Platons Behauptung liegen, alles Lernen sei nur ein Wiedererinnern. Wir müßten dann nicht nur sagen, «es» denke in uns, sondern auch – nach dem Gesetz der Wiederkehr in der Geschlossenheit der Raum-Zeit des Geistes –, «es» erinnere sich in uns. Für Charon kann das gar nicht anders sein! «Da unser Körper in der Tat aus Elementarteilchen aufgebaut ist, die, da sie ja ewig leben, ‹seit Anbeginn der Welt› existieren, so wurzelt unser eigener Geist tatsächlich in der gesamten Geschichte der Welt»[85], und jedes Teilchen hat eine solche «‹Geschichte›, die bis zu den Anfängen des Universums zurückreicht; daraus folgt, daß jedes Teilchen andere Erfahrungen durchlebt hat als das Nachbarteilchen, bevor sie beide in die komplexe Struktur dieses besonderen Organismus eingingen»[86]. Was ist dann aber Ich? «Du bist der ‹geistige Schnittpunkt› aller dieser Teilchen»[87], sagt Charon. Deshalb dürfen wir uns sehen «im Feuer der ersten Sterne mitglühen, über den feuchten Sand der präkambrischen Meeresufer kriechen, die paläozonischen Riesenfarnwälder durchstreifen, in den lauen Wassern des jüngeren Jura schwimmen»[88], uns aufhaltend «Jahrtausende lang geduldig im Stein»[89].

«Durch die Materie wirkt in jedem von uns die ganze Geschichte der Welt in einem Teil nach», lesen wir analog dazu

bei Teilhard de Chardin. «Mag unsere Seele auch noch so selbständig sein, sie ist doch die Erbin eines Daseins, das vor ihr durch das Zusammenwirken aller irdischen Kräfte wunderbar bearbeitet wurde.»[90]
Es gab in den zitierten Charon-Argumenten allerdings eine zunächst alogische Passage. Da hieß es, die denkenden Elektronen unterschiedlicher Erfahrung würden nach dem Ruhezustand im Gefolge des physischen Todes bei einer Wiedergeburt in neue organisierte Strukturen eingehen, die, wie wir jetzt wissen, nicht menschlicher Art sein müssen und keineswegs nur menschlicher Art waren. – Hier taucht die Frage auf, wie sich diese denkenden Elektronen zur Bildung neuer Strukturen «verständigen» könnten, wenn die Raum-Zeit des Geistes aus der Geschlossenheit angeblich keine Information entweichen läßt. Das ist eine skeptische Frage, die auch das bewußte Erinnern an jene «Erinnerungen» betrifft, die in der Raum-Zeit des Geistes kreisen. – Es gibt zwischen der Raum-Zeit des Geistes und der Raum-Zeit der Materie einen linearen Impulsaustausch mit Photonen einer äußeren, möglicherweise der «schwarzen» Strahlung, aber auch eine elektrostatische Wechselwirkung zwischen der Raum-Zeit des Geistes eines Elektrons und der Raum-Zeit des Geistes eines beliebigen andren Elektrons jeweils bei gleichbleibender Negentrophie, oder aber die Kommunikation erfolgt in jener Weise, daß beim Spinaustausch der Photonen des Elektronenraumes mit denen der Außenwelt die Negentropie des Elektrons steigt. – Nun sollten wir eigentlich «Spin» erklären. Das ist in diesem Rahmen einfach unzumutbar. Da müßten wir in den von Heisenberg, Bohr und Jordan entwickelten Matrizialismus einsteigen. Charon widmet ihm in seinem popularisierenden Buch bereits ein ganzes mathematisches Kapitel. – Wir begnügen uns mit der einfachsten Umschreibung von «Spin» als «Elementarteilcheneigenschaft». Der angeführte Spinaustausch der Photonen wäre jedenfalls gleichzusetzen mit einer Form der

Erkenntnis. Sie ist begleitet von elektrischen Impulsen, was als Nervenimpulse oder durch das Elektroenzephalogramm sichtbar gemacht werden kann. Beim Spinaustausch zweier benachbarter Elektronen steigt sogar deren beider Negentropie. Charon beschreibt diesen Vorgang genau – auch mathematisch.

Wir halten fest, daß die «denkenden» Elektronen virtuell kommunizieren über die Lichtpartikel der Photonen, deren Energie unendlich ist, weil sie sich mit Eigenmasse ungleich Null mit Lichtgeschwindigkeit fortbewegen[91]. Die denkenden Elektronen aber sind Objekte von «ungefähr einem tausendmilliardstel Millimeter Größe»[92]. Die Verbindungen der Elementarteilchen «in der Zeit manifestieren sich in der Form individueller Erinnnerungen, die in jedem Elektron gespeichert sind, aber auch in der Form eines Austausches von Erinnerungsfragmenten aus dem Reichtum ihrer Erfahrungen seit dem Beginn der Zeiten»[93]. Theoretisch können sogar Verbindungen mit den verschiedensten Orten unseres Universums zustande kommen, weil Milliarden von Elementarteilchen (Protonen), darunter zuweilen auch Elektronen, fortlaufend das All durchjagen[94]. Doch das sind Spekulationen, die uns weniger interessieren.

Zur Kommunikation müssen sich zwei Elektronen entschließen; es muß «eine gewisse ästhetische Übereinstimmung zwischen jenen beiden ‹Gedächtnissen› herrschen»; für die gegenseitige Negentropiesteigerung müssen «die beiden neuen geistigen Konfigurationen (die Elektronenerinnerungen) gewissermaßen ‹zusammenpassen›»[95]. Denken wir zurück an die von Prof. Stevenson aufgezeichneten Fälle aus dem Bereich der Tlingit-Indianer, die sogar eine Wiedergeburtswahl noch in diesem Leben signalisierten.

Dr. Netherton ist jedenfalls aufgrund seiner psychotherapeutischen Erfahrungen «überzeugt, daß wir unser Leben selber wählen». Er meint, jeder sei «in gewisser Weise über Jahrhunderte hinweg dieselbe Person gewesen». Man müsse zu erfahren suchen, «wer diese Person, wer man selbst» sei[96]. So würden sich in überraschender Weise Aussagen unterschiedlichster wissenschaftlicher Disziplinen, ohne voneinander gewußt zu haben, decken.

Wir – unsere denkenden Elektronen, um wieder zur physikalischen Ausdrucksweise zurückzukommen –, wählen für ein neues Leben bestimmte Elektronen zum Austausch. Zum Austausch natürlich nicht über Börsenkurse, kommunistische oder kapitalistische Ideologie «oder die Rangunterschiede zwischen Mohammed, Jesus Christus und Buddha», wie Charon ironisch bemerkt[97], sondern über existenzielle Lebensprobleme.

Es scheint darüber hinaus die Aufgabe der Elektronen zu sein, durch die ihnen gegebenen Möglichkeiten des Austausches zu einer Negentropie-Anhebung zu kommen, zu einer Erhöhung des jeweiligen Negentropie-Niveaus. Auf diese Weise wird «mit der Bewußtseinsteigerung des individuellen ‹Ich› jedes einzelnen Elektrons auch der Bewußtseinsstand des gesamten Universums angehoben»[98].

«Auch wenn man alle Entrüstung wecken und alle Vorurteile verletzen müßte, es muß gesagt werden, weil es wahr ist: Mehrsein ist zunächst Mehrwissen»[99], schrieb bereits 1920 Teilhard de Chardin in seiner «Bemerkung zum Fortschritt». – «Um den Fortschritt wahrzunehmen und zu messen, muß der individuelle Standpunkt entschlossen überwunden werden. Das Subjekt, das aufgerufen ist, den endgültigen Akt zu setzen, in den die totale Kraft der irdischen Evolution eingehe und in dem sie zur Blüte gelangen wird, muß eine kollektive Menschheit sein, in der sich das volle Bewußtsein jedes Individuums auf das Bewußtsein aller anderen Menschen stützt – sowohl der lebenden als auch derer, die nicht mehr sein werden. Folglich ist das ‹opus humanum› . . . etwas ganz anderes als ein Akt höherer Sittlichkeit; es ist ein lebendiger Organismus».[100]

Da ein Informationsaustausch zwischen den Elektronen nur

dann zustande kommen kann, wenn das Elektron «die erforderlichen Tauschwerte» besitzt, liegt «in den Reinkarnationstheorien viel Wahrheit und tiefer Sinn»[101] für den Physiker Charon; denn die Elektronen eines wiedergeborenen Lebewesens müssen sich «alle auf einem ähnlichen (wenn nicht identischen) Negentropie-Niveau»[102] der Lebenserfahrung befinden. Bei den Elektronen eines neugeborenen Lebewesens ist dies der Fall. Auf diese Weise klärt sich, warum die Milliarden Elektronen unseres Ichs im relativ konstanten Zusammenhalt über Jahrtausende bleiben. Ein Mangel an Anhebung des Negentropie-Niveaus würde ein Wiederholungsleben gleicher Art bedingen. So hätte sich die Evolution «einer kontinuierlichen Entwicklung vom Mineralischen zur Pflanze, von der Pflanze zum Tier und vom Tier zum Menschen» eben «in einer progressiven Anreicherung des Negentropieniveaus der Elektronen»[103] vollzogen.

Bedeutsam erscheint vorläufig die wiederum festzustellende hohe Aussageaffinität zwischen der Elementarteilchenphysik und den psychotherapeutischen Erkenntnissen zur Frage der Re-Inkarnation. Dr. Nethertons Patienten haben sich durchaus auch an tierisches Vorleben – fast immer in der Form einer Verletzung oder des erlebten Todes – erinnert, aber sie haben stets das «tierische Leben als die früheste Existenzebene» beschrieben[104]. – Das wären demnach eindeutige Aussagen gegen den Wiedergeburtsglauben von Buddhismus und Hinduismus (die ein Absteigen in tierische Lebensformen zulassen), die ja ohnehin nur vielfältig überlagerte Spätformen eines um Zweieinhalbjahrtausende älteren Re-Inkarnationsverständnisses bieten.

Man könnte sicherlich auch im Auftrag einer steten Anhebung des Negentropie-Niveaus, also im fortlaufenden Sammeln existenzieller Erfahrungen die aufgetragene Selbstverwirklichung sehen, das Streben nach Individuation, wie es im Sinne C. G. Jungs zu bezeichnen wäre. Persönlichkeit wäre dann Schicksal. Diese Vorstellungen sind zu ergänzen mit dem auch in der Psychologie herausgearbeiteten Begriff vom «Prozeßcharakter» der Persönlichkeit (R. Heiß, 1947; H. Thomae, 1951). Sie läßt sich, im Gegensatz zur chaotischen Zufalls-Folge, den Intentionen nach mit einiger Sicherheit voraussagen. Die Persönlichkeit im Werden kann folglich nur ein Zeichen, ein *geistiges* Gebilde sein! «Persona est substantia individua rationalis naturae» (Person ist substantiell von Natur aus ein vernunftbegabtes Individuum), hieß aber schon die Definition des Boethius aus dem 6. Jahrhundert, die bis zur scholastischen Tradition des Thomas von Aquin Gültigkeit besaß. Persönlichkeit der strikten Einheit von Leib und Geist ist jedenfalls eine spätere theologische Definition (Thomas von Aquin). Aber selbst für eine solche Behauptung gibt es von der Re-Inkarnationshypothese her bestätigende Aussagen. Es ist nur eine Frage, wie ich das «Ich» der Persönlichkeit fassen will. Zwar existiert es offensichtlich über den Tod hinaus fort, doch lebend immer nur im Energie erzeugenden Aggregat des Körpers. In diesem Sinne ist «mein ‹Ich› von der meinen Körper bildenden Materie nicht zu trennen»[105]. Man könnte sagen, durch den Tod würden jeweils die Aggregate ausgewechselt, ähnlich wie auch zu Lebzeiten in unserem Körper ein fortlaufendes Absterben und Erneuern von Zellen stattfindet. – Die Re-Inkarnationshypothese der Elementarteilchenphysik, die Aussagen der Humanwissenschaften des 20. Jahrhunderts und die Vorstellungen der Theologie zur Ganzheitsstruktur des Menschen brauchen sich also keineswegs zu widersprechen.

Umstürzend, ja im letzten Sinne revolutionär ist also nicht so sehr die Auffassung einer Trennung von Leib und Seele während der jeweiligen Phase des Ruhezustandes der Elektronen zwischen Tod und Wiedergeburt, sondern der Charakter des Zusammengesetztseins unseres Ichs, seine «Pluralität» aus unzähligen in sich vollständigen Elektronen-Ichs, die alle unsterblich sind und mit dem gesamten Kosmos kommunizieren. Inwieweit sie sich nach ihrer Ruhezeit wieder zu einer Re-Inkarnation zusammenfinden, scheint offen zu sein. Es sind weder alle noch müssen es alle sein. Von jenen Elektronen, die sich im ruhenden Zustand befinden oder die im ruhenden Zustand bleiben, können die nichtruhenden Elektronen höchstwahrscheinlich schwache Impulse empfangen. Bei Charon heißt es deshalb lapidar, man könne «sogar die Kommunikation mit einem verstorbenen Menschen nicht als ‹wissenschaftlich› unmöglich ausschließen»[106]. Das verblüfft nun, zumal man ja die Stimmen Toter auf Band empfangen haben will. Sagen wir es ganz klar: Ruhende Elektronen können nicht sprechen. Kommunikation mit ihnen durch die denkenden Elektronen unseres lebenden Ichs kann immer nur nicht-verbal erfolgen. Charon glaubt, diese Kommunikation erfolge vielleicht «wie die Erinnerung an Traumbilder aus dem Tiefschlaf»[107], und sie wäre sogar möglich mit Elektronen, die an der Inkarnation eines Pharaos oder Cäsars beteiligt waren.

Elementarteilchenphysiker bestätigen Platon

Es ist also das Negentropie-Niveau der Elektronen, das den Charakter der Materie bestimmt. – «Wenn man so redet», würde Heisenberg sagen, «steckt man natürlich schon mitten in der platonischen Philosophie. Die Elementarteilchen können mit den regulären Körpern in Platons ‹Timaios› verglichen werden. Sie sind die Urbilder, die Ideen der Materie.»[108] Immer wieder Platon! Doch das ist nicht verwunderlich. «Betrachten wir Galilei . . .», so schreibt Carl Friedrich von Weizsäcker, – «noch ausgeprägter ist es bei seinem großen Zeitgenossen Kepler, ähnlich bei Kopernikus und manchen anderen –, so werden wir sagen müssen, daß ihre Theorie der Naturwissenschaft eine weitgehend platonische Theorie war . . .», weil sie sich beriefen «auf Platon den Mathematiker, in der Linie, in der er Pythagoras folgt»[109]. Das ist aber gleichzeitig «der mystische Platon», der im Gefolge des Pythagoras «vom obersten Göttlichen her, zu dem die Seele aufzusteigen hat, die Fülle des sinnlich Wahrnehmbaren Einzelnen ... darzustellen sucht mit Hilfe der Begriffe der Mathematik»[110]. Verwundert es dann, wenn Weizsäcker gesteht: «bis heute bin ich nicht imstande, die Quantentheorie zu verstehen, wenn ich nicht Platon verstehe»[111]? Der Mathematiker und Philosoph Whitehead behauptet sogar übertreibend, «die ganze Geschichte der abendländischen Philosophie sei ‹a few footnotes to Plato›»[112]. Man könnte sagen, daß Charon wiederum einige Fußnoten gemacht hat! Es sollte jedenfalls nachdenklich stimmen, wenn die Philosophie der Naturwissenschaften, die durchweg von der Elementarteilchenphysik kommt – wenn Physiker wie Heisenberg, v. Weizsäcker, Charon – so nahe an Platon den Pythagoreer rücken.

Nun wird deutlich, in welch gewaltigen Spannungsbogen die Re-Inkarnationshypothese rückt, es ist ein Spannungsbogen von zwei Jahrtausenden. Wer beim gegenwärtigen Stand der Reflexion noch etwas vorzubringen hat gegen die Re-Inkarnationshypothese, kann das nicht mehr positivistisch oder behavioristisch tun, weil auch die positiv verlaufende Versuchsanordnung möglicherweise trügt. Durch ihr punktuelles Ergebnis läßt sich – mag das Ergebnis so oder so sein – nicht zwei Jahrtausende philosophisch-mathematische Theorie ersetzen. Da die Re-Inkarnationshypothese in diese Theorie eingebunden ist, dürfte sie also nur noch widerlegbar sein, wenn die Prämissen zu widerlegen sind: die Philosophie Platons ebenso wie die Mathematik der Elementarteilchen-Physiker.

4. KAPITEL

Re-Inkarnation als Teilaspekt
eines Weltalls fortdauernder Dynamik

Es gibt seit der Neoscholastik keine Wissenschaft mehr, die
zur Christologie eine Aussage machen wollte oder könnte.
Ausgenommen natürlich die Theologie. Aber die ist auch,
wenn wir sie am aristotelischen Zweifel als dem Grundprinzip wissenschaftlichen Denkens messen, nicht Wissenschaft,
sondern Hermeneutik, also Auslegung und Erklärung von
Texten einer nicht bezweifelbaren Verkündigung. Die Antinomie zwischen Glauben und Wissen brach im Spätmittelalter auf, zu der nämlichen geschichtlichen Stunde, als des
Augustinus Confessio für die aufgetragene Diesseitsbewältigung nicht mehr ausreichte: «Gott und die Seele begehre ich
zu wissen. Nichts mehr. Wahrlich, nichts mehr» (Soliloqu. I,
2. u. 7.). Diesseitsbewältigung heißt in diesem Zusammenhang Naturwissenschaft. Da «alle Fragen der Ethik der
Naturwissenschaft fremd»[1] sind, wie Max Planck sagt, ist ihr
Christologie fremd, denn in der Christologie geht es um die
Erlösung von der Schuld der Ursünde. Umgekehrt ist auch
«die Größe der universellen Naturkonstanten für die Religion ohne jede Bedeutung»[2], also auch für die Christologie.
Kurzum, ob jetzt Elektronen denken oder nicht denken, ist
weder den Glauben an Jesus Christus bestätigend noch verneinend.

Ob sich die Christologie in das neue naturwissenschaftliche
Weltverständnis einfügen ließe, ist nur durch die Theologie
entscheidbar. Lediglich auf die Richtung solchen möglichen
theologischen Bemühens könnten wir mit einer geistesgeschichtlichen Rückblende verweisen.

Nikolaus von Kues an der Mosel holte als Kuriendiplomat

den Kaiser von Ostrom und dessen Patriarchen Bessarion, den bedeutendsten Platoninterpreten seiner Zeit, zum Unionskonzil nach Ferrara (Florenz). Damals also, zur Zeit der Renaissance, war die Theologie durchaus noch fruchtbar. Sie mußte sich noch nicht auf die von der protestantischen Revolution bestimmte Verteidigungslinie zurückziehen. In dieser Zeit beauftragte der ihm befreundete Pontifex Piccolomini, der als Pius II. 1458 den Stuhl Petri bestiegen hatte, den Cusaner sogar, eine mögliche Vereinigung aller Christen zu untersuchen, ja verschiedener Religionen, wie Christentum und Islam, unter der Kuppel einer neuen Katholizität. Der deutsche Landesfürst, der Bischof von Brixen, der päpstliche Visitator, Kämpfer gegen Simonie, Kumulation und geistliches Konkubinat auf dem Konzil zu Basel, wurde Mitglied einer päpstlichen Kommission, die eine Reform der Kurie und des Kardinalats ausarbeiten sollte.

Aus diesem geistigen Klima und aus diesem sozialen Umfeld entstand des Nikolaus von Kues theologische Philosophie, die Thomas in den Schatten rückt; denn der thomistische Gradualismus hat den Gegensatz zwischen Glauben und Wissen, zwischen Unendlichkeit und Endlichkeit nur im Rückblick auf die Weisheit der Antike, besonders des Aristoteles, überbrückt. Sein Ordo blieb mittelalterlich-statuarisch, verhaftet dem astronomischen Weltbild des Ptolemäus mit der Erdscheibe als Mittelpunkt, den an Schalen befestigten Gestirnen und dem klar fixierten höllischen Unten und himmlischen Oben. In Nikolaus von Kues begegnen wir jedoch dem ersten naturwissenschaftlich spekulierenden Theologen, der das dynamisierte Weltbild kopernikanisch-einsteinscher Art mit heraufführte. Es ist bezeichnend, daß man erst in den letzten Jahrzehnten unseres Jahrhunderts begonnen hat, erstmals sein Gesamtwerk zu edieren und daß ihn seine Kirche bis heute noch nicht wiederentdecken wollte. Nicht Abgrenzung hieß seine Intention, sondern «coincidentia oppositorum»: «Zusammenklang der Gegensätze» – kirchenpolitisch wie wissenschaftlich. Hatte ihn der Platon-Kenner Patriarch Bessarion inspiriert – der Kenner jenes Platon, der im Gefolge des Pythagoras die Welt in der mathematischen Zeichensprache deutete? Es war das Symbol des unendlichen Kreises – das Symbol also pythagoreischer Vollendung, das Symbol der Wiederkehr, das auch Asien so tief befruchtete –, was ihn inspirierte, inspirierte im Angesicht der unendlichen Meeresweite, als er im diplomatischen Dienst den Repräsentanten des kirchengeschichtlichen Gegensatzes in Konstantinopel abzuholen hatte. «De docta ignoratia» nannte er die entstehende Schrift.

Wenn er davon ausging, wie eine Kreis-Krümmung bei fortlaufender Vergrößerung so stark abnehmen müßte, daß sie schließlich eine richtige Gerade würde, Kreisumfang, Kreisdurchmesser und Kreismittelpunkt also zusammenfielen, dann möchte man das noch als Gedankenspielerei ansehen. Wenn er sich jedoch, analog dazu, eine Kugel ins Unendliche ausgeweitet dachte und dieses Bild auf den Weltraum übertrug, dann bedeutete das Revolution; denn in einem solchen Raum gäbe es keinen Mittelpunkt mehr, auch keine Erde als Mittelpunkt, ja alle Gestirne müßten in Bewegung sein; das kosmische Oben und Unten des Ptolemäus und die gradualistische Vertikale des Thomas brächen aber in sich zusammen. – Mit diesem Weltbild, das die von Neoscholastik und Ockhamismus aufgerissene Kluft wieder genial schloß, tangierte er bereits unser Weltbild jüngster Zeit von einem Urknall mit anschließender Totalexpansion des Kosmos. Im Weltbild des Nikolaus von Kues wurde Gott ortlos und raumlos. Das mußte für die Menschen der damaligen Zeit unvorstellbar sein. Die Frage nach der Personalität Gottes, nach Ort und Raum überbrückte er mit den christologischen Bildern der Theologie, die sich nach Thomas als spekulative Wissenschaft versteht. Gott wurde als der inkarnierte Christus faßbar, in ihm wurde die Unendlichkeit endlich, der Mensch aber hat durch seine Gotteskindschaft Anteil an der

Größe der Unendlichkeit. Christus allein bleibt noch als Beziehungskoordinate.

Selbst der Ungläubige, der lediglich verstandesmäßig Charons Hypothese denkender Elektronen folgt, steht plötzlich Nikolaus von Kues und den Mystikern nahe. «Ihrer physikalischen Definition nach», schreibt Charon, «sind die geisttragenden Partikel stabil, ihre Lebenszeit ist also . . . identisch mit der des Universums. Dieser Umstand ist vor allem seiner metaphysischen Implikationen wegen von größerer Bedeutung. Wenn diese Teilchen nämlich einerseits einen Raum einschließen, dessen Informationsgehalt niemals verloren gehen kann – da, wie wir schon sagten, die Negentropie des geistigen Raumes im Laufe ihrer Entwicklung stetigem Wachstum unterworfen ist –, und andererseits die Lebenszeit dieser Teilchen so gut wie ‹ewig› ist, so führt uns das zu dem Schluß, daß alle Informationen, die wir im Zuge eines Menschenlebens in jene Partikel investiert haben, aus denen unser Körper zusammengesetzt ist, über unseren körperlichen Tod hinaus, also in alle Ewigkeit weiterbestehen werden. Wenn wir uns darauf einigen, Gott als das Prinzip der Ewigkeit zu bezeichnen, so erlaubt uns das eben Gesagte zu folgern, daß Gott, der als geistiges Wesen der Ewigkeit angehört, ‹existiert›, und weiter, daß jeder von uns ‹konsubstantiell› mit Gott ist»[3] – also wesensverbunden.

Sind alle denkenden Elektronen konsubstantiell mit Gott, dem Prinzip der Ewigkeit, so ist lediglich nur noch ein verbaler Unterschied zwischen Nikolaus von Kues und Charon gegeben. Wenn bci Nikolaus von Kues die ganze Schöpfung der Endlichkeit aufgeht in der Unendlichkeit seiner grenzenlos gedehnten kosmischen Kugel, dann fallen Endlichkeit und Unendlichkeit ebenso zusammen wie bei Charon, und das Endliche muß schon Züge des Unendlichen tragen, wenn auch – theologisch gesehen – noch nicht in der Vollkommenheit der göttlichen Unendlichkeit. Damit haben wir das Credo der Mystiker berührt: «Esse omne a deo et in deo est». – «Homo in deo deus est». (Alles Sein ist von Gott und in Gott. – Der Mensch in Gott ist Gott.) So lesen wir es bei Meister Eckart.

Der Christ unserer Zeit fühlt sich vielleicht eher vom Versuch des Mystikers und Paläontologen Teilhard de Chardin angesprochen, Evolution zu interpretieren als eine Entwicklung zum Über-Christus des Punktes Omega: Als er 1881 auf dem Schloß von Sarcenat (Mittel-Frankreich) geboren wurde, stand die Welt unter dem Schock der Evolutionstheorie, die selbst Darwin «wie das Eingeständnis eines Mordes» an Gott vorkam. Teilhard nahm zunächst die antibiblischen Hypothesen des Engländers an, widersprach ihnen jedoch in der Behauptung, daß die Entwicklungslinien der Arten und des Menschen lediglich das Ergebnis des blinden Zufalls seien. Er glaubte mit Hilfe zweier Reihen von Beobachtungen zwei unumstößliche Gesetze erkannt zu haben: 1. «das biologische Gesetz der Kephalisation» und 2. «das kosmische Gesetz der Komplexität». Nach dem ersten Gesetz «triftet alles Leben, das ganze Leben . . ., wie eine aufsteigende Flut in die Richtung der größeren Gehirne»[4]. Damit sei nach dem 2. Gesetz ein stets wachsendes Bewußtsein verbunden gewesen. In Punkt «Alpha», vergleichbar einem Pol der Erdkugel, habe Gott den Keim jener Entwicklung gelegt, die im Punkt Omega des Über-Christus ende, vergleichbar dem entgegengesetzten Pol. Gegenwärtig sei in dieser Entwicklung mit dem Menschen bildlich der Äquator erreicht. Künftig werde die Menschheit zunehmend stärker in die Noosphäre gelangen (griech.: noo = Geist), bis sie sich, «konvergierend», im Punkt Omega treffe.

Die Kirche hat dieses Christusbild des genialen Jesuiten nicht angenommen, vielleicht deshalb, weil sich nicht klar abgrenzen läßt, ob Teilhard den kosmischen Christus wiederentdeckt hat («. . . es ist alles durch ihn und zu ihm geschaffen» – Kolosserbrief 1, 16), oder ob sein Über-Christus in Wahrheit ein kosmogonischer Christus ist, dessen Menschwerdung nicht eine göttliche Wundertat bewirkt hat, sondern als notwendige und natürliche Folge des kosmischen Prozesses angesehen wird. So wäre es zunächst normal, wenn die Kirchen auf die Re-Inkarnationshypothesen auch spontan negativ reagieren wollten; denn jedes Neue und dann sogar jedes wissenschaftlich ungewöhnlich Neue kann nur in seltenen Fällen mit der Bibel-Hermeneutik übereinstimmen. Erlaubt muß aber die Frage sein, ob eine solche Distanzierung tatsächlich unumgänglich ist.

Kann Re-Inkarnation theologisch der «Zwischenzustand» sein?

Die Verwerfung des Präexistentianismus (des Origines), wie die Re-Inkarnation innerkirchlich bezeichnet wird, erfolgte nicht mit der zwingenden Notwendigkeit dogmatischer Klärung, wie der bis ins 6. Jahrhundert reichende Origenismus beweist, sondern aus tagespolitischem Kalkül, um das «Mönchsgezänk» unter den Palästinensern zu beenden. Sie wurde der Kirche gleichsam von Kaiser Justinian verordnet, wie wir bereits ausführlich dargelegt haben (s. 2. Kap. unter Origines), ohne Rücksicht auf die sich daraus ergebenden dogmatischen Probleme.

Die Verwerfung des Präexistentianismus riß nämlich das Problem des bis heute unter Theologen strittigen «Zwischenzustandes» auf zwischen dem individuellen Tod und der kollektiven Auferstehung mit der Wiederankunft des Herrn am Ende der Zeiten. In ihm siedelte man die Seelen der Märtyrer ebenso an wie das Fegefeuer der Läuterung. Gegenwärtig wird versucht, die unbefriedigenden Interpretationen des Zwischenzustandes abzulösen durch die Radikallösung, es geschehe «die Auferweckung jedesmal sogleich mit dem Tode des Menschen», obwohl es für diese Theorie «kein durchschlagendes Zeugnis in der Schrift» gibt[5]. Bei

Karl Rahner heißt es rundweg über diesen Zwischenzustand des Purgatoriums: «Über die genauere Struktur dieses Geschehens, zumal über seine Ortsgebundenheit, findet sich weder eine biblische Deutung . . . noch eine genauere lehramtliche Entscheidung.»[6] Re-Inkarnation könnte tiefenpsychologisch aber ohne weiteres verstanden werden als Läuterungsprozeß, als das, was ohne «genauere lehramtliche Entscheidung» theologisch bisher «Fegfeuer» hieß. So verlagert sich das Problem zunehmend in den Bereich der Semantik: in die Bedeutungslehre sprachlicher Zeichen und Zeichenfolgen.

Untersucht wird heute bei einer Textanalyse generell das Verhältnis des Autors zum berichteten Faktum, auch die Beziehung des Autors zum Empfänger: ob also der Partner Unbeteiligter oder Gegner ist, gebildet und vorgeprägt oder weniger geschult. – Das spielt bei den Briefen des Apostel Paulus eine nicht unbedeutende Rolle, besonders im Bildungsraum der Griechen, in dem er doch auf die weite Verbreitung eines Wiedergeburtsglaubens gestoßen sein mußte. Was sagen also seine Briefe an die Korinther darüber gezielt aus? Gerade in ihnen muß doch die Antwort gesucht werden und nicht dort, wo man sich in seinem weiten Missionsraum gar nicht oder kaum von Re-Inkarnation berührt zeigte. Dort wird er anders, weniger verdeutlichend gesprochen haben. Das würde aber bedeuten, daß nicht jede seiner Aussagen zu Tod und Wiedergeburt von gleichem Aussagegewicht wären. Sollten wir wirklich eine Stellungnahme finden, die auf die neuplatonische Re-Inkarnationslehre zielte, dann fragt sich, ob sein Text abgrenzte oder bestätigte, ein Angebot darstellte oder eine Verwerfung, überreden oder beschwichtigen wollte. Bisher ist die theologische Exegese von der Hypothese ausgegangen, die Bibel mache zur Re-Inkarnation eine negative Aussage. Sie hat dazu einleuchtende Belegstellen gefunden. Sie weist auf den Brief an die Hebräer, in dem es heißt (9, 27): «Es ist dem Menschen

gesetzt, einmal zu sterben, und danach ist das Gericht.»
Wenn wir nun dagegen die Hypothese setzen, die Bibel habe
positive Aussagen zur Re-Inkarnation gemacht, müßte sich
dieses Unterfangen nicht von vornherein als völlig unsinnig
erweisen wegen Mangels an Beweisen, also an Belegstellen?
Keineswegs.

Wir finden die dazu gehörenden Belegstellen in den für diese
Frage wichtigsten Briefen des Paulus an die Korinther. Wir
können unterstellen, daß er in ihnen zur Re-Inkarnationslehre des damals weitverbreiteten Platonismus unbedingt
Stellung nehmen mußte, ja, er spricht das Problem Platons,
der Leib sei das Gefängnis der Seele, fast wörtlich genau wie
der Platon-Text an. Im 5. Kapitel des 2. Briefes an die
Korinther (6–8) heißt es: «Wir sind also immer zuversichtlich, auch wenn wir wissen, daß wir fern vom Herrn in der
Fremde leben, solange wir in diesem *Leib* zuhause sind; denn
als Glaubende gehen wir unseren Weg, nicht als Schauende.
Weil wir aber zuversichtlich sind, ziehen wir es vor, aus dem
Leib auszuwandern und daheim beim Herrn zu sein.» Wir
ziehen es vor, aus dem Leib auszuwandern, sagt Paulus.
Entspricht das nicht Platons Weisheit, es «trachten die richtig Philosophierenden danach, zu sterben und tot zu
sein . . .»? Jedenfalls bestätigt Paulus den neuplatonisch ge-
prägten Griechen, nur außerhalb des Leibes, der ihnen als
ein Kerker dünkt, sei zur Anschauung Gottes zu gelangen.
Er bestätigt sie also, um sie zu gewinnen, indem er gleichzeitig die Ideen als Träger der Wahrheit christlich personalisiert.
Auch auf die Frage von griechischen Neuplatonikern, wie
sich das Leben jenseits des Todes nach christlichem Glauben
vorstellen lasse, hat er klar im 1. Brief an die Korinther
(15, 35/38) geantwortet: «Nun könnte einer fragen: Wie werden die Toten auferweckt, was für einen *Leib* werden sie
haben? . . . Was du säst, hat noch nicht die Gestalt, die
entstehen wird; es ist nur ein nacktes Samenkorn, zum Beispiel ein Weizenkorn oder ein anderes. Gott gibt ihm die

Gestalt, die er vorgesehen hat, jedem Samen eine andere.»
Uns scheint, auch mit dieser Antwort hat er den Griechen
nicht die Überzeugung von der Re-Inkarnation einfach ver-
wehrt.

Warum zitieren die uns zugänglichen Nachschlagewerke im
Zusammenhang von Seelenwanderung und Präexistentianismus strikt diese Schriftstellen aus dem Korintherbrief
nicht? Selbst Karl Rahner verschweigt sie unter dem Stichwort «Leib» (eines von 600 lexikalischen Artikeln)[7], und
dennoch muß er kleinlaut zugestehen: «Die (im Grunde
genommen bis heute nicht restlos bewältigte) Aufgabe der
christlichen Philosophie und Theologie war es, die Einheit
der platonischen (in deren Zeichen geschichtlich die erste
Theologie der Kirche entstanden war: Neuplatonismus) mit
der biblischen Anthropologie zustande zu bringen»[8].
Schließlich muß er auch eingestehen: «Origenes und Augustinus waren, jeder in seiner Art, Neuplatoniker, und damit
ist auch die ganze Theologie der ‹Väter› (so vielfältig diese
ist) neuplatonisch»[9]. – Warum nur die der «Väter»? Es ist
immmerhin die Theologie eines halben Jahrtausends!

Die Theologen stehen vor jener Schattenlinie, über die die
exaktesten aller Wissenschaften längst zu springen genötigt
waren. – «Die Quantentheorie ist so ein wunderbares Beispiel dafür», schreibt Heisenberg, «daß man einen Sachverhalt in völliger Klarheit verstanden haben kann und gleichzeitig doch weiß, daß man nur in Bildern und Gleichnissen
von ihm reden kann . . . Wahrscheinlich ist es doch bei den
allgemeinen Problemen, insbesondere auch der Metaphysik,
ganz ähnlich. Wir sind gezwungen, in Bildern und Gleichnissen zu sprechen, die nicht genau das treffen, was wir wirklich
meinen. Wir können auch gelegentlich Widersprüche nicht
vermeiden, aber wir können uns doch mit diesen Bildern
dem wirklichen Sachverhalt irgendwie nähern.»[10]
Naturwissenschaft und Theologie, Wissen und Glauben
müssen also keineswegs kontradiktorisch gesehen werden.

Es bedarf dazu aber auch der Einsicht von theologischer Seite. Sprache ist etwas Lebendiges, und die semantischen Bilder wechseln in der Sprachgeschichte. Diesem Prozeß ist auch das Vokabular der Bibel unterworfen. Für den Menschen des 20. Jahrhunderts und die Theologie ist eben das Paradies nicht mehr die Gartenfatamorgana der Wüstenvölker, die Hölle nicht mehr die plutonisch-feurige Unterwelt und der Himmel die arkadische Überwelt der Seeligen. Der Eßlinger Religionspädagoge Karl Georg Frank schrieb bereits 1970 in seiner weitverbreiteten Schrift «Himmel und Hölle. Ängste, Zweifel, Hoffnungen», die im Verlag Katholisches Bibelwerk erschien: «Was wir die Krise der Hoffnung nennen, ist auch und vielleicht sogar vorwiegend . . . eine Krise der konventionellen Vorstellungen»; denn die Weltraumfahrt habe «uns von dem Weltbild, dessen grandiose Bilderwelt unser Unterbewußtsein füllte, befreit und uns in den Zustand der eschatologischen Bilderlosigkeit gestürzt»; es sei die «Bühne des herkömmlichen Glaubens wie abgeräumt», weil die «gültige Auslegung» von «Tod, Gericht, Himmel, Hölle, Wiederkunft Christi usw. unserer heutigen Welterfahrung nicht mehr gewachsen ist».
So werden die christlichen Konfessionen im Ureigensten durch die wissenschaftliche Re-Inkarnations-Hypothese bestätigt und gleichzeitig auch vor das semantische Problem gestellt, daß es jenes, was weiterlebt, nicht mehr als die Seele bisheriger Definition gibt.

Der kreisende Wandel von Leben-Tod und Tod-Leben
(Kernteilchenphysik und Taoismus)

Es ist ein einmaliges Geschehen, daß die exakten Naturwissenschaften den Kern aller Religionen zu beweisen fähig scheinen: den Tod als einen Durchgang, als eine Schwelle, das Weiterleben nach dem Tode! Damit schließt sich die

Kluft zwischen Glauben und Wissen, ja es zeigen sich plötzlich globale Möglichkeiten eines befruchtenden Verständnisses zwischen abendländischer und asiatischer Religiosität. Das öffnet über alle Kulturkreise hinweg erstmals Aspekte einer universalen Geistesgeschichte, so wie ja auch die Formeln der Elementarteilchenphysik, ja überhaupt der Naturwissenschaften universal sind. Menschen aber, die in diesem Leben Weiße, in einem anderen Gelbe oder Schwarze, die hier und jetzt Buddhisten, dann und später in einem neuen Leben Moslems oder Christen sein können, müßten sich als erdumspannende Menschenfamilie schätzen lernen in der Pflege gemeinsamer Kulturgüter: des Betens, des Denkens, des Dichtens und Musizierens. – Die Re-Inkarnationshypothese ist geeignet, die Menschheit zu einem Aufbruch zu bewegen in völlig neue geschichtliche Dimensionen.

Auch für Charon gibt es den Tod, den *einmaligen* Tod, allerdings zum gleichen Zeitpunkt für alle Lebewesen – die Menschen eingeschlossen – und für das ganze Universum! Was wir bisher als «Tod» bezeichneten, waren nur Wandlungsphasen unserer Elektronen, die nach einer Phase «denkender» Aktivität im «Todeswechsel» zu einem ruhenden Zustand übergehen müssen, wenn sie den nächsten holographisch-wertenden Gesamtüberblick über die letzte Lebensphase haben sollen. Was sich aber jenseits des einmaligen universalen Todes tut, an dem wir beteiligt sind, bleibt der religiösen Bildersprache wie immer uneingeschränkt offen. Die Grenze zu diesem Bereich des Glaubens hat sich lediglich verschoben. Wie notwenig darüber die tröstenden Aussagen der Theologen sein dürften, belegt die Sprache der Physik: Am Ende der Kontraktionsperiode des Universums werde «keinerlei Materie mehr übrig bleiben» . . . «zumindest nicht in der Form, wie wir Materie heute definieren . . . Es werden nur Elektron-Positron-Paare bestehen bleiben, die in schwarzer Strahlung mit einer Temperatur von etwa sechzigtausend Grad ‹baden›». Da diese «Elektron-Positron-Paare die Träger des Geistes sind», werden nach dem Gesetz der Negentropie in der Raum-Zeit des Geistes «letztlich auch unsere individuell menschlichen ‹Ichs› über das Ende der Welt hinaus fortbestehen»[11]. – Unsere Ichs? Wir in unserer Ganzheit! Wenn Pannenberg es für bedeutsam hält, «daß die biblische Zukunftserwartung die allgemeine Auferstehung der Toten eng mit dem Ende der alten und der Schöpfung einer neuen Welt verbunden hat»[12], dann gibt es zu Charons Neuwerdung einer Welt aus zwei gegensätzlich geladenen Elektronen jenseits eines «Schwarzen Lochs», das unser gesamtes Universum verschluckt, eigentlich kaum noch einen substantiellen Unterschied.

Carl Friedrich von Weizsäcker konstatierte in seinem bereits 1975 anläßlich der Salzburger Hochschulwochen gehaltenen Vortrag «Der Tod»: «Die weltweit wirksamste Vorstellung vom Jenseits des Todes ist die Lehre von der Wiederverkörperung der Seelen in immer neuen Leibern. In Indien entstanden, hat sie den größten Teil Asiens erobert, als orphisch-pythagoreische Lehre tritt sie im alten Griechenland auf, und heute finden sich religiös suchende europäische und amerikanische Intellektuelle ihr offener als allen anderen Jenseitslehren.»[13] – Woran mag das liegen? Schlüssel für die Problemerklärung scheint «Asien» zu sein. Mit Japan und China ist dieser Kontinent im 20. Jahrhundert machtpolitisch in das Kräftespiel der Welt eingerückt, zum weltgeschichtlich gleichen Zeitpunkt eines machtpolitischen Unterganges des Abendlandes. Diese Nationen stellen im Rahmen der geschichtlichen Heraufkunft farbiger Völker berechtigt den Führungsanspruch für das nächste Jahrtausend. Selbst die arabische Welt mit der bedrohenden Waffe des Ölboykotts wird mangelnde politische Einigkeit, fehlende technische Entwicklung und unzulängliches technisches «know how» nicht durch religiösen Fanatismus ersetzen können, zumal der Mohammedanismus mit seiner orientalischen Hochgottvorstellung, bezogen auf die Erkenntnisse der modernen Naturwissenschaften, nur deren Verneinung verlangen müßte.

«Um zur Lehre der Atomtheorie eine Parallele zu finden . . .», schrieb bereits Niels Bohr, «müssen wir uns den Problemen der schriftlichen Überlieferung zuwenden, mit denen sich bereits Denker wie Buddha und Lao-tzu auseinandersetzten, wenn wir einen Ausgleich schaffen wollen zwischen unserer Position als Zuschauer und Akteure im großen Drama des Daseins.»[14] Niels Bohr spielt hier auf die Stellung des naturwissenschaftlichen Beobachters der Natur an. Die Quantentheorie hat ihn nämlich seiner bisherigen Stellung als Gegenüber der Natur – und von daher als «Krone der Schöpfung» – verlustig gemacht: «Der menschliche Beobachter bildet immer das Schlußglied in der Kette von Beobachtungsvorgängen, und die Eigenschaften eines atomaren Objekts können nur in Begriffen der Wechselwirkung zwischen Objekt und Beobachter verstanden werden. Dies bedeutet, daß die klassische Vorstellung einer objektiven Beschreibung der Natur nicht mehr gilt.»[15] Bei Heisenberg heißt das, «die Naturwissenschaft beschreibt und erklärt die Natur nicht einfach so, wie sie ‹an sich› ist. Sie ist vielmehr ein Teil des Wechselspiels zwischen der Natur und uns selbst»[16]. Da sich die Beschreibung eines Objekts in seiner Einheit, das in diesem Fall sogar das Universum schlechthin ist, nicht vollziehen kann ohne Trennung, ohne Abstand des Beobachters von dem Beobachteten, können wir mit Heisenberg nur konstatieren: «Was wir beobachten, ist nicht die Natur selbst, sondern Natur, die unserer Art der Fragestellung ausgesetzt ist.»[17] Das ist eine Erkenntnis mit geradezu aufwühlendem philosophischen Aspekt, da durch sie ganze Epochen abendländischer rationalistischer Ontologie fragwürdig werden. So stehen wir naturwissenschaftlich vor der seltsamen Einsicht, daß die mechanistische Weltanschauung der klassischen Physik brauchbar war und brauchbar bleibt für die vordergründige Beschreibung der Makrophysik und

ihre Anwendung in der Technik, daß diese Wissenschafts-
methode, die letztlich Europas zivilisatorische Weltbeherr-
schung ausmachte, im submikroskopischen Bereich aber untauglich ist und unseren Blick auf die Gesamtheit des Universums verdunkelt.

Nun erst erhellt sich ein bei Carl Friedrich von Weizsäcker
begegneter Satz: «Philosophie ist die Wissenschaft, über die
man nicht reden kann, ohne sie selbst zu betreiben . . . Philosophie scheint der Versuch zu sein, das Äußerste noch ins
Bewußtsein zu bringen, was uns überhaupt bewußt werden
kann. Man könnte auch sagen das Innerste.»[18] Entscheidend
für die Erkenntnisfähigkeit ist also nicht allein die rationale
Beschreibbarkeit des zu Erkennenden, sondern ebenso die
erlebte Erfahrbarkeit. – Deshalb ist wahrscheinlich auch nur
eine erlittene Todeserfahrung, die wir im Tod derer machen,
die wir lieben, «von ontologischer Relevanz»[19]. – Das, was
wir bisher als Mystik von Hindu, Buddhist oder Taoist «wissenschaftlich» arrogant beiseite geschoben haben, erweist
sich nun plötzlich als philosophisches Betroffensein, als eine
intuitive philosophische Erfahrung der Natur, die genau der
Stellung eines Beobachters der quantenphysikalischen Vorgänge entspricht. Man könnte vielleicht sagen, der Elemen-
tarteilchenphysiker und der asiatische Mystiker nähmen gegenüber der Natur eine hochgradig vergleichbare Stellung
ein. – Das ist *ein* Faktum der Annäherung europäisch-
amerikanischer Wissenschaft an asiatische Geistigkeit. Ein
anderes Faktum der Vergleichbarkeit betrifft das aus dieser
Position gewonnene Bild vom Universum.

Für die Elementarteilchenphysik fügt sich das Universum in
den Erhaltungssätzen der Physik, im Wirkquantum «h»,
durch die Relativitätstheorie und die Symmetrien der Teil-
chenwechselwirkungen zu einer Einheit. – In der «Erleuchtung» asiatischer Mystiker ist das Universum aber nie anders erfahren worden; sich mit ihm zu identifizieren durch
die Aufhebung des individuellen Ichs galt seit je als prakti-

scher Auftrag, von dieser Unteilbarkeit des Kosmos zu erfahren.

Die moderne Todesforschung schließlich zeigt sich eingebettet in die beschriebene Art der Naturergründung und die Art der Einheitserfahrung, ja das Todesproblem scheint seine Klärung zu finden in der Synthese europäisch-amerikanischen Forschungsansatzes und Todeserfahrung asiatischer Tradition.

Deshalb stehen auch die Physiker der Elementarteilchenphysik den Re-Inkarnationshypothesen besonders aufgeschlossen gegenüber: Der Tod ist nach rationaler Naturerklärung europäischer Art ein Zerfall makrophysikalischer Struktur (sofern wir den Leib begraben); der Tod ist im Sinne der Elementarteilchenphysik ein Prozeß energetischer Umwandlung (sofern unser Kontinuitätsbewußtsein weiterlebt und re-inkarniert wird). Gerade dieser zweite Aspekt bestätigt aber die intuitive Welterfahrung asiatischer Art. Das asiatische Todeswissen als eine bereits erlebte Todeserfahrung, als Erkennen des Beteiligtseins, als die Innenschau eines Naturgesetzes gewinnt durch die Elementarteilchenphysik und die Vorstellung der Geschehnisbeteiligung des Beobachters subatomarer Prozesse hohe Glaubwürdigkeit. Mit der psychotherapeutisch oder hypnotisch induzierten Rückerinnerung an frühere Leben will der europäische Wissenschaftler von außen her die von innen her durch das eigene Todeserleben des Probanden gemachte Todeserfahrung subatomarer Umwandlungsprozesse gleichsam rational faßbar machen.

Tod und Wiedergeburt fügen sich darüber hinaus bruchlos in das asiatisch-intuitiv und das europäisch-rational gewonnene Weltbild subatomarer Vorgänge: das Universum ist stetiger Wandel, ist durch und durch dynamischer Natur, wir könnten durchaus sagen organisch, lebend!

Nun müßte wieder ausführlich Heraklit zitiert werden; denn das geistesgeschichtlich Verblüffende geschieht: Jener erste

Philosoph des Abendlandes, dessen Weltsicht zunehmend verdunkelt erschien, rückt mit dem Ende abendländischer Philosophie und dem Übergang zu neuen Synthesen der Geistesgeschichte plötzlich wieder ins helle Licht. Kein Satz von ihm, der substantiell im Widerspruch stünde zur Grundauffassung asiatischer Mystik und zur Elementarteilchenphysik über die Seinsstruktur eines steten Wandels! Laotse wie Heraklit erkannten den Wandel aller Dinge als das dynamische Zusammenspiel von Gegensätzen, die eine Einheit darstellen. Wie hieß es bei Heraklit? «Gott ist Tag-Nacht, Winter-Sommer, Krieg-Frieden, Sattsein-Hunger» (Fr. 67). Der chinesische Taoismus hat die Gegensätze als Attribute des All-Einen durch die symbolische Figur einer Kreishälftung als Rotationssymmetrie anschaulich gemacht[20], deren schwarze Kreishälfte mit dem weißen Punkt das Positive, das männliche Prinzip des lichten Yang darstellt, auch die Stärke, den Himmel und die Nordseite (des Berges, die das Licht reflektiert), die weiße Kreishälfte mit dem schwarzen Punkt aber das weibliche Prinzip des dunklen Yin, auch die Erde, die Nachgiebigkeit (die Südseite im Blick auf den Fluß). Das Zusammenspiel von Yin und Yang ist das Urprinzip, das alle Bewegungen des Tao (des Weges; des Sinns) leitet. Aus dem Studium verschiedener Kombinationen von Yin und Yang entstand das I Ging, das «Buch der Wandlungen». Seine zentrale Aussage: «Die Wandlungen sind ein Buch, / Dem man nicht ferne bleiben darf. / Sein Sinn ist stets wechselnd, / Veränderung, Bewegung ohne Rast / Durchfließen die sechs leeren Plätze; / Sie steigen und fallen ohn' Verharren, / Die Festen und die Weichen wandeln sich. / Man kann sie nicht in eine Regel schließen; Nur Änderung ist es, was hier wirkt.»[21] – Permanente Änderung und Wandlung hebt aber jede Dualität auf, so daß es in den Upanischaden heißen kann: «Es bewegt sich. Es bewegt sich nicht. / es ist weit, und es ist nahe. / Es ist in all diesem und es ist außerhalb von all diesem.»[22]

Nachdem die Relativitätstheorie die Gegensätze von Raum und Zeit in der Raum-Zeit aufgehoben hat, verhalten sich Elektronen wie Teilchen und Welle, lösen sich auf die Gegensätze von Materie und Energie, Bewegung und Ruhe, Werden und Sein, sogar von Existenz und Nichtexistenz. So können wir bei J. R. Oppenheimer lesen: «Wenn wir zum Beispiel fragen, ob die Position des Elektrons die gleiche bleibt, müssen wir ‹nein› sagen; wenn wir fragen, ob die Position des Elektrons sich mit der Zeit ändert, müssen wir ‹nein› sagen; wenn wir fragen, ob das Elektron in Ruhe verharrt, müssen wir ‹nein› sagen; fragen wir, ob es in Bewegung ist, müssen wir ‹nein› sagen.»[23]

Was aber ist der Tod? Was ist das Leben? Was sind Leben und Tod unter dem Aspekt von Seelenwanderung und wissenschaftlicher Re-Inkarnationshypothese einerseits, was unter rational-europäischer Erkenntnis und intuitiv-asiatischer Erfahrung andererseits? Es ist die gleiche Frage wie die nach Yin und Yang, nach Raum und Zeit. Wie sie zusammenfallen im Tai Gi des Uranfangs und in der Raum-Zeit der Relativitätstheorie, so gibt es keinen Tod und kein Leben isoliert gesehen. Es gibt demnach nur den ewigen kreisenden Wandel von Leben-Tod oder Tod-Leben.

Die Begriffe Raum, Zeit, Materie, Energie mußten eidetisch neu definiert werden

Mit Hölderlin, einem sehr deutschen Dichter, einem sehr tiefen Dichter, den sogar der Wahnsinn schlug, möchten wir deshalb raten: «Philosophie mußt Du studieren / und wenn Du nicht mehr Geld hättest / als nötig ist / um eine Lampe Öl zu kaufen / und nicht mehr Zeit / als von Mitternacht / bis zum Hahnenschrei.» – Philosophie mußt Du studieren! Carl Friedrich von Weizsäcker berichtet recht anschaulich, wie er beim Erlernen der Physik feststellen mußte, daß auch bedeutende Wissenschaftler über Grundbegriffe wie Materie, Energie, Kausalität nur insoweit Rechenschaft abzugeben wußten, als sie zu sagen vermochten «mit diesen Begriffen kann man so gut arbeiten»[24]. So wurde er auf die Philosophie verwiesen, die alle in der Physik gebräuchlichen Begriffe geprägt zu haben schien. Lediglich Physiker in unserem Jahrhundert wie Einstein, Bohr und Heisenberg hat er von den oben umschriebenen Wissenschaftlern ausgenommen, weil sie «über die Grundlagen nachdenken, vor allem die Grundbegriffe kritisch betrachten»[25] wollten – betrachten mußten. Indem sie aber dies taten, wurden sie Philosophen. Sie konnten nicht mehr Erscheinungsformen von Räumlichkeiten beschreiben (Zylinder, Volumen etc.) oder Erscheinungsformen der Zeitabfolge, sie mußten für Raum, Zeit, Materie, Energie nach zweitausend Jahren eidetisch die Begriffe neu definieren: nicht Erscheinungsbilder davon oder Meinungen darüber, sondern das eigentliche Sein der Sache neu abgrenzen. Raum-Zeit ist kein Begriff der sinnlichen Erfahrung, auch nicht die Komplexität von Materie-Energie. Es handelt sich also im vollgültig philosophischen Sinn um die Sache selbst. Bezeichnenderweise ist man zur Erkenntnis jener hinter diesen Begriffen liegenden Wirklichkeiten auch zunächst auf dem Wege der reinen Spekulation gelangt. Gerade deshalb kann an diesen begrifflichen Neuabgrenzungen die Philosophie nicht mehr fraglos vorübergehen. Will sie die kaum anfechtbaren Begriffe aber integrieren, dann muß das tiefreichende Folgen haben. Angesichts dessen, was zur Re-Inkarnationshypothese von anderen Wissenschaftszweigen erarbeitet wird, müßte man das von Philosophen erwarten, was Aristoteles das «In-Verlegenheit-Sein», ja «Unwissenheit»[26] nennt.

Die rechte Philosophie hütet sich ohnehin vor der Unbescheidenheit solipsistischer Gewißheit, die glaubt, alle Geheimnisse lösen zu können. – «Wird denn dadurch ein Rätsel gelöst, daß ich ewig fortlebe?», fragt Ludwig Wittgenstein in seinem «Tractatus logico-philosophicus» (6.4312). «Ist denn dieses ewige Leben dann nicht ebenso rätselhaft wie das gegenwärtige?» Und er gibt die begründete Antwort selbst: «Die Lösung des Rätsels des Lebens in Raum und Zeit liegt außerhalb von Raum und Zeit.» Das hatte die Inversion der modernen philosophischen Thanatologie zur Folge. Heute nun ist der als metaphysisch fraglos erschienene Tod neu infragegestellt durch das neuentdeckte von Raum und Zeit unabhängige Kontinuitätsbewußtsein, durch Erkenntnisse also, die echt transzendierend die Grenzen von Raum und Zeit durchbrechen. Die Menschheit – wir sagen bewußt nicht die Philosophie –, die Menschheit ist in weiten Teilen angesichts dieses Tatbestandes echt philosophisch reagierend: sie hat sich dem platonischen Staunen geöffnet.

Wissenschaftsgeschichtlich öffnet sich im Gegensatz zu der fast durchgängigen Behauptung der Kathederphilosophie, «daß das Zeitalter der Metaphysik der Vergangenheit angehört»[27], mit der «Metaphysik des Todes» die Metaphysik überhaupt, denn, so sagt Heidegger in voller Übereinstimmung mit Wittgenstein: «Die Fragen, wie und wann der Tod ‹in die Welt kam›, welchen ‹Sinn› er als Übel und Leiden im All des Seienden haben kann und soll, setzen notwendig ein Verständnis nicht nur des Seinscharakters des Todes voraus, sondern die Ontologie des Alls des Seienden im Ganzen . . .»[28]

Mag die Skepsis der Philosophen gegenüber den erst im Anfang befindlichen medizinischen und psychotherapeutischen Forschungen zur Re-Inkarnationshypothese berechtigt sein, so werden sie kaum das zurückweisen können, was die Physiker zur «Ontologie des Alls des Seienden im Ganzen» beigetragen haben, die nach Heidegger ja Voraussetzung für eine «Metapysik des Todes» ist. Die Aussagen der Quantentheorie über Materie und Energie, der «Speziellen Relativitätstheorie», der «Allgemeinen Relativitätstheorie» und der «Komplexen Relativitätstheorie» über die Raum-

Zeit sind Antworten auf jene Fragen, was das Sein und die Einheit sei, die Christian Wolff zur «metaphysica generalis» gerechnet hat.

Wir haben die von Heidegger beschriebene Umkehrsituation. Heidegger sagt: «Die diesseitige ontologische Interpretation des Todes liegt vor jeder ontisch-jenseitigen Spekulation.»[29] Wir müssen heute von metaphysischen Überlegungen der Elementarteilchenphysik her völlig neu den Tod ontologisch bestimmen, also seinen Platz in der Seinsordnung. So wollen wir zunächst das neue physikalische Weltbild philosophisch interpretieren.

In seinen Aufzeichnungen von Gesprächen, die er von deren Gegenstand her ganz metaphysisch betitelte – «Der Teil und das Ganze» – berichtet Werner Heisenberg von einem abendlichen Gespräch über «Positivismus, Metaphysik und Religion» mit Wolfgang Pauli und Niels Bohr im Frühsommer des Jahres 1952 am Leuchtturm der Hafenmole von Kopenhagen. «Ist es völlig sinnlos», so fragte Heisenberg, «sich hinter den ordnenden Strukturen der Welt im Großen ein ‹Bewußtsein› zu denken, dessen Absicht sie sind? Natürlich», so schränkte er sofort ein, «ist auch die so gestellte Frage eine Vermenschlichung des Problems, denn das Wort ‹Bewußtsein› ist ja aus der menschlichen Erfahrung gebildet»[30].

Und dennoch näherten sich Physiker diesem Phänomen auch von anderer Seite mit einer wissenschaftstheoretischen Kontroverse: «Ist die Natur danach eher einem homogenen Block zu vergleichen, von dem jede Einzelwissenschaft einen andersartigen Aspekt herausstellt, oder gibt es tatsächlich eine natürliche Gliederung der Natur in eine Abfolge von Schichten, die dazu noch, durch eine Dominanzfunktion reguliert, eine Hierarchie bilden, wobei die materiale Schicht die tragende Rolle spielt und die Bildung der höheren, späteren Struktur regelt?»[31] Um darauf Antworten zu finden, mußte man das Begriffspaar Reduktion/Emergenz neu fassen. Ergebnis: «Das Auftauchen einer neuen Phänomenklasse wie Bewußtsein ist demnach nur erklärlich, wenn es eine Art Protobewußtsein in den Elementarteilchen selbst gibt.»[32] Mit einer Art Bewußtsein der Elektronen ist deren ungewöhnliches Verhalten im Zweispalt-Versuch erklärt worden (A. A. Cochrane); promentale Eigenschaften von Teilchen sollen aber auch die Reduktion von Wellenpaketen deutlich machen (J. M. Burgers).

Es sind also Physiker gewesen, die – unabhängig von Teilhard de Chardin, längst vor der Entdeckung von «Vorgeistigem» als «Rohmaterial» des Psychischen durch die Neurowissenschaften (Benesch) – das Entstehen von «Bewußtsein» in Materie reflektierten. So stehen die Bemühungen Charons keineswegs isoliert und ohne jede Genesis. Warum, so ließe sich lediglich fragen, ist dieses Phänomen nicht schon früher und in die Breite gehend weiter verfolgt worden? Darauf gibt Charon eine einleuchtende Antwort: «Man muß sich zunächst die Frage stellen, ob die Hauptthemen der Metaphysik mit denen, die die Physik untersucht, überhaupt in Zusammenhang stehen; ob Fragen wie die nach dem Wesen der Erkenntnis, der Existenz der materiellen Welt, der Verbindung von Gestalt und Substanz, dem Geheimnis von Leben und Tod, Seele und Körper, Gott und Unendlichkeit – die zu den klassischen Gegenständen der Metaphysik zählen – überhaupt geeignet sind für eine physikalische Betrachtung. Die Antwort auf diese Frage setzt die persönliche Entscheidung voraus, ob man die Untersuchung des Geistes als einen Gegenstand der physikalischen Forschung akzeptieren will oder nicht. In der Frage nach dem Wesen und den Funktionsmechanismen des Geistes besteht nämlich ganz ohne Zweifel das zentrale Problem jeder Metaphysik, von dem alle anderen (Erkenntnis, Leben, Tod, Materie, Gott, . . .) sich herleiten. Physik und Metaphysik, deren gemeinsame Aufgabe es ist, unsere Erkenntnisse über das Universum zu vermehren, können dann zu komplementären Disziplinen werden, wenn Geist und Materie sowohl in der

136

theoretischen Terminologie als auch in den praktischen Forschungsmethoden beider Wissenszweige als untrennbar anerkannt werden.»[33]

Der Tod nach antiker Auffassung war bezogen auf den Kosmos geschlossener Harmonie, war eingefügt in ein zyklisches Zeitverständnis. – Der Tod nach christlicher Auffassung war im Abendland in Beziehung gesetzt zum teleologischen Weltbild Israels, das sich zu einer eschatologischen Dynamik des Weltverlaufs (von der Schöpfung über den Sündenfall und die Erlösungstat des inkarnierten Gottes zum Jüngsten Gericht) wandelte. – Nachdem die von Newton entdeckten Gravitationsgesetze Gott deistisch in die räumliche und zeitliche Entfernung des Creators gerückt hatten, ging auch der metaphysische Aspekt des Todes mit Schopenhauer, Feuerbach, Heidegger verloren.

Die heutige Situation ist gekennzeichnet durch ein gewandeltes Weltbild der exakten Naturwissenschaften (dreier Relativitätstheorien, der Quantentheorie und der Astrophysik) einerseits und erstmals durch wissenschaftlich belegbare und wissenschaftlich erklärbare Hypothesen zur Re-Inkarnation. Kosmologie, Elementarteilchenphysik und Re-Inkarnationshypothese zeigen eine hohe Affinität! Diese innere Zugehörigkeit wollen wir herausarbeiten.

Damit genügen wir einem in der gesamten Menschheitsgeschichte feststellbaren Grundverlangen des Menschen : in eine Ordnung zu treten, Glied zu sein, Objekt eines Systems und sei es auch nur virtuell. Es ist der Versuch des Menschen zu einer Überwindung der Zeit, im Vergänglichen das Unvergängliche zu entdecken jenseits aller Zufälle: noch im Tode einen bejahenswerten Sinn zu finden. – Wie sehen Universum und Tod unter diesem Aspekt also aus?

«Black holes» als Brücke zu vielen Universa
unterschiedlicher Zeitdimension

Betrachten wir zunächst das wissenschaftliche Weltbild unseres Jahrhunderts. Es ist keineswegs so einheitlich, wie man vermuten könnte. Natürlich zeigen die verschiedenen Modelle auch Entwicklungstrends. Wir müssen bei Einstein beginnen und versuchen, etwas Einleuchtendes über seine «Allgemeine Relativitätstheorie» und den «sphärischen Raum» zu sagen. – Man halte stramm einen Faden zwischen den waagerecht ausgestreckten Händen, dann haben wir eine endliche Länge, die begrenzt ist; nun lassen wir locker und fügen auf dem Fußboden die Enden des Fadens zu einem Kreis zusammen; die Länge des Fadens bleibt dabei als endliche erhalten, aber sie ist durch das Ineinanderlaufen der Enden unbegrenzt geworden. Wenn jetzt allerdings gesagt würde, wir sollten nach diesem Faden-Kreis eine endliche Fläche aus Papier ausschneiden, um sie zu einer Kugel zu kleben, dann wären wir überfordert. Das ist das Globusproblem: Abrollen einer Fläche. Aber wir können uns diese Umformung einer endlichen Fläche mit endlichem Flächeninhalt, die überall in eine unbegrenzte überläuft, durchaus noch vorstellen. Wie sähe aber ein Raum aus, der sich, analog zu diesen Beispielen, krümmt? Er entzöge sich unserer Einbildungskraft. Übertragen wir dieses Modell auf das Universum, dann bekämen wir das grenzenlose Universum mit endlichem Volumen. Seine Raumkrümmung wird durch die Gravitationsmassen vollzogen und zwar so, daß die Stärke seiner Krümmung von der Menge der in ihm vorhandenen Materie abhängt. Dieses erste Weltmodell der Relativitätstheorie, endlich groß und doch unbegrenzt, blieb aber statisch, da Einstein von einem konstanten Volumen ausging. Er war nicht bereit, diese Annahme zu korrigieren, änderte recht unbefriedigend vielmehr seine Grundgleichungen ab, um die von ihm geforderte Stabilität des Ganzen zu erreichen.

Einstein stellte sein Modell 1917 vor. – Im gleichen Jahr bot der Holländer de Sitter eine andere Lösungsmöglichkeit an. Auch er ging von der Allgemeinen Relativitätstheorie aus. Es sollte ein materieerfülltes, nicht statisches Universum sein, das sich ausdehnt. Mit dem 1917 neu errichteten Spiegelteleskop von 2,5 m Durchmesser auf dem Mount Wilson gelang Hubble der Beweis für die Ausdehnung des Universums. Er stellte explosionsartige Fluchtgeschwindigkeiten der Galaxien mit nahezu Lichtgeschwindigkeit an der Peripherie des Universums fest. Mit Hilfe der mathematischen Hubble-Konstanten ließ sich nun der zeitliche Ausgang des Expansionsbeginns bestimmen. Das führte zu der Big-Bang-Theorie des Astrophysikers George Gamov. Von diesem Urknall vor 13 bis 18 Milliarden Jahren, also einem fiktiven Anfang von Raum und Zeit, mußten aber nach dem Physiker Dicke von der Princeton-Universität noch Spuren feststellbar sein, eine rudimentäre Strahlung unter 10 Grad Kelvin. In der Tat, was zunächst wiederum nur reine mathematische Spekulation war, konnte 1965 als Hintergrundstrahlung der Sterne mit 2,7 Kelvin im Bereich der 7,3 Zentimeter-Radiowellen an jedem beliebigen Punkt des Alls nachgewiesen werden. Seitdem läßt sich von einem statischen Universum nicht mehr sprechen! Diese Feststellung ist von fundamentaler metaphysischer Bedeutung und muß als Ausgangsbasis für alle weiteren Reflexionen gelten.

Lediglich die Modalitäten der grundsätzlich unzweifelhaften Dynamik sind wissenschaftlich strittig. Sie hängen zunächst einmal zusammen mit der Frage, wie stark die bremsende Wirkung der Gravitation auf die Fliehkräfte sei, die der Urknall freigesetzt habe.

Die Galaxie unserer Milchstraße wird auf 100 Milliarden Sterne geschätzt. Neuentdeckte Galaxien in einer Entfernung von 10 Milliarden Lichtjahren sollen dagegen eine Helligkeit aufweisen, zu der 1 Billion Sterne der Sonnengröße notwendig wären (Hyron Spinard, University Berkeley, Kalifornien). Das sind Materiemassen, die in der Berechnung möglicher Bremswirkungen eine große Bedeutung haben dürften. Der Münchner Nobelpreisträger Rudolf Mößbauer und seine Mitarbeiter am Reaktor in Grenoble (Frankreich) beschäftigen sich damit, neue Überlegungen, die das Verhalten der Sonnen-Neutrinostrahlung erklären könnten, experimentell zu bestätigen oder zu widerlegen. Neutrinos, Abfallprodukte des radioaktiven Zerfalls von Atomkernen, haben keine elektrische Ladung und anscheinend auch keine Masse. Sollte sich jedoch herausstellen, daß das Neutrino, wie neuerdings vermutet wird, tatsächlich eine Ruhemasse hat, dann wäre die Energiebilanz des Kosmos neu zu berechnen. Die gängige Meinung der Astrophysiker von einem offenen Weltall, daß sich seit dem Urknall ständig ausdehnte und weiter ausdehnen werde, ließe sich nicht mehr halten. Wird dagegen hypothetisch eine vollständige Bremsung innerhalb einer endlichen Zeit unterstellt, dann würde sich das Universum zu einem bestimmten Maximalvolumen ausdehnen und anschließend wieder kontrahieren. Da die ausschlaggebende Grundgröße für die theoretische Beschreibung der zeitlichen Evolution des Universums der Radius «r» dieses in sich geschlossenen Raumes ist, müßte sich ein elliptisch expandierendes Universum nach Durchschreitung des Radius «o» erneut ausdehnen mit dann wieder zunehmendem Radius. Nach diesem Modell hätten wir es mit einem zyklischen Universum zu tun, dessen Radius zwischen einem Minimal- und einem Maximalwert schwankt; wir könnten auch sagen: mit einem oszillierenden Universum.

Das ist ein der Physik entlehnter Begriff, den wir übersetzen könnten mit «rhythmischer Schwingung». Es böte sich aber auch ein Vergleich aus der Medizin an, wenn wir von einem Universum der Systole und Diastole sprächen. Diese aus dem Griechischen abgeleiteten Begriffe bezeichnen die rhythmische Zusammenziehung und Ausdehnung eines muskulösen Hohlraumes, besonders des Herzmuskels! Wir meinen, ein Begriffsaustausch wäre nicht nur eine Wortspielerei; denn das eine Mal würden wir die Bewegung als mechanisch auffassen, das andere Mal als organisch. Beide Auffassungen wären möglich. Es fragt sich, zu welcher Auffassung mehr Anlaß bestünde. Da uns aber die Probleme der Materievermehrung im Raum zu ähnlichen Gedanken verführen, wollten wir auf jeden Fall darauf aufmerksam machen. – Für ein solches pulsierendes Universum gibt es jedenfalls handfeste Hinweise.

«Nach dem heutigen Stand der Messungen über eine sich anbahnende ‹Verlangsamung› der Expansion scheinen die Indizien dafür zu sprechen, daß wir nicht mehr allzu weit vom Stadium maximaler Ausdehnung entfernt sind»[34], schreibt Charon. Seinen Berechnungen zufolge sei am Anfang und am Ende einer solchen Pulsation die algebraische Summe einer Gesamtenergiebilanz der drei Phasen des Raumes des Universums (Teilchenmaterie, Kosmologische Materie, Schwarze Strahlung) gleich Null[35]. Die Teilchenmaterie der stabilen Protonen, Neutronen, Elektronen ruft nur örtlich begrenzte Raumkrümmungseffekte hervor, die Kosmologische Materie reicht nur für die Gesamtkrümmung des Raumes. So bleibt am Uranfang jeweils nur die Schwarze Strahlung der Gesamttemperatur des Universums von 60 000 Grad übrig, und das ist in unsere Sprache übersetzt Licht[36].

Steht es nicht so in der Genesis der Bibel? «Und Gott sprach: Es werde Licht! Und es ward Licht.» Charon zieht diese Folgerungen nicht. Er bleibt mathematisch eng. Was am Anfang Null war, bleibt Null. Diese Erkenntnis, so meint Charon, enthebe uns «der immer sehr peinlichen Frage: ‹Wer hat die im Universum vorhandene Energie geschaffen?›» Und er antwortet lapidar: «Sie mußte gar nicht erst erschaffen werden, da sie zu Beginn Null war und in Ewigkeit Null bleiben wird.»[37] Er meint, «ein Eingriff von außerhalb unseres Universums, ein Akt ex nihilo, der nur gläubig akzeptiert werden kann»[38], müsse streng wissenschaftlich abgelehnt werden, da man «per definitionem mit dem Wort ‹Universum› das Ganze zu bezeichnen» beschlossen habe[39].

Wenn Charon den Schöpfergott leugnet, ist das eine persönliche Glaubensentscheidung, die zu tolerieren ist. Die Existenz eines transzendental Absoluten hat er philosophisch jedoch nicht widerlegt. Was mathematisch richtig ist, braucht philosophisch keineswegs gültig zu sein. Für den Philosophen ist die Gesamtkrümmung des Raumes, Krümmung der Teilchenmaterie und Schwarze Strahlung Seiendes und nicht philosophisches Nichts, wie das Charon aus der Nullsumme der Energie folgert. Auch hat die Philosophie mit dem «Universum» höchstens das Ganze des materiellen Seins bezeichnet. Eigentlich ist dieser Begriff völlig unphilosophisch. Das Ganze, das Eine, – Sein unter Einschluß von Da-Sein, So-Sein, Kontigentem Sein, Seinsgrund etc. – ist niemals mit einem astrophysikalischen Begriff abgedeckt worden. Ist dies beabsichtigt, dann sprechen wir vom All, das alles materielle und geistige Sein einschließt. Zudem ist Charon den, wie er meint, «peinlichen» Fragen nach dem Seinsgrund nicht durch seine mathematische Formel enthoben. Einstein, Bohr, Planck, Heisenberg, Jordan, v. Weizsäcker – bezeichnenderweise fast durchwegs deutsche Physiker – haben sie unüberhörbar gestellt.

Für Charon war mit seiner Formel und der Leugnung eines Schöpfergottes die Frage nach der Entstehung von Materie aufgeworfen. Sie machte ihm mathematisch kaum Schwierigkeiten, da bei Ausdehnung eines oszillierenden Universums Teilchenmaterie als Ausgleich der Gesamtenergiebilanz entstehen müsse, weil kosmologische Dichte und energetische Dichte der Schwarzen Strahlung abnähmen[40]. Seine Theorie beinhaltet einen permanenten Prozeß der Materiebildung und Evolution. Sie ist also mit der Urknall-Theorie und der eines oszillierenden Universums vereinbar. Allerneueste Messungen der «Hintergrundstrahlung» des Urknalls im

Universum durch ein Team Dr. George Smoots von der Universität Kalifornien mit Hilfe von U-2-Maschinen ließen allerdings berechtigte Zweifel an der «Big-Bang-Theorie» aufkommen. Unser Milchstraßensystem treibt demnach mit der Geschwindigkeit von 500 km in der Sekunde dem Gravitationssog eines neuentdeckten Galaxienhaufens entgegen, dessen vermutete Materiezusammenballung 30 bis 40 Prozent mehr Galaxien umfassen könnte als normale Galaxiehaufen. Dieser jetzt geortete klumpige Galaxienhaufen müßte sogar auf den Beginn des Universums zurückgehen. Andere amerikanische Astronomen haben in Richtung des Sternbildes Bootes (Bärenhüter) eine völlige Leere in der Größenordnung von einem Prozent des gesamten mit Instrumenten überschaubaren Universums entdeckt. In dem bezeichneten Gebiet macht die Materiedichte nur ein Zehntel der sonst im Universum registrierten aus. Dieses Riesenloch, in dem normalerweise 2000 Galaxien mit jeweils Milliarden von Sternen Platz hätten, ist schätzungsweise 300 Millionen Lichtjahre groß. (Ein Lichtjahr entspricht 9,4605 Billionen Kilometer; der Durchmesser unserer Milchstraße wird mit 100 000 Lichtjahren angegeben.) – Die gigantische Materie-Konzentration des ungewöhnlichen Galaxienhaufens wie auch das gigantische Loch mangelnder Materiedichte sind unvereinbar mit der homogenen Materie-Verteilung und Bewegung nach allen Richtungen des Universums entsprechend der Urknall-Theorie.

Wie entsteht also Materie? Man erinnere sich der Lebensgeschichte von Sternen. Auch sie scheinen ja ein Leben (!) zu haben, da sie eine ganz gesetzmäßige Entwicklung durchlaufen. Ihr Todeskampf beginnt dann, wenn ihre Masse das 3,4fache der Sonnenmasse übersteigt. Sie durchlaufen das Explosionsstadium einer Super-Nova, stoßen periphere Materie ab, ziehen sich im Verlöschen zu «Weißen Zwergen» zusammen, werden mit zunehmend verkleinertem Radius zu Pulsaren, erleben den «Gravitationskollaps» und sind jenseits des Schwarzschildradius nur noch ein «black hole» eine «Schwarzschild-Singularität». Schwarze Löcher der Formel Cyg X-1 als unvorstellbare Materiemassen ohne erkennbare Ausdehnung machen Materie unsichtbar, elektromagnetisch nicht wahrnehmbar. Man könnte von einem schweren Nichts sprechen. Stellen wir uns vor, für die gesamte Materiemasse unserer Erde betrüge der Durchschlupf, also der Schwarzschildradius, einen Zentimeter, für die Sonne 2,5 km. Da in den Schwarzen Löchern ein greifbarer Körper für die Rotation fehlt, routiere, wie der Physiker Kerr sagte, die Geometrie selbst. Diese schwindelerregenden Thesen erhielten Auftrieb durch das astronomische Satelliten-Projekt «Uhuru». Das Symposion der Internationalen Astronomischen Union in Warschau kam zu dem Ergebnis, daß die Zustände in Schwarzen Löchern weitgehend der Situation mutmaßlicher Anfänge des Alls entsprächen, wie der Münchner Physiker und Gravitationswellen-Experte Peter Kafka bestätigte.

Charon spricht von einem geschlossenen Raum der Schwarzen Löcher mit entgegengesetzt laufender Zeit. Da dies ein Raum steigender Negentropie, also zunehmender Ordnung wäre, weist er «letztlich die Charakteristika des Lebendigen» auf, er ist ein Analogon zum «Raum der Erinnerung»[41]. Ein im Schwarzen Loch verschwindender Stern gehört nicht mehr zu unserem Universum. Wenn man jedoch sagen kann, «das Universum sei aus einem anderen hervorgegangen», dann wäre der Zeitpunkt Null «etwa mit einer Zellteilung vergleichbar»[42], Tod nur Zustandsänderung: neue Geburt. Es gäbe also nicht nur das für uns überblickbare Universum, sondern auch jenes Universum, aus dem das unsere hervorgegangen ist und jene Pluralität der anderen Universa jenseits des Schwarzschildradius unserer «black holes» mit jeweils unterschiedlichen Zeitdimensionen.

Für ein Universum, das dem unseren voranzusetzen wäre, hat Hawkings die Indizien geliefert. Er kam zu einer Theorie

der Quantengravitation allein aufgrund eines Approxima-
tionsansatzes. «Es könnte deshalb sein, daß es frühere Phasen des Universums gab, in der Materie zusammenbrach, um
durch eine große Explosion eine Neuschöpfung zu bewirken» (It may be therefore that there was an earlier phase of
the universe in which matter collapsed to be recreated in the
big bang)[43]. Der Urknall also als explodierendes Schwarzes
Loch! – Mit der Einstein-Rosen-Brücke war bereits das
Zwillingsuniversum der Schwarzschild-Metrik eingeführt
worden. Das Kruskal-Diagramm, als analytische Fortset-
zung der Kerr-Lösung, lieferte schließlich das Bild, «wonach
ein rotierendes schwarzes Loch eine Brücke zu einer unendlichen Zahl von sonst völlig getrennten Universen bildet»[44].
Dieser «Fingerzeig auf ein Wiedererstehen alter kosmologi-
scher Ideen aus der metaphysischen Vorzeit der Wissenschaft» ist eingeengt positivistisch eingestellten Wissenschaftlern so unheimlich, daß sie einer Vielzahl von Universa
nur eine «rein begriffliche Existenz» zubilligen oder gar von
einer «Insuffizienz der Theorie» sprechen möchten[45].
Der Engländer J. W. Dunne veröffentlichte bereits 1927
(«An Experiment with Time») eine Theorie, die in diese
Denkrichtung zielte. Dunne spekulierte über die eine Zeitdimension des Einstein-Minkowski-Modells hinaus. Er ent-
warf die 4-D-Vielfachtheorie einer unendlichen Zahl ineinander geschachtelter Zeitdimensionen, die alles Geschehen
gleichzeitig, aber auf verschiedenen Schichten geschehen ließen. – Unter diesem Aspekt ist Einsteins Brief verständlich,
den er vier Wochen vor seinem Tode schrieb. Es war wohl
eine Art Kondolenzbrief, weil ein alter Freund gestorben
war (1955): «So ist er mir also mit dem Abschied von dieser
sonderbaren Welt wieder einmal nur ein wenig zuvorgekom-
men. Doch das hat keine Bedeutung. Für uns gläubige Physiker stellt diese Trennung zwischen Vergangenheit, Gegenwart und Zukunft ja doch nichts weiter als eine Illusion dar,
wenn auch eine besonders hartnäckige.»[46]

Nach dem, was wir von der unendlichen Bewegung des Mikrokosmos gehört haben, in dem es «keinen ‹richtigen› Tod mehr» gibt, «ebensowenig übrigens wie es dann noch eine ‹richtige› Geburt» geben kann[47], sind wir nun eigentlich genötigt, zwischen Mikrokosmos und Makrokosmos eine grundsätzliche und totale Entsprechung anzunehmen.

Wir suchen nach Begriff und Bild, um dieses weitgehend organische Weltbild vom bisher mechanischen abzuheben. Wir neigen dazu, unser – jetzt sagen wir bewußt unser Universum, unseren Kosmos diesseits der «black holes» – Phönix-Universum zu nennen. Das wäre ein vieldeutiger symbolischer Begriff, den wir der ägyptischen Mythologie entlehnt haben, der die Komplexität des Auszusagenden vielleicht etwas verdeutlicht. – Der Phönix galt als ein Wesen, das bei der Weltschöpfung auf dem Urhügel erschienen war und oft als Reiher in die Bildsprache der ägyptischen Kunst aufgenommen wurde. Mit dem wachsenden Osirisglauben betrachtete man den Phönix als Seele des Totengottes Osiris: als Erscheinungsform der Seele, als Sinnbild des Lebens, das sich durch den Tod erneuert! – Wie treffend und tiefsinnig: Leben, das sich durch den Tod erneuert! – Im 1. Jahrhundert n. Chr. änderte sich bei den Römern die Phönix-Mythologie; danach sollte sich der Phönix in gewissen Abständen selbst verbrennen und aus der Asche neu aufsteigen. – Phönix-Universum! Phönix-All!

Das Unendlichkeitsproblem permanenten Werdens in der abendländischen Philosophie

Wir stehen hier vor dem philosophischen Unendlichkeitsproblem. Der geniale Philosoph und Kardinal Nikolaus von Kues hatte den Zusammenhang von Endlich und Unendlich erstmals mit seinen mathematischen Betrachtungen in die abendländische Metaphysik eingeführt[48]. Er stellte die Erkenntnisse des Aristoteles, auf die sich noch Thomas stützte, auf den Kopf. Der Cusaner lehrte also als erster «in der christlichen Zeit die Unendlichkeit der Welt»[49], lehrte sie ohne kirchlich Anstoß zu erregen! Wenn er von diesem unendlichen All die These aufstellte, daß es in ihm keine «ausgezeichneten Punkte gebe (was einer Verneinung der Geozentrik praktisch gleichkommt)», dann hat er jedenfalls ein heute «fast geheiligtes Axiom der mathematischen Kosmologie mit ihren in mathematischer Sprache formulierten Weltmodellen»[50] klar erkannt. Deshalb ist die Gestalt des Cusaners «für das heutige Gegenüber von Metaphysik und Naturwissenschaft eine zentrale Figur»[51]. Galilei hielt die Unendlichkeitsfrage klug in der Schwebe. Aber als Giordano Bruno seine Rede vor den venezianischen Inquisitoren begann mit dem Bekenntnis: «Ich lehre ein unendliches Universum»[52], da war er des Flammentodes auf dem Scheiterhaufen gewiß. «Dieses ganze in unendlichem Neben- und Nacheinander von Welten bestehende Universum»[53], das er bereits beklemmend aktuell umschrieb, empfand die Kirche als einen Angriff auf den christlich-augustinischen Finitismus, die Lehre vom Bestimmtsein des Seienden von Ende und Ziel her.

Doch Scheiterhaufen oder die verbalen Scheiterhaufen der Verdikte sind keine Argumente. Dieses vollkommen neue «Pathos der Unendlichkeitsvorstellung»[54] ist «siegreich geblieben in der Metaphysik»[55]. – Ganz im Sinne des Giordano Bruno nahm Fichte «eine unendliche Reihe künftiger Welten über Welten» an, «welche insgesamt von der gegenwärtigen ersten nicht der Art nach, sondern nur der Stufenfolge nach unterschieden sind»[56]. Er lehnte die «Eine künftige Welt»[57] ab; auch für Hegel ist das Unendliche nicht «ein für sich Fertiges über dem Endlichen»[58], er knüpft vielmehr an den Cusaner an. Das Unendliche ist ihm also Werden, nicht «das unbestimmte Leere, das Jenseits des Endlichen»[59].

Zum Unendlichkeitsproblem müßten wir schließlich noch

auf Leibniz hinweisen, der zuerst dieses philosophisch Unendliche auch höchst modern auf den Mikrokosmos ausdehnte, wo es für ihn schlechthin nichts gab, was nicht noch
teilbar sei, nicht weitere Welten ins Unendliche einschlösse.
Er ging dabei von dem auch heute noch unbestritten hinge-
nommenen Kontingenzsatz aus, daß alle Erfahrungswelt
nicht notwendig so beschaffen sein muß, wie sie uns erscheint. Könnten die Dinge aber in vieler Weise vorkommen,
dann schließt dieser Schluß «eben die möglichen Welten»
ein[60]. – So wird heute in der Everett-Interpretation des Kosmos nur «eine neue Version von Leibniz' Semantik der möglichen Welten verwendet»[61]. Bei David Lewis können wir
deshalb lesen: «Wenn ich mir die Wirklichkeit möglicher
Welten vorstelle, will ich damit wörtlich genommen werden,
mögliche Welten sind, was sie sind, und nicht irgendetwas
anderes» (When I profess realism about possible worlds, I
mean to be taken literally, possible worlds are what they are
and not some other thing).[62] – Wissenschaftler, die den
Unendlichkeiten von Welten nur eine begriffliche Existenz,
eine lediglich linguistische Bedeutung zuschreiben und einen
ontologischen Status leugnen möchten, müßten also den bis
heute in der abendländischen Philosophie unbestrittenen
Kontingenzsatz widerlegen. Da sie dies – gerade auch als
Naturwissenschaftler von der Inhaltsaussage des Satzes her
– niemals vermögen, führt die Folgerung aus dem philosophischen Kontingenzsatz und den mathematischen Kosmo-
logien der Gegenwart über eine Unzahl Universa «zu einer
‹run away ontology›, einem infiniten Regreß»[63].
Dieses Seiende unendlich vieler Universa ist nur denkbar
als permanentes Werden. Wenn die moderne Naturwissenschaft das Phönix-All unendlich vieler Universa als durchweg dynamisch auffaßt, dann reiht sie sich aber ein in eine
lange Reihe philosophischer Bemühungen von Heraklit bis
Nietzsche. Und wir finden in dieser Reihe – was den meisten gewöhnlich nicht bekannt ist – hervorragende Chri-

sten, hinter denen teilweise ganze innerkirchliche Bewegungen standen.

Heraklit hat die menschlichen Urerfahrungen vom Wechsel in der Zeit, vom Entstehen und Vergehen, von der lebendigen Entwicklung und vom Verfall, von Leben und Tod – von der Unbeständigkeit alles Wirklichen zuerst zutiefst erfaßt. Nun ist das Fließen immer jenes, was der Erkenntnis als das Unfaßbare erscheint. Es liegt auch ein innerliches Widerstreben gegen eine Philosophie der vermeintlichen Unbeständigkeit in uns, so daß in der griechischen Philosophie nicht Heraklit siegte, sondern Parmenides, der das Unbegrenzte und den Wandel schlechthin leugnete und nur als Schein der Sinne zulassen wollte. In dieser Weise ist die Abwertung des unendlich Wechselnden durch die Eleaten in die Philosophie des Platon und Aristoteles eingeflossen und in ihrem Gefolge in alle christlichen Weltinterpretationen bis ins hohe Mittelalter. Das statische Weltbild des antiken Ptolemäus und das statische Weltbild des Christentums (Erde als unbewegter Mittelpunkt, Himmel und Hölle streng fixiert) deckten sich weitgehend. Heraklit wurde damit zum ungriechischsten aller antiken Denker. Eine «törichte Tradition der Spätantike hat ihn zum Pessimisten, zum ‹Weinenden Philosophen› stempeln wollen»[64], weil die «Urteilenden nach dem Glück der Ruhe»[65] suchten, den Wert «des Gleichgewichts, des Fertig-Abgeschlossenen» höher schätzen wollten[66], weil sie Wandel einseitig als Verlust begriffen. Wir meinen, daß nur Nietzsche das hohe bejahende Pathos der Werdelust des herakliteischen ewig flammenden Feuers richtig begriffen und lustvoll nachempfunden hat.

Lediglich der uns schon mehrfach begegnete Kirchenvater Origenes hielt im Ausgang der Antike an der Heraklit-Auffassung eines Wechsels von «Weltbrand und Weltwerden, wie ihn in so eindringlicher Form die Stoa noch zuletzt geschildert hatte»[67], fest. Bei Meister Eckhart finden wir dann im Spätmittelalter das ewige Geschehen als einen «mo-

tus sine motu» ein «‹Gewerden sonder Geworden›, einen
‹Fluß sonder Geflossen›» wieder; denn «‹Gottes Gewerden
ist sein Wesen›. Das Absolute selbst ist Fluß»[68]. Und was die
Frömmigkeit der Mystik stammelnd zu formulieren suchte,
das entdecken wir in der kirchlich wissenschaftlichen Sprache bei Nikolaus von Kues in seiner Schrift über das Globus-
spiel wieder. (Es gibt allerdings bei ihm auch Textstellen, die
im aristotelischen Sinne Gott als absolute Ruhe bezeichnen
und den Creator als Erstbeweger.) In der genannten Schrift
lesen wir von einem ganz unchristlichen Infinitismus, einem
endlosen Ablauf. Erinnern wir uns seines Weltbildes einer ins
Unendliche ausgeweiteten Kugel! Eine in Bewegung gesetzte
vollkommene Kugel käme nie zur Ruhe, sie bliebe ohne
Ermüdung und bei einem Mangel an äußeren Kräften stets
bewegt. Wenn man das Wesen dieser Welt aber als «erschaf-
fenen Geist» auffasse, und wenn Geist nicht sein könne ohne
geistige Bewegung, dann sei aber nach seiner Schlußfolgerung geistige Bewegung, als sich selbst bewegende Bewegung, Substanz[69]. Und nun kommt eine an die moderne
Mikrophysik und Astrophysik gemahnende Wendung: Weil
alles Seiende an dieser Bewegung teilnehme, zeige sich «die
Welt als lebendige Einheit»[70]. – Den radikalen Schritt vollzog schließlich wieder Giordano Bruno als Denker der Renaissance mit seiner These von der Anfangslosigkeit der
Schöpfung plural entstehender und vergehender Welten;
denn «Gott könne nie anfangen, aus einem untätigen ein
tätiges Prinzip zu werden; unendlich sei, wie Gottes Wesen,
so auch das Werden»[71].
Giordano Bruno erlitt den Feuertod, weil eifernde Theologen unfähig waren, ihre philosophierenden Lehrer zu verstehen. Bruno sagte nämlich über die Unendlichkeit nichts
substantiell anderes als der geachtete Kirchenfürst Nikolaus
von Kues. Er zog lediglich eine theologisch relevante Folgerung in der Leugnung eines Schöpfungsaktes. Damit hatte er
aber nur auf ein bis heute theologisch nicht gelöstes Problem

reagiert, das Boethius und Thomas genial und höchst modern aufgeworfen hatten: es ist die begriffliche Abgrenzung von Zeit und Ewigkeit. Boethius interpretierte die Ewigkeit als reine Qualität, als Besitz von Leben, abgehoben von allem Quantitativen, als «possessio vitae simul tota et perfecta» (Besitz des Lebens in seiner ganzen Fülle)[72]. «Es dürfte dies die größte Denkleistung der Alten in bezug auf die Zeit sein, unabhängig davon, ob es ‹Ewiges› gibt oder nicht»[73]. Die Zeit ist nach Thomas von Aquin dagegen dem Quantitativen verhaftetes Seiendes, das sich beliebig in Intervalle einteilen lasse. Deshalb könne «aus den gegenwärtigen Gegebenheiten der Wirklichkeit, die ja zweifelsohne in eine in Intervalle einteilbare Zeit eingebettet ist, grundsätzlich nicht geschlossen werden . . ., ob diese Zeit in endlich oder unendlich viele Intervalle eingeteilt werden kann»[74]. – Damit hat Thomas bereits die Auffassung heutiger Astronomen zum Ausdruck gebracht, die von der Existenz unendlich vieler Universa überzeugt sind! – Von dieser Zeitauffassung würde die Ewigkeit Gottes allerdings nicht tangiert, weil Thomas die Ewigkeit als eine Qualität der Vollkommenheit verstand wie Boethius. «Es kann infolgedessen – so die Überlegungen des Thomas – Ewiges und unendlich Zeitliches durchaus nebeneinander bestehen . . .»[75] Diese Auffassung würde Gott und die Ewigkeit retten, doch aus unendlich langer Zeit kann nie Ewigkeit werden und die Ewigkeit kann umgekehrt nie in unendlich langer Zeit aufgehen. Dann läßt sich in logischer Konsequenz aber keine Aussage machen über einen absoluten Anfang von Entstehen oder Erschaffung des Seienden. Die gegenwärtige Kosmologie unendlich vieler Universa vertritt also nichts anderes als Giordano Brunos These von der Anfanglosigkeit, und sie wie er sagen gegenüber Thomas absolut nichts Neues. Die Theologie hat bis heute das philosophische Problem von Schöpfung im Beziehungsgefüge von Ewigkeit und Zeit nicht aufgearbeitet. Hier liegt eine Ursache, weshalb christliche Theologie zunehmend den Anschluß an die modernen wissenschaftlichen Weltinterpretationen verlor; denn von Giordano Bruno an hat die abendländische Wissenschaft Natur als «unaufhörlich fließendes, in Bewegungswirkungen von Ding zu Ding verbundenes Gesamtgeschehen»[76] betrachtet.

Dabei kommt Descartes das Verdienst zu, jene Bewegung, die Cusanus als Substanz des Geistigen ansah, auf das Körperliche übertragen zu haben. «Die Prinzipien der Natur sind von nun an die ‹Regeln der Bewegung›, als Gesetze des Geschehens»[77]. Ganz naturwissenschaftlich modern dann wieder der geniale Leibniz. Für eine Monade ist ihm des Aristoteles Entelechie nicht substantielle Form-Gewinnung, sondern «Gesetz der stetigen Reihenfolge ihrer Operationen», da schon das Werden der Verwirklichung substantielles Sein bedeutet[78]. Und das gelte auch für jede körperliche Substanz. Im Weltzusammenhang, in welchem – ganz analog zur heutigen Auffassung der Elementarteilchenphysik – «kein Geschehen in irgend einem Teil des Universums sich vollziehen kann, ohne auf alle anderen auch noch so entfernten Teile seine verändernde Einwirkung zu haben»[79], gäbe es nur unablässige Bewegung. So ist Leben für Fichte «alles wahre Dasein, und alles Leben ist seinem Wesen nach vom Tode frei, unsterblich»[80], «Ewigkeit und Seligkeit sind im wahrhaften Leben selbst darin, sind nicht Zustand, sondern Fließen, nicht Besitz, sondern Streben, nicht Ruhe, sondern Tat»[81].

Mit Meister Eckart, Jakob Böhme, Nikolaus von Kues, Leibniz, Fichte, Hegel, Nietzsche, Einstein, Planck, Heisenberg hat das deutsche Volk wie kein anderes das metaphysische Lebendigkeitsmotiv in der Philosophie tradiert. Nietzsche, der philosophierende Seismograph, behauptete jedenfalls: «Wir Deutsche sind Hegelianer, auch wenn es nie einen Hegel gegeben hätte, insofern wir . . . dem Werden, der Entwicklung instinktiv einen tieferen Sinn und reicheren Wert zumessen als dem, was ‹ist› – wir glauben kaum an die Berechtigung des Begriffes ‹Sein›»[82]. So ist ihm die ewige

Wiederkehr kein deprimierend Trostloses, sondern eine Bewegung «von Kräften und Kraftwellen, ein Meer in sich selber stürmender und flutender Kräfte, ewig sich wandelnd . . . sich selber bejahend . . . als ein Werden, das keine Sattheit, keinen Überdruß, keine Müdigkeit kennt» – diese seine «dionysische Welt des Ewig-sich-selber-Schaffens, des Ewig-sich-selber-Zerstörens»[83].

Welch ein Hymnus auf jene stürmisch tosende Welt mikrophysikalischer Teilchenbewegungen, galaktischer Fluchtgeschwindigkeiten und unvorstellbarer Sogbewegungen Schwarzer Löcher! Die Mikrophysik der Speziellen Relativitätstheorie, die Quantenphysik und die Astrophysik der Allgemeinen Relativitätstheorie liefern heute die naturwissenschaftlichen Beweise für eine jahrtausendalte philosophische Weisheit. Gewöhnlich kamen die heutigen Physiker auf dem Wege der Mathematik zu ihren naturwissenschaftlichen Beweisen. Sie stehen deshalb noch auf andere Weise in einer bemerkenswerten Traditionskette: Nikolaus von Kues, Leibniz und Descartes waren ebenfalls bedeutende Mathematiker! Und das menschliche Kontinuitätsbewußtsein, das den Tod überdauert? Nur für dieses sollte der Finitismus gelten? Nur der Mensch wäre eine Ausnahme in diesem Phönix-All unendlich vieler Universa? Das wäre grotesk. So fügt sich die Re-Inkarnationshypothese bruchlos als selbstverständlicher Teilbereich in dieses von Naturwissenschaft und Philosophie umschriebene Weltbild. Sie gewinnt als Teilaspekt neuer Metaphysik eine fast beklemmende Glaubwürdigkeit!

Der Schwellencharakter des Todes fordert trauerlosen Verzicht

So ist schließlich die Frage nach dem Sinn des Seins aufgeworfen. Wir wollen auch auf diese kritische Frage nach dem «Bewegen ohne Strebensziel» antworten.

Zunächst eine Antwort für den Christen von Meister Eckhart: «Also wie Gott wirkt ohne Warum und kein Warum hat, in derselben Weise wirkt auch der Gerechte ohne Warum; und also wie das Leben lebt um sich selber und sucht kein Warum, darum er etwas tue.» Und weiter: «Wer nun fragt einen wahrhaften Menschen, der da wirkt aus seinem eigenen Grunde: Warum wirkst du dein Werk? Könnte er recht antworten, er spräche nicht anders als: Ich wirke darum, daß ich wirke.»[84] – Für den gläubigen Menschen gibt es also eine fraglose Seinsbejahung. Sie ist ihm mit dem Glauben vorgegeben.

Die Frage zielt aber auch ab auf eine rationale Antwort. Wenn etwas für mich Sinn hat, dann hat es Eigenbedeutung. Sinnvoll – sinnlos sind Bedeutungsrichtungen. Daß wir als Menschen nach der Bedeutung eines Seienden für uns zu fragen vermögen, gibt der Welt und dem Leben zwar so etwas wie Sinn, doch ob dies der Sinn der Welt sei, ist ontologisch mehr als hypothetisch. Entscheidend dafür, ob Welt und Leben einen Sinn haben, sind wir selbst; ob wir nämlich mit Hilfe dieses oder jenes Weltentwurfs zu diesem Sein in seiner Ganzheit ja sagen können. – Das von der modernen Teilchenphysik und Kosmologie umschriebene Phönix-All unendlicher Universa und totaler Dynamik ist ein solcher Weltentwurf. Er hat sich erwiesen als die Bestätigung jener abendländischen Metaphysik, die nicht mehr an die Theologie gebunden war. Philosophie und Naturwissenschaft haben also – sich ergänzend – im Ablauf eines halben Jahrtausends einen Weltentwurf entwickelt, der zeitlich jenem folgte, den die Theologie im Mittelalter vorlegte. Die Re-Inkarnationshypothese ändert daran nichts. Es hat sich lediglich gezeigt, wie bruchlos sie dem modernen Weltbild einfügbar wäre.

Die Frage nach dem Sinn der Welt ist also an uns gerichtet, ob die Welt dieses Entwurfs nämlich für uns Eigenbedeutung haben kann. Da uns die methodologische Abgrenzung aber kaum Entscheidungshilfe gewesen war, wollen wir einige Folgen bewußt machen, die sich aus einer solchen grundsätzlichen Seinsbejahung ergäben.

Unter dem Aspekt eines total dynamisierten Alls unendlich vieler Universa gäbe es für uns nicht mehr die ontologischen Bestimmtheiten von Ende und Ganzheit, ja, konsequent müßten wir sie nicht nur als existentiale, sondern auch als mögliche Seinsverfassungen leugnen. Nur das End-lose, die Unganzheit wäre seiend, nie die Daseinsganzheit, nie ein Vollendetes, weil das die Erschöpfung von Möglichem einschlösse, nur ein Unvollendetes, nie ein Abgeschlossenes, nur ein Unabgeschlossenes. So ist dann auch der Tod nicht Ende, Abschluß, Vollendung. – Damit würden wir die Gegenposition zu Heidegger einnehmen. Martin Heidegger sagte, zur Gänze des Daseins alles Seienden gehöre der Tod, gerade er mache die von uns verneinte Daseinsganzheit aus. «Das Erreichen der Gänze des Daseins im Tode ist zugleich Verlust des Seins des Da.»[85] Der Tod sei deshalb «kein Zu-Ende-sein des Daseins», sondern «der Tod ist eine Weise zu sein», die schon mit der Geburt übernommen wird[86]. Deshalb ist menschliches Dasein ein «Sein zum Tode». Heidegger sagt, «schon das ‹Denken an den Tod› gilt öffentlich als feige Furcht, Unsicherheit des Daseins und finstere Weltflucht»[87]; das «lautlose Dekret des Man» fordere eine Gleichgültigkeit gegenüber dem Tode, aber gerade «die Ausbildung einer solchen ‹überlegenen› Gleichgültigkeit entfremdet das Dasein seinem eigensten, unbezüglichen Seinkönnen» – nämlich als Daseinsganzheit. «Das Man läßt den Mut zur Angst vor dem Tode nicht aufkommen»[88].

Das dynamische Weltbild eines Phönix-Alls unendlich vieler Universa charakterisiert den Tod dagegen als Übergang vom Dasein zum Nichtmehrdasein als Nicht-mehr-in-der-Welt-Sein. Der Tod hat lediglich Schwellencharakter, ebenso wie die Geburt. Existenz ist Tod-Leben, ist Leben-Tod, je nachdem von welcher Seite der Schwelle wir es betrachten; diesseits der Schwelle bedeutet Existenz Dasein, jenseits der Schwelle kontingentes Dasein (nicht kontingentes Sein!). Furchtlos geht der in den Tod, der nur an das «Weiter» jenseits der Schwelle denkt. – Der Drang nach einer nie zu erreichenden Ganzheit, hier und jetzt das Begehren, ein Ideal zu verwirklichen, die Absicht, zu verewigen, jedes Halten-Wollen bringt dagegen Leid. Hier liegen Ursachen für die Qualen des Künstlers, des Genies! – Unendlich viel Leid tragen auch die Liebenden nach dem Tod des Gatten oder Kindes; denn sie wollten das Glück halten, «verewigen»! Das ist die Weisheit des Nibelungenliedes «wie liebé mit leide ze jungest lônen kann» (I. Aventiure, 17). Im 22. Absatz des Streitgespräches «Der Ackermann und der Tod» des Johannes von Saaz belehrt der Tod den leidgeprüften anklagenden Witwer: «Liebe und Leid sind miteinander verflochten. Des einen Ende ist des andern Anfang. Leid und Liebe ist nichts anderes, als wenn ein Mensch etwas in seinem Herzen fest-hält und es nicht loslassen will . . . Wer nicht alle Liebe aus dem Herzen treiben will, der muß gegenwärtiges Leid für alle Zeiten tragen: Treib aus dem Herzen, aus dem Sinne und aus dem Kopfe der Liebe Gedanken, alsogleich wirst du der Trauer enthoben. Sobald du etwas verloren hast und es nicht wiederzuerhalten vermagst, so tue, als ob es niemals dein gewesen sei: fort fliegt alsogleich deine Trauer. – Willst du das nicht tun, so hast du noch viel Leid vor dir; denn nach eines jeden Kindes Tode widerfährt dir Herzeleid, nach dei-nem Tode auch Herzeleid ihnen allen, dir und ihnen, wenn ihr euch scheiden sollt.» – So wäre die Liebe Ursache des Leids? Nicht die Liebe als solche, sondern die Liebe in ihrer Verewigungstendenz. Ich liebe dann, wenn ich den Gegen-stand der Liebe (Mann, Frau, Kind, Volk, Natur usw.) unbedingt in seinem Dasein und Sosein erhalten will, weil der Sinnhorizont meines Daseins verdunkelt wäre, wenn das geliebte Daseiende genichtet würde. Partiell geschieht das mit jedem Abschied, mit jeder Trennung. Wir sprechen dann von Liebeskummer, Liebesschmerz. Aber jeder endliche Wert ist vergänglich, also auch der unserer Liebe. Früher oder später wird er genichtet. Der liebende Mensch steht deshalb im Spannungsfeld eines Verewigenwollens und Entrissenwerdens. Da Liebe als konstituierendes Attribut des Lebens angesehen werden dürfte, ließe sich sogar vom Verewigenmüssen sprechen, dem das Verlassenmüssen unweigerlich folgt.

Gabriel Marcel erkannte mit dem Tod der geliebten Mutter im 4. Lebensjahr, daß man «angesichts des Abgrundes, der durch das Verschwinden eines geliebten Wesens geöffnet wird, eine ganz andere und wahrscheinlich tiefere Bestürzung» empfinde, als vor dem «eigenen ‹Sterbenmüssen›»[89]. Der Tod eines geliebten Menschen löst deshalb eine tiefere Betroffenheit aus als der noch so ernste Gedanke an den eigenen Tod im Sinne Heideggers. So liegt es nahe, den Tod von dieser interpersonalen existentialen Betroffenheit her zu definieren: «Tod ist Trennung von dem, den wir lieben.»[90] Liebe bewirkt ja ein Wir. Stirbt ein Teil dieses Wir, dann wird vom Tode jener Teil betroffen, den wir von uns in dieses Wir einbrachten als Mitsein unseres Selbstseins. So «zeigt sich der Tod innerhalb des Horizontes der Interpersonalität auch als Weltverlust ... Angesichts des Todes eines geliebten Menschen kann es zu einer Verfinsternis des Verständnisses der Wirklichkeit im ganzen kommen, welche wir als Verdüsterung des Seinshorizontes bezeichnen wollen.»[91]

Wenn dem schon so ist in der zwischengeschlechtlichen Liebe, wieviel größer ist dann das Leid durch den Verlust eines Kindes, solange sich der innere und äußere Loslöseprozeß vom Elternhaus durch Reifen noch nicht vollzogen hat! Es gibt ja keine Liebe solchen Identifikationsgrades wie jene zu dem, was ein Teil des eigenen Selbst ist, also zum eigenen Kind. – «Marcel hat wiederholt darauf hingewiesen, daß jede objektivierende Sprache, wenn sie versucht, dieser Erfahrung Ausdruck zu verleihen, an ihre Grenzen kommt.»[92]

Für Liebende, die nur wahrhaft lieben, wenn sie verewigen wollen, ist der Tod eine Absurdität; vom Tod her gesehen, der das Gegenprinzip verkörpert, indem er alles vergänglich macht, ist Liebe Absurdität. Albert Camus ist ja zu ähnlichen Überlegungen vorgestoßen in seiner «Mythe de Sisyphe». Er wollte deshalb als wirklich ernstes philosophisches Problem nur den Suizid zulassen. Tatsächlich, der Spannungsbogen dieser Absurdität zwischen Liebe und Tod wäre zerbrochen im gemeinsamen Liebestod. Die sirenische Melodie von Tristan und Isolde brächte Selbsterlösung! – Der Bogen ent-spannt sich aber plötzlich in ganz anderer Weise, wenn nach der Re-Inkarnationshypothese der Tod nur noch Schwelle wäre!

Aus dem heideggerschen Tod einer Daseinsmöglichkeit wird Sterben, das gar kein Sein hat. Es vollzieht sich als Umschlag am Dasein: Dasein wird im Sterben kontingentes Dasein (seinsindifferentes Dasein). In umgekehrter Abfolge vollzieht sich dieser Umschlag wieder bei der Geburt. – Gleichwohl hält sich ein Seiendes durch diesen jeweiligen Seinsumschlag hindurch. Das haben wir Kontinuitätsbewußtsein genannt, und es wird viel Mühe kosten, dieses Seinsdurchhalten künftig genauer zu untersuchen. Damit kämen wir zu dem Schluß, daß der Tod ontologisch im dynamischen Phönix-All unendlicher Universa und der Teilchenphysik die schlechthinnige Daseinsunmöglichkeit darstellt. Deshalb müßte er den angstauslösenden Charakter der Bedrohung verlieren. Der Seinsumschlag des Sterbens ist ja «Geburt». – «Auf griechischen Sarkophagen wurde das freudige Element durch Tänzerinnen dargestellt, auf etruskischen Gräbern durch Gastmähler.»[93] Es soll Bräuche gegeben haben, auf dem Grab des Toten zu Allerseelen ein Festgelage zu feiern mit Tanz und dionysischer Trunkenheit. Was uns als blasphemische Groteske anmuten muß, gewinnt mit dieser Seinsbetrachtung plötzlich Sinn.

Aber auch für den gläubigen Christen kann es keinen Tod

geben, auch ihm dürfte der Tod nur Sterben im Sinne des Seinsumschlages sein. – Wie konnte dann aber, so fragt man sich, das Christentum den Vorgang des Sterbens in diese pomphafte Schwere eines erdrückenden Schwarz rücken? Vom Christentum ist Schwarz als Trauerfarbe ursprünglich nämlich nicht gewählt worden. Sie entstand aus einem Modegeschmack Ludwigs XII. am burgundischen Hofe. Er machte das Schwarz der Hofkleidung zur Trauerfarbe, als Königin Anna starb. Bis ins 16. Jahrhundert blieb jedenfalls noch Weiß als Trauerfarbe daneben bestehen. Dann erst setzte sich die Grabesfarbe unendlicher Lichtlosigkeit durch. Hat das Menschlich-Allzumenschliche diesseitigen Verlust-empfindens damit nicht viel Jenseitshoffnung erdrückt? Ist Schwarz und die Haltung des Schwarz eigentlich das unge-wollte, unfreiwillige Symbolisieren von Unglauben?

Alle Himmelsvorstellungen früherer Jahrhunderte muten je-denfalls befremdend an, wenn wir heute Karl Rahner lesen. Was folgt dem Seinsumschlag des Sterbens nach dem Ver-ständnis der modernen katholischen Theologie? «Im Tod gerät die menschliche Seele gerade in eine größere Nähe und innerliche Bezogenheit zu jenem schwer faßlichen, aber doch sehr realen Grund der Einheit der Welt, in dem alle Dinge der Welt schon vor ihrer gegenseitigen Einwirkung untereinan-der kommunizieren . . . Ein solcher allkosmischer Weltbezug bedeutet, daß die so im Tod durch die Aufgabe ihrer abge-grenzten Leibgestalt sich dem All öffnende Seele das Ganze der Welt, und zwar gerade auch als des Grundes des perso-nalen Lebens der andern als leib-geistiger Wesen, mitbe-stimmt.»[94] Dieser Passage folgt dann eine bildhafte Konkre-tisierung mit Fegfeuer, Zwischenzustand, Heiligen und Für-bitten. – Zieht man aus dem Rahner-Text, soweit er den philosophischen Duktus aufweist, den Extrakt, dann ergibt sich überraschend eine ungewöhnliche Affinität zum nach-folgenden Text des Teilchenphysikers Charon. Rahner, Prof. für Dogmatik, Mitherausgeber des offiziellen zehnbändigen

«Lexikons für Theologie und Kirche» der katholischen Kirche, definiert den Seinszustand der Seele nach dem Seinsumschlag des Sterbens als «innerliche Bezogenheit» mit dem «Grund der Einheit der Welt», als «allkosmischen Weltbezug», als Kommunizieren «mit dem Ganzen der Welt», in der auch «alle Dinge der Welt» in «ihrer gegenseitigen Einwirkung untereinander kommunizieren».

Charon, der die Gesetze der Negentropie, also der stetigen Informationszunahme in der Raum-Zeit des Geistes jedes Elektrons, das er Äon nennt, entdeckte, weist nach, daß nur Elektronen eines gleichen Negentropie-Niveaus eine Elektronen-Gemeinschaft, eine Äonengemeinschaft, bilden können. «Dies zieht die ‹Reinkarnation› der Elektronen in vielen aufeinanderfolgenden Existenzen von beschränkter Lebenszeit nach sich, die ihrerseits nichts anderes als Äonengemeinschaften sind ... Jede ‹Maschine› – möge sie in der Sprache der Menschen nun Mineral, Pflanze, Tier oder Mensch heißen – bildet eine solche Äonengemeinschaft. Das gegenwärtige Ziel dieser Gemeinschaften scheint die Suche nach einer Kommunikationsmöglichkeit zu sein – wozu auch die anderen Äonengemeinschaften (die anderen ‹Maschinen›) zu zählen sind –, nun auf dem Weg der Kommunikation das Negentropie-Niveau der Mitglieder ihrer Gemeinschaft immer mehr zu erhöhen. Innerhalb der vielen aufeinander folgenden Leben, in das jedes einzelne Äon im Lauf der Zeit Eingang findet, erhöht es also seine Negentropie von Mal zu Mal ein wenig mehr. Der geistige Fortschritt vollzieht sich auf der Gesamt- und der Individualebene gleichzeitig; nie jedoch kann es im Zuge einer solchen Gesamtanhebung des geistigen Niveaus zu einer ‹Vermischung› der einzelnen Erfahrungen und Errungenschaften kommen, denn jedes Äon hat seine persönliche geistige Geschichte und bleibt ‹es selbst›, mit seiner eigenen Vergangenheit und seiner eigenen Erinnerung, die es von allen anderen unterscheidet. Und dennoch erreicht es eine Beschleunigung seines geistigen

Fortschritts nur dadurch, daß es seine ‹Persönlichkeit› mit der der anderen immer inniger vereint. Erst in dieser Vereinigung wird das Äon wahrhaft es selbst. In vorbildlicher Weise scheint es dem Volk der Äonen gelungen zu sein, das zu erreichen, wonach wir so oft vergeblich suchen: ‹die Einheit in der Vielfalt›.»[95]

Damit ist der Versuch unternommen worden, das Dasein unseres Kontinuitätsbewußtseins als seinsollendes Dasein ontologisch zu definieren. Es habe «innerhalb jener Einzelexistenz eine Erhöhung des jeweiligen Negentropie-Niveaus anzustreben, denn nur so wird . . .gleichzeitig mit der Bewußtseinssteigerung des individuellen ‹Ichs› jedes einzelnen Elektrons auch der Bewußtseinsstand des gesamten Universums angehoben»[96]. Sinnvoll ist Dasein als Negentropie-Niveau-Anhebung, als Informationszunahme durch Kommunikation. – Kontigentes Dasein nach dem Seinsumschlag des Sterbens wäre jedenfalls gekennzeichnet durch die Bildung neuer Äonengemeinschaften (Elektronengemeinschaften). Das aber geschähe nicht willkürlich: «Jedes dieser aus dem umgebenden Milieu ‹rekrutierten› Elektronen muß nämlich eine bestimmte ‹Lernfähigkeit› mitbringen, um in harmonischer Weise am Aufbau jenes Wesens teilnehmen zu können, dem es für die Dauer dieses Lebens angehören will»[97]. Es muß bestimmte «Tauschwerte» besitzen, muß das gleiche Negentropie-Niveau haben. Entsprechend Charons Teilchenphysik ließe sich Kontinuitätsbewußtsein folglich als unaufgelöste Individualität erklären, und das deshalb, weil die Substanz unseres Ichs bestimmt wird durch einen Grundstock von Elektronen so ungewöhnlich differenzierter Negentropie-Niveau-Abstimmung, daß eine generelle Auflösung nach dem Seinsumschlag des Sterbens nicht stattfindet, sondern nur Elektronenteile unseres Ichs abgestoßen und neu «rekrutiert» werden, sofern sie einen genügend kongruenten Tauschwert besitzen, um nicht abgestoßen zu werden «wie bei Transplantation die Gewebe»[98]. Dabei scheint im Ablauf der Evolution eine bestimmte Reihenfolge denkbar zu sein, «an die sich die Elektronen halten, wenn sie von einer Art zur nächsten überwechseln, nachdem sie ... einen bestimmten Höhepunkt, einen maximalen Stand ihres Negentropie-Niveaus überschritten haben ... Um einen Menschen zu erzeugen, bedienen sich die Elektronen der verschiedenen ‹Kenntnisse›, die sie im Laufe der vorhergegangenen Jahrtausende nach und nach erworben haben, und halten sich dabei an die zeitliche Reihenfolge der Erfahrungen.»[99]

Damit gewinnt das Wechselspiel zwischen Gattung und Individuum, Phylogenese und Ontogenese eigentlich eine nachdenkenswerte Erklärung. – Skeptiker, die den beschriebenen Informationsaustausch der Elektronen lieber als Phantasterei abtun möchten, sollten an die letzten, anscheinend statischen Bausteine der Welt denken, die Nukleonen. Auch sie stehen «fortgesetzt in virtuellem Pionenaustausch mit sich selbst und ihrer Umgebung», so daß «der scheinbar statische nukleare Bindungsvorgang» in Wirklichkeit nur «ein stationärer Zustand» ist von «sich unentwegt durch den Austausch von π-Mesonen ineinander verwandelnder Protonen und Neutronen»[100]. (Ein π-Meson ist ein Pi-Meson oder Pion, es hat unter den Hadronen und Teilchen mit starker Wechselwirkung die geringste Masse.) Eigentlich bestätigt Charon von der Teilchenphysik her die Theorien der Ethologie. Konrad Lorenz hat in seinem Buch «Die Rückseite des Spiegels» diesen evolutionistischen Informationserwerb, diese Negentropie-Niveau-Anhebung ja bereits ganz ähnlich beschrieben, allerdings in der Vermutung, diese Prozesse vollzögen sich auf Zellebene. Aber auch das ist verblüffend, wie zwei völlig unterschiedliche Forschungsansätze zum nämlichen Ergebnis gekommen sind.

Unser Ich wird also als individuelle Ganzheit «seine Existenz fortsetzen, um immer ‹geordnetere›, immer bewußtere, immer höhere Negentropiezustände zu erreichen ... bis zu jenem Tag, an dem all unsere Äonen, all unsere äonischen ‹Ichs›, sich in einer allumfassenden Struktur von höherer Negentropie als alle vorherigen vereint finden»[101].

Für den Christen wie für den Neognostiker von Princetown und Pasadena ist die Absurdität des Spannungsbogens von Liebe und Tod tatsächlich aufgelöst. Der Christ erhofft die Erlösung von dieser Absurdität durch den Seinsumschlag im Sterben, weil ihm das Sein nach dem Seinsumschlag als ewige Liebe einer verheißenen Gotteskindschaft erscheint. Die Glaubensverkündigung diesen Inhalts zielt ab auf das Abrücken der Todeserfahrung in eine abkühlende Objektivität. Sie zeigt kein Verständnis für die «Tragödie des Überlebens» der anderen Hälfte interpersonaler Liebe; denn das zurückgebliebene Wesen wird in seiner Trauer «ganz durch den Verstorbenen bestimmt. Diese Gegenwart ist aber gerade die Gegenwart eines Abwesenden»[102]. Da Lebende die Abwesenheit des geliebten Toten nicht zu überbrücken vermögen, bleibt der Tod nach Gabriel Marcel «Widerspruch in sich»[103], der erst den Charakter des Widerspruchs verliert durch die tödliche Tristan-und-Isolde-Vereinigung, im Nachsterben mit Hilfe Gottes. So lebt der Überlebende in Todessehnsucht, wie Novalis nach dem Tode seiner geliebten Braut Sophie. – «Zur Hochzeit ruft der Tod – / Die Lampen brennen helle –», heißt es in der 5. Hymne an die Nacht.

> Die Lieb ist frey gegeben,
> Und keine Trennung mehr.
> Es wogt das volle Leben
> Wie ein unendlich Meer.
> Nur Eine Nacht der Wonne –
> Ein ewiges Gedicht . . .

Das ist virtueller Suizid, dem das Nachsterben von Novalis realiter unmittelbar folgte.

Wird für den Christen also der Spannungsbogen zwischen

Liebe und Tod aufgelöst im Nachsterbendürfen, so mit der Re-Inkarnationshypothese durch die Gewißheit, daß kein Tod nichtet. Wer sie ernst nimmt, bleibt jedoch aufgefordert, mit Verewigungsabsicht zu lieben, nach Ganzheit zu streben, zu vollenden, obwohl die zeitliche Undeterminiertheit des Seinsumschlages im Tode jäh hereinbrechen kann. Das erfordert die Haltung heroischer Hoffnung. Gleichzeitig soll der liebende Mensch die Re-Inkarnationshypothese als Teil eines total dynamisierten Weltbildes so ernst nehmen, daß er weiß um das unabdingbare «panta rhei», das Ewigkeit, Ganzheit und Vollendung niemals zuläßt. Das erfordert die Haltung des trauerlosen Verzichts.

5. KAPITEL

Ein neues Weltbild
revolutioniert unser Denken

In diesem Kapitel wird das Leben, das praktisch gelebte Leben, im Mittelpunkt stehen, dessen Wert sich erheblich ändern dürfte, wenn wir die Re-Inkarnationshypothese ernstnehmen.

Deshalb haben wir alle ontologischen Einordnungs- und Abgrenzungsversuche weggelassen. – Lediglich für das, was von menschlicher Existenz fortlebt, müssen wir wohl provisorisch eine ontologische Nomenklatur einführen, damit wir uns möglichst kurz und unmißverständlich ausdrücken können: Wir werden das Daseiende früherer Menschenleben das *Sich-Herbewegende* nennen, das Daseiende künftiger Menschenleben das *Sich-Wegbewegende*, das hier und jetzt Daseiende das *Sich-Bewegende*, die Summe des Sich-Herbewegenden, des Sichbewegenden und des Sich-Wegbewegenden wäre dann das *Sich-Durchbewegende*, bezogen auf viele Wiedergeburtsleben und die zahlreichen Übergänge über die Schwellen von Tod und Geburt. Dieses Sich-Durchbewegende hat psychologisch den Charakter des Bewußtseins. Es ist identisch mit dem, was wir bisher in der Sprache der Psychologie mit «Kontinuitätsbewußtsein» ausdrückten; wir müßten es in seinem Verhältnis zum Phönix-All unendlich vieler Universa und stetiger Wandlung auch das *Sich-Mitbewegende* nennen.

Nun aber zu dem, was Leben ist. – «Leben ist etwas Kostbares.» Wer so argumentiert, fällt ein Werturteil!

Der Physiker Charon, der von den «denkenden» Elektronen des Kosmos spricht, macht es sich leicht, wenn er lapidar feststellt: «In Hinblick auf das Gesamtwissen der Äonen (der

Elektronen, der Verf.) sind alle diese menschlichen Werturteile nur Ausdruck einer lächerlichen anthropozentrischen Überheblichkeit.»[1] Natürlich hat er recht, denn die Betrachtung des Naturwissenschaftlers oder Mathematikers ist völlig wertfrei, übrigens auch die des Psychologen; für ihn ist der eine Bewußtseinsvorgang nicht wertvoller als der andere; und weite Strecken dessen, was wir nun ins Blickfeld rücken möchten, sind solche unterschiedlichen Bewußtseinsvorgänge. Zudem: Einen «Wert an sich» gibt es nicht; jeder Wert ist stets Wert für ein wertfühlendes Subjekt. So umschreibt die philosophische Wertlehre nur das praktische Verhalten der wertfühlenden Subjekte.

Natürlich werden wir immer wieder auf die Unterschiede zur Moraltheologie hinweisen. Doch unsere Bemühungen sind nicht theologischer, sondern philosophischer Natur. Deshalb werden sie normiert dadurch, daß «die philosophische Ethik . . . rein anthropozentrisch ist und als einzige Quelle die Vernunft kennt»[2]. Es ist jene Haltung, die man bereits in der Antike gegenüber dem Sein einnahm. So bezeichnet Ethos bei Aristoteles die «geltende Lebensordnung oder die herrschende Sitte innerhalb einer menschlichen Gruppe»[3]. Es handelt sich bei Ethik also um das Wertbewußtsein einer Gesellschaft als deren geistiger Einheit. Man sollte die Ethik der Römer oder der Renaissance beschreiben im Unterschied zur christlichen oder islamischen Moral. Zahllose ethische Systeme wurden berechtigt entworfen, entsprechend den vielen Religionen und gemeinschaftsbindenden philosophischen Weltanschauungen. Es gibt also «*die* Ethik nicht», sondern «eine Vielzahl von Entwürfen, eine große Differenzierung von Fragestellungen und Lösungsversuchen»[4]. Ihre Vielzahl als Vielzahl steht dem Christentum entgegen, da es ja nur eine einzige christliche Lehre und deren Moraltheologie gibt. Bei dem zweifellos nicht unfrommen Blaise Pascal können wir bereits lesen «Plaisante justice qu'une rivière borne!» (Drei Breitengrade näher zum Pol stellen die ganze Rechtswissenschaft auf den Kopf, ein Längengrad entscheidet über Wahrheit. – Fr. 293). «Die Relativität der Werte tritt dann ins Bewußtsein, sobald über die Grenzen des eigenen Kulturkreises und damit des Geltungsbereichs der eigenen Wertordnung hinausgeblickt wird.»[5] – Ethik unter dem Aspekt der modernen wissenschaftlichen Re-Inkarnationshypothese hat logischerweise weder mit dem Christentum noch mit dem Hinduismus etwas gemein, sondern bedeutet einen wertphilosophischen Eigenentwurf. Wir wollen das Problem angehen unter dem Aspekt des gewaltsamen Todes: kriegerische Tötung, kriegerisches Opfer, Todesstrafe, Suizid, Euthanasie, Verkehrsunfall. – Unter der Annahme einer Wiedergeburt verlieren sie den Charakter einer Lebensbedrohung, ja geben eventuell dem Leben erst letzten Sinn! Die Dialektik von Leben und Tod bleibt also unser Thema, doch unter dem neuen Aspekt der Re-Inkarnation verschöbe sich der Wert des Lebens für das wertfühlende Subjekt, und damit ändert sich in seinem Charakter auch jenes, was Leben – und was mit diesem Wert jeden Wert – bedroht: der Tod.

«Wir haben nur ein Leben, unser Leben», hieß es bisher. Träfe diese Ausage die Wirklichkeit? Müßte es nicht heißen: Wir haben viele Leben? Viele ähnliche Lebensabfolgen? Lebensdurchgänge?

Die Entmachtung kriegerischer und staatlicher Tötungsmacht

Beginnen wir mit dem krassesten Beispiel, dem «Gleichgewicht des Schreckens», dem atomaren Drohsystem, der gewaltigsten Lebensbedrohung allen Lebens schlechthin in unserer Zeit. Wäre der Tatbestand, daß die fünffache «overkill capacity» angestiegen ist auf 3 Tonnen TNT pro Kopf der Weltbevölkerung einschließlich jeden Babys noch ein echter

existentieller Furchtanlaß? Diese sogenannte Übertötungs-
fähigkeit war ohnehin ein Kuriosum, das nicht in unser
Bewußtsein einging, weil niemand die Gesamtmenschheit
ein zweites oder drittes Mal auslöschen kann. Aber die Möglichkeit des einen, des vernichtenden Schlagabtausches la-
stet, und die Last wurde bisher vornehmlich von jungen
Menschen empfunden. Doch was bisher Vernichtung bedeutete, hätte im Ablauf vieler Lebensdurchgänge nur noch den
Charakter einer globalen Katastrophe eines quantitativ un-
geregelten Wechsels. Zweifellos zerrissen dann alle Formen
des Leids, die uns Gabriel Marcel beschrieben hat, die Menschen bis zur Unerträglichkeit. Nichts kann das Inhumanum
gewaltsamer Trennung mildern, doch letzlich würde es sich
nur um die ausgelöste Bitternis zwischenmenschlicher Ab-
schiedswehmut handeln, der ein Neubeginn folgen müßte.
Vielleicht erst Jahrhunderte später; aber was sind in diesen
Abläufen Jahrhunderte, was ist überhaupt Zeit? – Der
Faustische «Übermensch», der «Halbgott», «der kleine Gott
der Welt» (281), der erkannt zu haben glaubte, «was die
Welt / Im Innersten zusammenhält» (382/83), ist plötzlich
entmachtet. Die Re-Inkarnationshypothese macht seine Hybris lächerlich, er könne übermächtig in das Naturgeschehen
eingreifen und alles Leben löschen.
Was ist unter diesem Gesichtspunkt überhaupt Tötung?
Tötung im Krieg? Die Annahme einer Wiedergeburt relativiert jede Art Tötung: Krieg bedeutet dann nicht mehr die totale Vernichtung des Gegners einschließlich der Vernichtung
seines Lebens, wenn der tötungswillige Mensch diese Vernichtung nicht – oder nur vorübergehend dem Scheine nach –
durchzusetzen vermag. Tötungsmacht wäre entmachtet! So
tötet der Krieger künftig nicht im Sinne der Wortbedeutung,
auch seine bisherige Legitimation dazu, dies unter eigener Lebensbedrohung mit eigenem Lebenseinsatz zu tun, verliert
die Überzeugungskraft. Würde es noch den gleichen Mut wie
bisher erfordern, im Krieg zu fallen? Bliebe die heldische

Tapferkeit der Todesverachtung von gleichem Wert beim Wissen darum, in wenigen Jahren, ja schon in wenigen Monaten wiedergeboren zu werden? Alle bisherigen Forschungsergebnisse, die den gewaltsamen Lebensabbruch in jungen Jahren betrafen, lassen diesen Schluß jedenfalls eindeutig zu. Wir hatten auch gehört, wie selten im Ablauf der Wiedergeburten der Geschlechterwechsel vorzukommen scheint. So würde das im Schlachtentod Sich-Wegbewegende schon in allernächster Zukunft das Sich-Herbewegende sein. Damit bekäme sogar der bisher als irrational geltende Mechanismus der Natur eine Erklärung, warum in der Populationsrate der Nachkriegsjahre die männlichen Geburten stets solange überwogen, bis sich das Geschlechtergleichgewicht wieder eingependelt hatte!

Hegel leitete in seiner «Phänomenologie des Geistes» Herrschaft ab aus der Todesdrohung von Menschen gegen Menschen. Schiebe der Sieger die Tötung des unterlegenen Gegners hinaus, so entstehe das Verhältnis von Herr und Knecht. Dieser Mittel bediente sich auch die Kirche. Sie drohte mit Tod, Verfall und Höllenqualen, besetzte also das Lebensende und das Dasein «nach dem Tode mit Angst und Schrecken», um «konformes Verhalten im Sinne der Kirche» zu erzwingen (W. Fuchs)[6]. «Die Androhung gewaltsamen Todes ist durch die ganze Geschichte hindurch bis heute in den meisten Gesellschaften Mittel sozialer Kontrolle, Sanktion gegen abweichendes Verhalten, schließlich Instrument der Herrschaft gewesen.»[7] – Was aber wird aus der Tyrannenmacht, wenn die verhängte und vollstreckte Todesstrafe sich zur willkommenen Befreiung von Fesseln wandelt in der Gewißheit baldiger Re-Inkarnation? Bricht Herrschaft tödlicher Bedrohung nicht zusammen, wenn Delinquenten vor den Erschießungspaletons die Kugelsalve als ein Geschenk sinnvolleren Lebens sich ersehnen? «Was soll der fürchten, der den Tod nicht fürchtet», heißt das Bekenntnis der Rebellen in Schillers «Räuber»!

Das gilt in abgewandelter Form natürlich auch für die Todes-strafe im Verbrechensbereich. Sie müßte sich im Falle der Überzeugung von der Re-Inkarnationshypothese geradezu in Entlastung vom verfehlten Leben und damit in ihr Gegen-teil verwandeln, während ihre Substitution, der lebensläng-liche Freiheitsentzug, mit seinen reduzierten Lebensbedin-gungen, seiner gesellschaftlichen Isolierung und seiner ver-hängten Hoffnungslosigkeit prinzipiell einer Todesstrafe im bisherigen Verständnis gleichkäme, sofern der Staat das Strafziel abwarten wollte. Und er müßte abwarten, wenn er strafen und nicht erlösen will. Das Faktum einer Re-Inkarna-tion käme gesellschaftspolitisch dem gleich, was gegenwärtig der Selbstmord eines zum Tode Verurteilten bedeutet. Um ihn zu verhindern und das staatliche Tötungsmonopol aufrecht zu erhalten, erfolgt die ununterbrochene Bewachung des Verurteilten. Bilder vom Nürnberger Kriegsverbrecherpro-zeß zeigen, wie amerikanische Bewachungssoldaten während der gesamten Prozeßdauer nahezu eines Jahres, in den Ge-fängnisgängen stehend, Tag und Nacht durch die «Spione» der Zellentüren blickten. – Deshalb erfolgt auch «die gesell-schaftliche Ächtung des Selbstmordes», weil er «in einem Komplementärverhältnis zur Verwendung des Todes als Mit-tel sozialer Kontrolle»[8] steht.

Durch Re-Inkarnation wäre dem Menschen die Selbsttötungsfähigkeit genommen

Mit diesem Problem des Suizids, also der Selbsttötung, ha-ben wir wahrscheinlich das heikelste Thema zur Diskussion gestellt. Es geht uns dabei nicht um ein Plädoyer für den Suizid! Uns liegt lediglich daran, theoretisch jene Gedanken-folgen durchzuspielen, die sich ergeben könnten, wenn es der Wissenschaft gelänge, zunehmend überzeugender die Re-Inkarnation zu beweisen.

Der Suizid ist ein Aufstand dagegen, «daß unsere Geburt nicht unsere selbständige Handlung, sondern ein pures Widerfahrnis für uns war»[9]. – «Der Selbstmord ist diffamiert, seitdem es christliche Kirche gibt.»[10] Sie setzte das Selbsttötungsverbot durch, indem sie «dem Selbstmörder ein kirchliches Begräbnis verweigerte»[11]. Denn nach ihrem Verständnis ist die Selbsttötung «eine ungehörige Anmaßung, ein Aufstand des Menschen gegen seinen Schöpfer, ein Bruch mit der Schöpfungsordnung»[12]. – Sie blieb aber bis heute auf drei daraus abzuleitende Fragen die Antwort schuldig, die mit der Re-Inkarnationshypothese beantwortet würden.
– Um welche Fragestellungen handelt es sich?
Zunächst ist philosophisch die durch ein moraltheologisches Vor-Urteil gebräuchliche Bezeichnung Selbstmord mit dem «Beiklang des Verbrecherischen»[13] zurückzuweisen. «Wenn ein Mensch freiwillig sein Leben aufgibt, so hat das mit allem, was im Strafrecht unter Termini wie ‹Mord›, ‹Totschlag›, ‹fahrlässige Tötung› behandelt wird, durchaus nichts zu tun.»[14] «Wer mordet, ist einseitig auf einen anderen bezogen, den er aus irgendeinem Grunde tötet: aus Haß, Rachsucht, Eifersucht; aus sexueller Perversion im Lustmord; aus Habgier im Raubmord, oder um einen politischen Gegner zu beseitigen.»[15] Die Selbsttötung vollzieht sich dagegen ohne Du-Bezug in radikaler Vereinzelung, losgelöst von allen Motivationen, die einen Mord sonst bestimmen.
Man kann ein gewisses historisches Verständnis aufbringen für die apodiktische Verwerfung der Selbsttötung durch Augustinus: Das Christentum mußte sich absetzen gegenüber der antiken Kultur und vollzog dies vierhundert Jahre nach Christus merkwürdig spät. Unverständlich dünkt jedoch, die Selbsttötung nicht bloß als schwere Sünde zu bezeichnen, sondern sie darüberhinaus als jämmerliche Schwäche und als Verbrechen zu diffamieren (homicidii crimen); denn die Selbsttötung galt «in der römischen und griechischen Welt . . . als legitim und ehrenhaft»[16]. Augustinus wußte als

hochgebildeter Römer, «daß eine so bedeutende philosophische Schule wie die Stoa den frei gewählten Tod als Erweis der menschlichen Würde lehrte und praktizierte»[17]. Dennoch machte er Cato und Seneca bedenkenlos zu «Mördern».

Nun könnte man über eine derartige Auseinandersetzung hinweggehen, wenn es sich nur um den einmaligen Vorgang der geschichtlichen Abfolge zweier Kulturkreise gehandelt hätte. Doch Augustinus gilt immer noch mit seiner Morddefinition als Autorität, so daß er heute geradezu peinliche Fragen aufwirft. – Will man jene Tausende von Juden, die am Beginn des Nationalsozialismus die Selbsttötung einem entwürdigenden Ende in Auschwitz vorzogen, ebenso als (Selbst-)«Mörder» bezeichnen wie jene Schergen an der Selektionsrampe der Vernichtungslager? – Die Argumentation wird grotesk! Und wir wollen weiter fragen. – Augustinus argumentierte, wenn Lukretia bei ihrer Vergewaltigung keine Lust empfand, also keinen Ehebruch beging, dann sei sie unschuldig gewesen und hätte sich niemals töten dürfen (De civitate Dei XI, 26 f.; I,16 ff.). – Will man jene Frauen, die 1945 viermal, fünfmal, zehnmal, fünfzehnmal hintereinander von der russischen Soldateska vergewaltigt wurden, bis ihnen die Eingeweide aus dem Leib fielen – und die dokumentarischen Belege dafür liegen vor –, nachträglich wie Lukretia fragen, ob sie Lust empfunden hätten beim Vergewaltigungsakt, um zu ergründen, wieweit moraltheologisch eine nachträgliche Selbsttötung oder die Selbsttötung vor einem solchen Geschehen gerechtfertigt waren? Angesichts dieser menschlichen Tragödien unseres Jahrhunderts wird die Argumentation des Augustinus zur lebensfremden theologischen Phrase. Wir möchten unsere gequälten Landsleute vor der maßlosen Beleidigung in Schutz nehmen, mit Mördern auf eine moralische Stufe geschoben zu werden. – Und wir wollen weiter fragen. Waren jene 7800 freiwilligen japanischen Kamikazeflieger, die sich todesmutig mit ihrem

Flugzeug bei Okinawa auf die Landungsflotte und die Vor-
postenketten der Amerikaner stürzten, (Selbst-)«Mörder»[18]?
Als die Festung Shuri auf Okinawa gefallen und jeder Widerstand nach weiteren fünf Wochen aussichtslos geworden
war, «versammelte General Mitsuru Ushijima seine Stabs-
offiziere zu einem schlichten Mahl. Anschließend trieb sich
ein jeder langsam das Samuraischwert durch den Leib»[19]. Sie
praktizierten an ihrer Person eine bis 1868 vom Staat befoh-
lene Strafe, um nicht in Kriegsgefangenschaft zu fallen. Sie
war dem Ritterstand vorbehalten, fand unter feierlichem
Zeremoniell statt und sicherte eine ehrenvolle Bestattung.
Maßen wir uns an, Harakiri als Mord und diese Offiziere
einer fremden Kultur als «Mörder» zu bezeichnen – unterschiedslos zum Sexual- oder Raubmörder? – Und wie sieht es
aus, wenn sich noch heute in Japan «eine Frau das Leben
nimmt, um einem erblindeten Geliebten nach ihrem Tode
durch Transplantation der Hornhaut das Augenlicht wieder-
zugeben»[20]? – Wo liegen hier die Grenzen zwischen menschlicher Selbstvollbringung und menschlicher Selbstvernich-
tung?
Tatsache ist jedenfalls nach heutigen Erkenntnissen, daß für
jeden Fall einer Selbsttötung ein persönliches Motiv bestimmend ist, daß sie jedoch wesentlich von den gesellschaftlichen und kulturellen ethischen Normen bestimmt wird, wie
in der Antike oder in Japan oder auch unter dem Einfluß der
Aufklärung in Europa. – Zeigte sich die Re-Inkarnationshypothese bisher als Teilaspekt einer neuen metaphysischen
und ontologischen Beschreibung von Kosmos, Leben und
Tod, dann ist die Frage nach einer bewußt induzierten Wiedergeburt durch Selbsttötung unausweichlich aufgeworfen.
Sie dürfte Theologen und Philosophen erneut vor die Frage
stellen, wie aus der Seinsordnung die von Hegel im § 5 der
Rechtsphilosophie gemachte Feststellung zu erklären und zu
werten sei: «Der Mensch allein kann Alles fallenlassen, auch
sein Leben . . .»; und im § 47 heißt es: «. . .das Tier kann sich

nicht selbst verstümmeln oder umbringen, aber der Mensch.» – Hat Gott, so ist die Moraltheologie gefragt, diese in der Schöpfungsordnung einmalige Befähigung dem Menschen sinnwidrig gegeben? Ist menschliche Existenz mit Gottes Willen folglich der Absurdität ausgeliefert, weil der Mensch allein jene Tötungsweise, die ihn von allen anderen Lebewesen abhebt, nicht leben soll, während er andere Tötungen praktizieren darf?

«Deus non sibi potest mortem consciscere si velit, quod homini dedit optimum in tantis vitae poenis.» – «Gott kann sich, auch wenn er wollte, nicht den Tod geben, was er dem Menschen als bestes Geschenk in so großem Leid des Lebens verlieh», lesen wir bei Plinius (Lib.II.c.5). Die Philosophen sind also der Frage nicht ausgewichen. Ein Geschenk Gottes ist die Selbsttötungsmöglichkeit für Plinius. Und für Seneca? Für Seneca ist sie ein Stück menschlicher Freiheit, die Gott dem Menschen verliehen hat. «Agamus Deo gratias, quod nemo in vita teneri potest.» – «Danken wir Gott, daß niemand im Leben festgehalten werden kann» (Seneca Epist. XII). Für den Aufklärer David Hume ist die Selbsttötungsmöglichkeit Macht. In seiner posthum veröffentlichten Schrift «Essays on Suicide and the Immortality of the Soul» von 1783 lesen wir: «...Ich danke der Vorsehung sowohl für das Gute, das ich genossen, als für die Macht, womit sie mich ausgestattet, den drohenden Übeln mich zu entziehen»[21].

Und was wäre Selbsttötung unter dem neuen Aspekt der Re-Inkarnation? Nicht einmal Tötung! «Selbsttötung» geschähe ja nicht mit der Intention des Nichtens. Die Fähigkeit der Selbsttötung wäre dem Menschen genommen, sogar die Fähigkeit zum Töten oder Morden eines anderen Menschen, da durch Tötung oder Selbsttötung immer nur ein Seinsumschlag bewirkt wird von einem Sich-Bewegenden zu einem Sich-Wegbewegenden, um überzugehen in ein Sich-Herbewegendes. Der Mensch würde entmachtet! Er wäre nicht

174

mehr die Ausnahmeerscheinung der Natur, schon gar nicht die «Krone» der Schöpfung, seine kosmische Gliedhaftigkeit käme als Attribut seiner Substanz stärker zum Tragen. Und wie ließe sich das Leben in der Folgerung daraus einschätzen? Würde es als willkommene Wiederkehr gesehen, als Affirmation im Sinne Nietzsches, also als «Ja des Seins», so wie auch die Natur sich selbst bejaht? Oder läge der Gedanke nahe, das wiedergeborene Leben sei nach der Selbsttötung ein nochmaliger Versuch, die Probleme des verloschenen Lebensdurchganges besser zu lösen? Könnte Leben – unabhängig von den Modalitäten des Sterbens – geschätzt sein als Bewährungsprobe, um nach unzähligen Wiedergeburten des Sich-Durchbewegenden im Sinne Platons in Gott einzugehen oder die verheißene Erlösung durch Christus zu erfahren oder aber lediglich ein möglichst hohes Negentropie-Niveau erreicht zu haben? Würde dem Menschen die Selbsttötungsfreiheit zu einer Selbst- und kosmischen Mitgestaltungschance, auch zu einem sinnvollen Gerechtigkeitsausgleich? Damit haben wir die zweite der drei Fragen aufgeworfen, die sich zum Suizid stellen. Nach der Frage, wieso nur der Mensch in der Natur die als Mord diffamierte Selbsttötungsfreiheit habe, nun jene nach der Lebensgerechtigkeit.

Lebensgerechtigkeit in der Abfolge wiederholter Lebensdurchgänge

Wir haben von leidgeprüften Menschen erfahren, daß die meisten alle Probleme, die mit dieser Frage verbunden sind, religiös – oder unterdessen ungläubig geworden – verdrängen. Warum ist gerade auf unser Kind das Auto todbringend gestürzt, nachdem alle anderen Insassen lebend aus dem sich überschlagenden Wagen herausgeschleudert worden waren? Warum wurde ihm das Leben abgeschnitten? Warum darf sich unser Kind nicht mehr entfalten, während unzähligen

Drogengeschädigten, geschädigt durch eigene Schuld, auch Kriminellen, das Leben «geschenkt» bleibt?

Das sind die bohrenden Fragen, die in abgewandelter Form jeden Menschen bedrängen, der abrupt eine Person verlor, die er tief liebte. Sie sind zunächst nicht zu beantworten. Der Ratschlag religiös gestimmter Hilfe geht dann gewöhnlich dahin, die Erklärung des Unfaßbaren dem unergründlichen Ratschluß Gottes zu überlassen: die von Gott geschenkte Begabung des Denkens gerade im entscheidenden Augenblick zu vergessen und sich regressiv ausschließlich auf das «kindliche Vertrauen» zu beschränken. – Tiefenpsychologisch wäre das eine Form der Verdrängung, die in partielle Infantilität zurückfallen läßt, gleichgültig, ob das von der Religionsgemeinschaft auch als Akt der Frömmigkeit bezeichnet wird.

Im christlichen Sinne ist der Gläubige einer solchen Haltung, der also blind an die göttliche Verheißung glaubt (Gen 15,6) und darum «kultisch makellos ist», der «unschuldig ist und fest im Gebet auf Gott vertraut» – gerecht – besonders, wenn in einer solchen Situation «Glauben und Leben eine Einheit bilden»[22]. Alttestamentlich sind die «Gerechten» ja «auch die Armen, Unterdrückten und Verfolgten»[23]; neutestamentlich werden wir zu «Gerechten» gemacht durch die «Gerechtigkeit, die den Menschen wirklich Gott wohlgefällig macht, die ihm von Gott auf Grund des Glaubens aus Gnade mitgeteilt wird»[24]; als solche «Gerechte» nähmen wir an der «Gerechtigkeit» Gottes teil, die sich gnadenvoll auch als Barmherzigkeit zeigt. Gerechtigkeit ist also «gerechtmachende Gnade Gottes im Glauben»[25].

Wir mußten diesen theologischen Exkurs einfügen, weil erst über ihn begriffen wird, warum wir uns von der Kirche in solcher Situation verlassen und einem Haltungsdruck religiöser Konformität ausgesetzt fühlen. Für den Theologen ist Gerechtigkeit einerseits eine Haltung des Gläubigen, andererseits göttliche Gnade, Barmherzigkeit, Liebe – gegebenenfalls natürlich auch Vergeltung und Sühne. Er begreift gar nicht, wie schon von der Fragestellung des Leidgeprüften her Gerechtigkeit im Sinne Platons «transzendiert als das Bemühen, ein Gleichgewicht der Seelenvermögen innerhalb des menschlichen Organismus und soziale Harmonie im Sozialkörper herzustellen»[26], eines Sozialkörpers, der als die von Gott geschaffene Gesamtmenschheit verstanden wird. Die Kirche will nicht wahrhaben, daß auch sie mit ihrem Heilsangebot angesichts einer Heimsuchung des Menschen in der Bewährung steht: greifbare Antworten haben zu müssen auf jene Fragenkomplexe des Schmerzzerquälten, die über rein persönliche Problemklärungen der vorhin aufgeworfenen Art schnell hinausgreifen auf allgemeinmenschliche geschichtliche Probleme.

Warum hat Gott dieses Grauen zugelassen? Mit dieser Frage kamen die Väter aus den Materialschlachten des ersten Weltkrieges. Es war die Frage der «verlorenen Generation» – weltweit. Sie wurde nicht zureichend beantwortet. Kulturpessimismus, Bolschewismus und Nationalsozialismus der zwanziger Jahre füllten das Vakuum. – Ein zweites Beispiel: 1979 brachte das Fernsehen Interwievs mit Persönlichkeiten des Dritten Reiches, die unter Einsatz des eigenen Lebens ein halbes dutzendmal versuchten, Hitler zu töten. Es mißlang stets. Und die daraus resultierenden Fragen? Warum hat Gott dies zugelassen? Warum hat er in seiner Gnade nicht eingegriffen? Wenn er schon strafen mußte, warum dann Kinder? Sind nicht im Jahre nach dem letzten mißlungenen Attentat die meisten Menschen des zweiten Weltkrieges umgekommen? Wäre uns nicht das Atomzeitalter erspart geblieben bei einem schnelleren Ende?

Wir wissen, wie Moraltheologen geneigt sind zu antworten. Sie führen als Ursache die Adamstat der Ursünde an und versuchen, Gott angesichts solcher geschichtlichen Ereignisse hinter seiner bloßen Zulassung vor einer Mitwirkungsverantwortung zu schützen. – Dann aber loten die bohrenden Fragen noch tiefer. In Teilen der Dritten Welt herrscht bitterer Hunger. Die Sahara breitet sich zunehmend in das Steppengebiet an ihrem Südrand aus. Bis zu zwanzig Millionen Menschen sterben jährlich. Wir wissen um die ungemein reduzierte geistige Leistungsfähigkeit unterernährter Kinder, um die gravierenden Veränderungen der Psyche aufgrund biochemischer Prozesse. Warum werden also mit Gottes Willen Millionen Menschen ohne jede Chance geboren, jemals wirklich zu leben, wenn Leben theologisch nach Rahner angeblich «der wissende, freie Selbstbesitz bedeutet als Geschichte, Selbstverantwortung und endgültige Selbstverwirklichung und als Transzendenz auf das absolute Geheimnis Gottes»[27].

Im Gegensatz zur Kirche wird mit dem Begriff Gerechtigkeit im nichttheologischen Raum das verstanden, was Aristoteles genannt hat: «iustitia distributiva», also austeilende Gerechtigkeit, und «iustitia commutativa», ausgleichende Gerechtigkeit. Obwohl die austeilende Gerechtigkeit mit dem Wert des einzelnen Bürgers die soziale Realität anerkennt, hat Aristoteles doch den «Ungleichen», der sich über das Normalmaß der anderen Bürger erhebt, als «Ungerechten» bezeichnet. Die ausgleichende Gerechtigkeit setzte im Handels- und Vertragsrecht ohnehin die Gleichheit aller voraus. «Seither ist die richtige und sachgemäße Anwendung des Gleichheitsgrundsatzes eines der Hauptprobleme von Gesetzgebung und Rechtsprechung (Vgl. H. Coing, Die obersten Grundsätze des Rechts, 1947).»[28] Diese an den Verhältnissen des Gemeinschaftslebens abgelesenen Arten der Gerechtigkeit sind dem Christentum nicht fremd gewesen; denn «Gerechtigkeit im Alten Testament wird weithin als Gemeinschaftstreue innerhalb des Gottesbundes verstanden»[29], und noch heute gibt das achtbändige Lexikon der Theologie als Begründung für die «Selbstmord»-Verwerfung die Verweigerung der Gemeinschaftsleistung durch den «Selbstmörder» an. Die aufgeworfene Frage nach der sozialen Gerechtigkeit war dem Christentum also nie fremd. Im Gegenteil! Der Gleichheitsgrundsatz ist von den Christen im Widerstand gegen die Ordnung des römischen Rechts revolutionär gelebt worden. Dieser Gerechtigkeitsbegriff wurde zur «Formel für eine umfassende Weltordnung», die «kosmische, politische, religiöse, soziale und ethische Aspekte» einschloß[30]. Wir stellen also gar keine ungewöhnliche Frage, wenn wir als Leidgeprüfte in der Stunde existentieller Not Gott als Weltenrichter austeilender Gerechtigkeit erklärt haben möchten, wie Millionen andere Menschen auch. Die im Rechtsdenken des Imperium Romanum aufgewachsenen Christen wußten von dieser Notwendigkeit augenscheinlich mehr als die späteren Exegeten, die zu dieser Frage schwiegen und den Begriff bis zur Unkenntlichkeit verfälschten.

Gerechtigkeit setzt «ein Verhältnis von mindestens drei verschiedenen Menschen» voraus; «Gerechtigkeit bezieht sich also immer auf das Verhältnis zweier miteinander streitender oder miteinander rivalisierender Parteien, zu denen sich der Gerechte in einer bestimmten Weise verhält»[31]. Die Moraltheologie hat dagegen völlig mißverständlich an die Stelle notwendiger Dreiheit, um Gerechtigkeit praktizieren zu können, das duale Verhältnis gerechtmachender Gnade gesetzt, als einem Akt göttlicher Liebe. Gerade sie ist aber der Gerechtigkeit hinderlich! Ein Richter, der die Gerechtigkeit zu vertreten hat, muß «außerhalb des unmittelbaren Lebens mit seinen Interessenverflechtungen und seinen gefühlsmäßigen Bindungen stehen»[32], deshalb gibt es ja die Möglichkeit, einen Richter wegen «Befangenheit» abzulehnen. Er darf kein «warmes Gefühl, kein Mitleid»[33] im Amt kennen. So ergibt sich der «bezeichnende Gegensatz: Die Gerechtigkeit gibt dem Menschen nur das, worauf er ein ‹Recht› hat und was er fordern kann, aber die Liebe geht darüber hinaus»[34]. Wenn die Moraltheologie sagt, «daß der Mensch über die Einheit von Barmherzigkeit und Gerechtigkeit Gottes nicht verfügen kann»[35], Recht der austeilenden Gerechtigkeit also nicht fordern kann, wie das der Leidgeprüfte aufschreiend will, weil sonst «die Göttlichkeit beider Eigenschaften»[36] nicht erwiesen sei, dann bietet die Moraltheologie einen Gerechtigkeitsbegriff, der jenem herkömmlicher Art fremd ist und sich nur dem wortlos verstummenden Glauben erschließen kann. Der christliche Gott ist der Liebende. Ist er gleichzeitig ein Gott der Gerechtigkeit? Kann Gott nicht im Sinne des Aristoteles gerecht sein, dann wäre er ohnmächtig statt allmächtig, will er nicht, dann wäre er grausam statt liebend. Die christliche Seinserklärung bleibt unbefriedigend esoterisch, weil sie unter Gerechtigkeit sittliche Gutheit, also Rechtschaffenheit, versteht.

Der weltweite Gerechtigkeitsaufschrei der Hungernden in dieser Welt, der Behinderten, Geschädigten und Kranken, der politisch Entrechteten, Entmündigten, Verfolgten ist aber eine Forderung nach Gerechtigkeit, die vor der Seinsordnung das Lebensrecht als Chancengleichheit einklagt. – Diesem Gerechtigkeitsaufschrei antwortet nun plötzlich «erlösend» die wissenschaftliche Re-Inkarnationshypothese. Jeder Mensch hätte im Ablauf zahlloser Wiedergeburten Grundkonstellationen menschlichen Seins – auch die des Leidens – im Sinne der Negentropieniveau-Anhebung durchzuleben. Dieser rein mechanische Vorgang wäre gekennzeichnet durch den befriedigenden, weil unpersönlich-unparteiischen Charakter des Gerechtigkeitsausgleichs.

Daraus müßte gefolgert werden, daß die Welt niemals «gerechter» im Sinne einer Daseinsgerechtigkeit werden dürfte, also beispielsweise hinsichtlich der Behinderten, Entrechteten, Verfolgten, weil ja sonst die von allen einmal zu durchlebenden Grundkonstellationen der vermeintlichen Ungerechtigkeit nicht mehr da wären, die einen instrumentalen Charakter bekommen. Gerade in der Unberechenbarkeit des kalten Schicksalsschlages läge die notwendige Bewährungsherausforderung.

Ihr gegenüber hätte der Mensch die Selbsttötungsfreiheit des

Sichentziehens, wie wir das von Plinius, Seneca und Hume hörten. – Ob dies dienlich sei, ist eine andere Frage. Hier sei mit Prof. Ringel nur vorläufig an eine Grunderkenntnis der Tiefenpsychologie erinnert, die Dr. Nethertons Patienten mit ihrer Rückerinnerung bestätigen. Ringel brachte sie anläßlich der Salzburger Hochschulwochen mit einem Dichterwort zum Ausdruck: «Diejenigen, die ihre Vergangenheit nicht verstehen, sind dazu verdammt, sie immer wieder von neuem in der Zukunft zu erleben.»[37] So wie unser Kontinuitätsbewußtsein als das Sich-Durchbewegende vor einer Re-Inkarnation die notwendigen Verhaltensmuster zu wählen scheint, entsprechend den früher gemachten Erfahrungen, so wird nach einer Bewährungsverweigerung durch Selbsttötung das Sich-Wegbewegende dieses Verhaltensmuster für das nächste Leben als Wiederholung wählen müssen, und das heißt Wiedergeburt mit Selbsttötungsdisposition, wie das die Beispiele Prof. Stevensons aus Südamerika zeigten. Die menschliche Selbsttötungsfähigkeit wäre damit aber nicht eine alogische Ausnahmeerscheinung der Seinsordnung, sondern eine Möglichkeit der Mitgestaltungsverantwortung. Ob ich davon Gebrauch mache, hängt davon ab, inwieweit der Sinnhorizont meines Daseins noch aufgehellt oder schon verdunkelt ist. – Damit sind wir bei der dritten Frage angelangt, die wir im Zusammenhang mit dem Verbot der Selbsttötung zu stellen haben: Ist jedes Leben lebens-*wert*?

Die Re-Inkarnationsgewißheit mildert die Schuld-Angst

«Weh über der Sterblichen Dasein!», heißt es in der «Antigone des Sophokles (1252). Den Griechen galt als Weisheit, «daß das Leben nicht unbedingt unter allen Umständen zu schätzen sei. Nie ist es ihnen eingefallen, den Göttern dafür zu danken, als wäre es das kostbarste Geschenk»[38]. So ist ihnen die Selbsttötung Recht, nicht Frevel. Ja, «unbedingt und unter allen Umständen am Leben hängen, das schien den Griechen eine sklavische Gesinnung, nicht würdig eines frei geborenen Menschen»[39]. «In qualvolles Leid (bin ich) tief versenkt» (Donner; 1285), hat Kreon nur noch einen Wunsch und eine Bitte: «... Komm / Als Trost, schönste Grenze all meines Leids, / Und führe mir herauf den endigenden Tag! / Nahe nur, gewünschtes Ziel, / Und laß keinen andern Tag mehr mich schauen» (Donner; 1299-1303). Er straft Augustinus, der nie leidgeprüft wurde und vor seiner Konversion nur das ausschweifende Leben gebildeter, begüterter und übersättigter Jugend der Spätantike kannte, Lügen, wenn er behauptet, jeder Mensch wolle glücklich, kein Mensch aber wolle nicht sein (De civitate Dei, X, 26 ff.). Man wünsche das Unglück hinweg, aber nicht sich selbst, ja, der Mensch würde das elendeste und jämmerlichste Dasein einem Nichtsein vorziehen. – Wir sind entsetzt über dieses klägliche Menschenbild, das von der Würde freier Griechen nichts mehr zu ahnen scheint. Augustinus will auch nichts mehr von der römischen Ansicht wissen, «daß der freiwillige Tod ein Zeichen von Seelengröße ist»[40]; Catos Selbsttötung nach Cäsars Sieg bezeichnet er als kleinlich, er habe «Cäsar nicht den Ruhm der Begnadigung gönnen» wollen[41]. Der christliche Kirchenlehrer abstrahiert in genialer Unkenntnis menschlicher Psyche demnach von jeder Motivation für eine Selbsttötung. Uns dünkt, die Erkenntnis Nietzsches träfe menschliche Psyche und Wirklichkeit besser: «Wer ein Warum zu leben hat, erträgt fast jedes Wie.» Man lasse uns den Satz erhellend umkehren. Es wird fast nichts ertragbar für den, der nicht mehr weiß, warum er lebt. Ob aber «das Leben eines Menschen erfülltes, lebenswertes Leben ist oder nicht, das bemißt sich an diesem Leben selbst und wahrhaftig nicht an Beurteilungen durch die Gesellschaft oder durch den Staat oder gar durch die Partei»[42] – aber auch nicht durch die Kirche; denn der Sinnhorizont einer Persönlichkeit wird durch individuelle Weltbindungen bestimmt, nicht allein schon mit den Angeboten von Werthierarchien der Religionen, philosophischen Systeme, Weltanschauungen und Ideologien umrissen. Solche Angebote müssen also angenommen, bejaht sein, wenn sie tragfähig sein sollen. Bezeichnenderweise «pflegt in Kriegen im allgemeinen die Selbstmordrate, vor allem bei Männern zu sinken»[43], weil ja in Zeiten lebensbedrohender Gefährdung ein Wertweltbezug fast von selbst entsteht, nicht allein durch die Schutznotwendigkeit gegenüber dem eigenen Leben, sondern auch gegenüber dem Kollektiv, in das es gliedhaft eingefügt erscheint, aber auch durch Kampfgemeinschaft, Kameradschaft, Treue, Opfergesinnung, die insgesamt eine existenzielle Ausweitung bedeuten dürften.

Heute, in der Mitte der siebziger Jahre, sieht die Situation ganz anders aus. Wenn täglich «in der Welt mehr als eintausend Menschen durch Selbstmord sterben»[44], dann kommen wir auf eine jährlich ausgeführte Selbsttötungsabsicht in Höhe von annähernd zwei Millionen, denn «die Zahl der Selbstmordversuche ist um ein Vielfaches, mindestens fünf- wahrscheinlich sogar achtmal höher»[45]. – Für den Psychiater ist der Selbstmörder unstrittig ein Mensch, der «an einer psychischen Krankheit zugrunde geht, welche die persönliche Verantwortung aufhebt»[46], sofern es sich nicht um den seltenen Fall einer rational abgewogenen Selbsttötung im Sinne der Antike handelt. Der Psychiater Erwin Ringel hat auf der Grundlage von 745 geretteten Selbstmördern übereinstimmend «eine gemeinsame seelische Befindlichkeit rekonstruieren können», die er «praesuizidales Syndrom»[47] genannt hat. Eines seiner Hauptmerkmale bezeichnet er als Einengung. Der Psychiater Gion Condrau hat als Folge eines solchen Einengungsprozesses die Angst diagnostiziert. Sie taucht als Schreckgespenst auf, «von dieser Welt abtreten zu müssen, ohne die Aufgabe, die dem Menschen gestellt ist, wirklich vollbracht zu haben[48]. Schuldangst dieser Art «erscheint dort, wo der Mensch seine Selbstverwirklichung verfehlt oder noch nicht erreicht hat»[49]. Der Psychiater Arthur Jores sagt in diesem Sinne, «daß der Selbstmord vollzogen wird in der Hoffnungslosigkeit des eigenen Ich»[50], und zwar dann, wenn sie die «Tiefenperson» ergriffen habe. Ursache dieser Art der Einengung sind hier also die «eigenen Verhaltensweisen oder gar persönliche(r) Einbildung»[51], versagt oder unzulänglich gelebt zu haben. Diese zukunftsbezogene Einengung des alternden Menschen unterliegt den psychologischen Verstärkern gegenwartsbezogener Einengungen durch die Verringerung der körperlichen Möglichkeiten des Gehens, Sehens, Hörens, Merkens und die damit verbundene Reduktion des Selbstwertgefühls bei gleichzeitiger Einschränkung der zwischenmenschlichen Beziehungen bis hin zur Vereinsamung. «Die Angst vor der Zukunft und die Verdrossenheit über die Gegenwart führt zu einer einseitigen Vergangenheitsbezogenheit»[52]. Erneut folgen «Selbstvorwürfe, daß man alles im Leben falsch gemacht hat, ein schlechter Mensch ist, der keine Liebe verdient»[53]. Der Mensch dreht sich im Kreise, das «Interesse an der Umgebung»[54] schwindet, es bleibt «auch der Appell an den Willen des Kranken erfolglos»[55], da bei Depression – die Serotoninausschüttung gehemmt ist.

Serotonin ist ein Enzym, also ein biochemischer Transmitterstoff der nervlichen Leitfähigkeit. Er gehört zum dritten, dem sogenannten «flüssigen» Nervensystem. Serotonin produziert der überalterte Körper aber ohnehin nur noch unzulänglich. Jede Depression verstärkt diese biochemische Alters-Siuation, wie umgekehrt der alte Mensch für Depressionen anfälliger sein muß. «Charakteristisch ist ferner für die endogene Depression gewöhnlich, daß sie in den frühen Morgenstunden ihren Höhepunkt erreicht (zu dieser Zeit erfolgen auch die meisten Selbstmordhandlungen).»[56] In diesen Tatbeständen liegt die Erklärung dafür, «daß mehr als ein Drittel aller Menschen, die Selbstmord begehen, über 60 Jahre alt» sind[57]. Die Kranken endogener Depression machen 28 Prozent der ausgeführten und 15 Prozent der versuchten Selbsttötungen aus, also insgesamt 43 Prozent[58].

Wie läßt sich diesen Menschen helfen? «Es bedeutet für die meisten Menschen sehr viel anzunehmen, daß ihr Leben eine bestimmte Kontinuität über die jetzige Existenz hinaus habe. Dann leben sie vernünftiger, es geht ihnen besser, und sie sind ruhiger. Man hat Jahrhunderte, man hat eine unausdenkbare Zeit zu verschwenden! Warum dann diese sinnlose Hetzerei?»[59], fragt C. G. Jung, der für sein eigenes Erleben «keine Vergleichsmöglichkeiten» hatte, seine «Beobachtung subjektiv und einmalig» klassifizieren mußte, aber doch freimütig bekannte, daß er «nach dieser Erfahrung das Problem der Re-Inkarnation mit etwas anderen Augen betrachtete»[60]. Zweifellos könnte in viele Menschen eine gesammelte Ruhe einkehren, wenn sich der Leistungsdruck dieses Lebensdurchganges psychologisch auf Jahrtausende mit potentiell vielen Chancen der Ergänzung, Korrektur und Neuversuche verteilt; denn «alle ‹moralischen› und ‹krankhaften› Schuldgefühle liegen» – lagen bisher – «im wesensmäßigen Schuldigsein des Menschen im Sinne eines unentrinnbaren Zurückbleibens hinter dem Vollzug aller welterschließenden Lebensmöglichkeiten»[61]. Für die Entfaltung unserer intellektuellen Fähigkeiten, unserer Gefühle und zwischenmenschlichen Bezüge ließen sich C. G. Jungs Überlegungen nachvollziehen: «Ich könnte mir gut vorstellen», schreibt er, «daß ich in früheren Jahrhunderten gelebt habe und dort an Fragen gestoßen bin, die ich noch nicht beantworten konnte: daß ich wiedergeboren werden mußte, weil ich die mir gestellten Aufgaben nicht erfüllt hatte. Wenn ich sterbe, werden – so stelle ich es mir vor – meine Taten nachfolgen. Ich werde das mitbringen, was ich getan habe.»[62]

Nicht immer führt die «Schuldangst» zur Selbsttötung, sondern vielfach in die Neurose, lange vor dem Herannahen des Alters. Der «‹Ich-Belastung› des individuellen Selbstseins» werden dann «Ich-Entlastungsmechanismen» entgegengestellt[63]: der Vergnügungsrummel des Party-Geschwätzes, Macht-, Geltungs- und Besitzstreben, Sexualität, das Untertauchen im «Man» Heideggers, Konformismus und Verlust der Individualität durch kollektive Entlastungssysteme[64]. – Wie grundlegend müßte sich unsere Welt ändern, wenn auch diese Ich-Entlastungs-Mechanismen nicht mehr nötig wären, weil nach der Re-Inkarnationshypothese der einzelne Lebensdurchgang im Verhältnis zu einer Jahrtausend-Wanderschaft stark relativiert würde? – Einer der größten Götzen unseres Jahrhunderts verlöre zugunsten ausgleichender Gelassenheit seine Macht: die Zeit! Was ist schon Zeit? Ich hätte plötzlich für meine Entwicklung unendlich viel Zeit, bräuchte nichts verkrampft zu erzwingen, könnte viele Problemlösungen dem Zeitablauf überlassen. Geben wir uns keinen Illusionen hin. Die Re-Inkarnationshypothese stellt in sich keinen Wert dar, sie kann eine neue Wertweltbindung nicht beinhalten – wohl aber vermitteln. Ihre Annahme verhindert auch nicht jene psychologischen Faktoren, die den Siuzid auslösen, doch sie könnte die dazu latent vorhandenen Dispositionen modifizieren.

Würde es nicht berühren zu wissen, abwechselnd einmal ein Indianer, ein andermal ein Weißer sein zu können, selbst noch zu Zeiten der Todfeindschaft, wie jener Patient Dr. Nethertons, dem immer wieder der Schädel zertrümmert wurde? Religionen, Kulturen, Völker – sie scheinen nicht *mehr* zu sein als Rahmenbedingungen unserer Bewährungen. Muß ich mich nicht fragen, ob soziale Sattheit im nächsten Leben mit Hunger wechselt, Beherrschen mit Unterdrücktsein, Liebesglück mit Liebesleid? – Könnte sich zudem das praesuizidale Syndrom derartig epidemisch verbreiten, wenn es sicher wäre, daß es keinen Tod gibt, also auch keine suizidale Fluchtmöglichkeit in den Tod, sondern nur das Ausweichen in die Wiederholung einer unbewältigten Situation, wahrscheinlich sogar in die Selbstbestrafung eines schicksalhaft neuen Lebens, das man deshalb zu tragen hätte, weil man dieses vergangene sinnentleert vertändelte, verwarf oder physisch ruinierte? – Auch dafür gibt es ja im Material des I. Kapitels genug Indizien. – «Dieses existentielle Schuldig-Sein ist grundverschieden von jedem bloß neurotischen Schuldgefühl. Es beginnt mit der Geburt und endigt mit dem Tode. Innerhalb beider Pole menschlicher Existenz ist der Mensch berufen und aufgefordert, sein In-der-Welt-Sein lichtend, das heißt offen, auszutragen, sich zu entfalten und die ihm einwohnenden Möglichkeiten als seiner Existenz zugehörig anzuzeigen»[65].

Die Forderung des Christentums, Leben schlechthin als Geschenk des Schöpfers anzusehen, läßt jedenfalls «die Unterscheidung zwischen bloßem Leben im Sinne von biologischem ‹am Leben sein› einerseits und ‹lebenswertem Leben› andererseits»[66] vermissen. Wann, oder wodurch so lautete die dritte Frage, ist Leben lebenswert? Die Frage ließe sich auch umkehren. Wann ist Leben nicht mehr lebenswert? Unsere Antwort müßte lauten: Leben wird lebensunwert im Gefolge der verschiedenen Einengungsvarianten des praesuizidalen Syndroms.

Das ist allerdings auch gegeben durch die Einengung der «Gestaltungs- und Entfaltungsmöglichkeiten». Es ist zumeist gesetzt mit objektiv «schicksalhaftem Unglück (zum Beispiel unheilbarer Krankheit, Todesfälle in der Familie usw.)»[67]. In dieser Situation werden die Umstände als «bedrohlich, unveränderbar, unüberwindbar, also als übermächtig erlebt»[68]. Die Selbsttötungsfähigkeit läßt den Menschen aus solchen Bedrängnissen fliehen, doch auf der Flucht vor dem Leid würde er möglicherweise im nächsten Leben von der nämlichen Leiderfahrung eingeholt. In diesem Sinne gewinnt selbst der Lebensdurchgang durch ein sinnentleertes, ein verarmtes, ein verfehltes, ein verworfenes Leben noch einen Sinn. Auf der Wanderschaft des Sich-Durchbewegenden durch unzählige Leben gilt allein die Informationsanreicherung in der Raum-Zeit-des-Geistes der

Elektronen. Kann es dann überhaupt noch Sinn-losigkeiten geben? Eine ver-rückte, aber durchaus sinnlogische Frage. Zu zählen scheint letztlich nur die Intensität, die Tiefe, die Nachhaltigkeit des Erlebens.

Der Mensch ist, unter dem Aspekt der Re-Inkarnationshypothese, viel *weniger* als bisher angenommen, denn ihm steht nur der Eingriff in den Formenwechsel, nicht in das Leben selbst offen; aber er ist möglicherweise auch viel *mehr* als bisher angenommen, indem er über den «Tod» hinaus die tausendjährige Wanderschaft seines Kontinuitätsbewußtseins mitformen, den jeweiligen Schritt über die Schwelle von Tod und Geburt mitgestalten darf. Da der einzelne Lebensdurchgang den Charakter der Einmaligkeit verlöre, ja nur instrumentale Qualität besäße gegenüber dieser Wanderschaft, gewänne jeder Durchgang erst seinen Wert, wenn er für das wertfühlende Subjekt zum Wert wird. Werte sind nicht, Werte entstehen! Es gibt heute sogar ernstzunehmende Indizien aus dem Bereich der Medizin, daß Lebensbejahung oder Lebensverneinung entscheidend den gesundheitlichen Zustand der Biosphäre zu bestimmen scheinen. Selbst biologisches Leben wäre demnach kein vorgegebener Wert, sondern ein vom Kontinuitätsbewußtsein vor einer Re-Inkarnation zum Wert Gemachtes, vielleicht deshalb, weil das Sich-Durchbewegende einen neuen Lebensdurchgang für die Negentropieniveauanreicherung braucht. Bisher nannten wir jenen Impuls Lebenswillen. Wir ordneten ihn allem Lebendigen als vorgegebenes irrationales Moment zu.

Sterbehilfe! – Aber welcher Art?

Stellt biologisches Leben als solches aber noch keinen Wert dar, sondern erst lebensbejahtes Leben – und wir haben bei der Erörterung der Selbsttötung gesehen, daß diese notwendige Lebensbejahung, dieser ständig zu vollziehende Akt der

188

Werterklärung, verlorengehen kann –, dann stellt sich die Frage, ob dieser Vorgang des Lebensbejahungs-Verlustes auch auf dem Wege anderer Krankheiten als denen des praesuizidalen Syndroms erfolgen kann.

Vielleicht wird das zu beschreibende Phänomen noch etwas deutlicher, wenn wir die Voraussetzung solcher Lebensbejahung mit Hilfe der Psychiatrie aufhellen. Nach ihr ist «Hoffnungslosigkeit der psychologisch maßgebende Faktor für den Tod»[69]. Sie ist zu diesen Erkenntnissen gekommen durch Beobachtungen in Konzentrationslagern und in russischer Gefangenschaft, aber auch im Gespräch mit Patienten, deren Selbsttötung verhindert wurde. «Wenn Hoffnungslosigkeit Tod bedeutet, so bedeutet Hoffnung Leben.»[70] Sie wird als «ein bestimmender Strukturanteil des Daseins überhaupt»[71] verstanden. «Sucht man nach ihrer ontologischen Grundlage, so bestände diese zunächst wohl darin, daß es dem Dasein wesensgemäß eigentümlich ist, daß immer noch ‹etwas aussteht›, was als Sein-Können noch nicht wirklich geworden ist.»[72]

Was aber bliebe «ausstehen» als «Sein-Können», wenn ein Unfall eventuell schwer verletzt überstanden würde? Vielleicht querschnittgelähmt? Wieviel Wert hätte ein solches Leben? Wieviel lebensbejahende Hoffnung böte es, um «überleben», also vegetieren zu lassen? Unter dem Aspekt der Re-Inkarnationshypothese müßte man eigentlich froh sein, wenn der Unfall tödlich verlief, weil in sehr kurzer Zeit bereits ein neues Leben zu beginnen scheint.

Und welches Sein-Können steht bei hochgradiger «Unterwertigkeit der Intelligenz» noch aus? Anders gesagt: Wie können Menschen dieser Krankheitsbelastung überhaupt noch Hoffnung artikulieren? Um Mißverständnisse auszuschalten, müssen wir rasch den gebrauchten Terminus erklären. Es handelt sich nicht um «dumme» Menschen; wir sprechen vielmehr von hochgradig Schwachsinnigen, bei denen zumeist auch die Werkzeuge der Aktivität so schwer

189

gestört sind, daß sie dauerhaft hilfe- und pflegebedürftig sind. Aber auch schon zerebral gestörte Kinder mit den Erscheinungsformen der Torpidität, die völlig stumpf und unerregbar macht, gehören in dieses Umfeld.

Kann ein solcher Mensch den Wert des Lebens erkennen oder wenigstens ahnen? Ist er zur lebensbejahenden Werterklärung des Lebens nicht nur unfähig, wie das Kleinkind, sondern auch potentiell unfähig, also in der Möglichkeit für immer unfähig? Ist solches Leben demnach unwert? Genauso argumentierten die Nationalsozialisten aus rassischer Borniertheit. Tausende von Menschen der umschriebenen Art wurden umgebracht. Seien wir ehrlich. Gibt es nicht viele Menschen, die sich heute eine solche Lösung des Problems für derartig belastete Angehörige wünschen? Würde die Annahme der Re-Inkarnationshypothese womöglich alle Hemmungen vor der praktizierten Euthanasie fallen lassen, ja, würde man nicht den bewußt herbeigeführten Euthanasie-Tod als eine Wohltat, eine Erlösung, als eine Öffnung neuer Chancen begrüßen? Wir wollen kein Wort der Argumentation zurücknehmen, doch uns graut vor solchen Zukunftsperspektiven und solchen menschlichen Tatbereitschaften! Denn dann reihen sich schnell jene Kranken an, die an endogenen Psychosen leiden, wie der Schizophrenie, die vorwiegend erbbedingt zu sein scheint, obwohl sich mit klinischer Sicherheit «am Gehirn anatomische oder physiologische Besonderheiten noch nicht mit hinreichender Sicherheit nachweisen lassen»[73], und ihnen folgen, unzulänglich abgrenzbar, die Psychoneurosen. – Wieviele «Genies» wären dann schon «abgespritzt» worden?

Es gibt allerdings Eskimos, polynesische Stämme und afrikanische Völker, die einem Stammesangehörigen in seinem körperlichen Gebrechen nicht mehr helfen, wenn er vor der Küste kentert, von einem Krokodil oder Kaiman angefallen oder einem anderen Tier verwundet wird. «In all diesen Fällen erkennt der Mensch, daß die ‹Gottheit› den Tod des

Menschen ‹will›. Es wäre daher unrecht, ihm beizustehen und ihn zu retten; es ist vielmehr recht, den Willen der Gottheit nicht nur zu ehren, sondern ihn aktiv mit vollziehen zu helfen, indem man die sich am Eise anklammernden Schiffbrüchigen ins Wasser zurückstößt oder sie (auf den Fidji-Inseln) nach dem Landen erschlägt.»[74] – Von den Abipón, einem Stamm der Chaco-Indianer, wird berichtet, «daß sie ihre Kranken freundlich und liebevoll pflegen, bis zu dem Moment, wo sie zu erkennen glauben, daß jene unheimliche numinose Todesmacht den Kranken ‹gezeichnet› hat als einen, der sterben soll. Sobald dieser ‹Wille› erkannt ist, hört nicht nur jede Pflege auf; der Kranke wird vielmehr schließlich von seinen Angehörigen unter einer großen Tierhaut erstickt.»[75]

Vordergründig ließe sich sagen, in den genannten Beispielen handele es sich um jene «Vernichtung unwerten Lebens», wie sie vom Nationalsozialismus praktiziert wurde. Dann wäre jedoch ein entscheidendes Faktum mißachtet worden. Nicht Eskimos, Polynesier, Afrikaner und Indianer selektieren in einem Akt der Fremdbestimmung Stammesangehörige für den Tod, sondern die numinose Todesmacht, an die jene Menschen in religiöser Bindung glauben. – Hier gibt es also festliegende Mißbrauchsgrenzen! Wesentlich weiter hat dagegen die griechische Antike jene Grenzen menschlicher Handlungsfreiheit hinausgeschoben. – Die Spartaner bestimmten von staatswegen zu wenig kräftige Kinder dazu, die Ablage hinabgeworfen zu werden. Aber auch in Athen argumentierte man ähnlich. «Unheilbar Kranke», sagt Platon, «sollten überhaupt nicht leben und jedenfalls keine Kinder zeugen, und der Gott der Heilkunst habe diese nicht gelehrt, um heillose Kranke, die weder sich noch anderen etwas nütze sind, bei einem möglichst langen und jämmerlichen Leben zu halten.»[76] So war «die Aussetzung und Tötung von mißgeborenen Kindern erlaubt»[77]. Das klingt, gelöst aus dem geschichtlichen Zusammenhang, brutal.

Während wir bei den bisher aufgezeigten Beispielen der indirekten Krankentötung durch Eingeborene nur unterstellen könnten, sie handeln unbewußt im Sinne der Re-Inkarnationshypothese möglicherweise nicht prinzipiell falsch, so steht hinter diesen Forderungen Platons tatsächlich die Überzeugung von der Re-Inkarnation. (Der Platonismus löste zeitweilig sogar epidemische Selbsttötungswellen aus; man suchte die Selbsttötung, um sich aus «religiöser» Überzeugung vom «Kerker» des Leibes zu befreien.) Das ist ja gerade der Auffassungsunterschied: Während das gegenwärtige Christentum den Leib als Teil personaler Ganzheit versteht, hat der Leib für Platon und Pythagoras eben nur instrumentalen Charakter, so wie der Kernteilchenphysiker Charon in ihm auch nicht *mehr* sieht als das Energieaggregat für die Negentropieniveauanreicherung der «unsterblichen» Elektronen. Deshalb galt in diesem Sinne während der Antike auch «für völlig berechtigt . . . das Verlassen der Welt wegen Altersgebrechen»[78].

Und da sind wir am eigentlichen Kern der Euthanasie. «Euthanasie», aus dem Griechischen kommend, bedeutet ja Sterbehilfe als Erleichterung des mit Sicherheit zu erwartenden Ablebens unter qualvollen Umständen.

Wird in unseren Tagen zunehmend stärker die Freiheit zum Euthanasie-Tod gefordert, dann mit rein humanitären Argumentationen ohne jegliche religiöse Rückbindung. Fragwürdig ist dabei nicht in erster Linie ein sittliches Verbot von Seiten der katholischen und evangelischen Moraltheologie. Das wollen uns gewöhnlich nur jene Ärzte einreden, die durch grotesk-«heroische» Behandlungsversuche den Tod mit allen Mitteln – auch für den unheilbar Kranken – hinauszuschieben suchen. Eine solche rein quantitative Norm der Lebensverlängerung um jeden Preis und mit allen Mitteln widerstreitet nach Auffassung der Moraltheologie sogar dem Recht des Menschen auf einen natürlichen Tod. Kein Arzt darf sich auch in unserem Lande dem Grundrecht eines

Patienten widersetzen, sein Sterben selbst zu bestimmen, also Operationen, Infusionen usw., die das Sterben nur noch verlängern könnten, zu unterlassen. Lediglich ein in der Öffentlichkeit falsch interpretierter Hippokratischer Eid, mangelnde Aufklärung und die Stadien der Willensohnmacht lassen den Widerstand der Kranken zusammenbrechen. Sie wagen nicht, von ihrem Grundrecht Gebrauch zu machen, schweigen und liefern damit dem Arzt die juristische Handhabe, nach dem «mutmaßlichen Willen» des Patienten einen «Kampf bis zum letzten Atemzug» führen zu sollen und zu dürfen. «Die moderne Medizin hat die durchschnittliche ‹Lebenserwartung› erheblich gesteigert. Den unzeitig frühen Tod kann sie oft verhindern, aber sie verhindert auch den gutzeitigen Tod, verlängert menschliches Leben àtout prix, so daß sich die Frage erhebt: Müssen wir uns das gefallen lassen, daß wir zum Weiterleben auch dann gezwungen werden, wenn wir ein erfülltes, lebenswertes Leben nicht mehr führen können»[79]?

Aus diesem Denkansatz, in «hoffnungslosen» Fällen frühzeitig therapeutische Maßnahmen einzustellen, konstituierte sich in Amerika eine Vereinigung, die den «Tod in Würde» propagiert. Er soll erreicht werden durch die Unterzeichnung von Erklärungen mit testamentarischem Charakter. «Auch die amerikanische Ärztevereinigung unterstützt diese Idee; im Staate Maryland wurde sogar ein Gesetzentwurf eingebracht, wonach diese Testamente für rechtlich verbindlich erklärt werden sollen – dies freilich ist unmöglich, weil der Begriff ‹Testament› automatisch beinhaltet, daß es erst in Gültigkeit tritt, wenn der Betreffende gestorben ist.»[80] – Weiter geht dagegen die seit 1938 bestehende «Euthanasie-Society of America», die den «schönen Tod» verschaffen will. Er ist in einigen Bestandteilen auch schon gesetzlich zugelassen. Unheilbar Kranke dürfen nicht nur ihr Leben selbst beenden, sondern auch beenden lassen. – In England existiert seit 1932 eine Vereinigung, die für eine Legalisierung der aktiven Euthanasie eintritt, ihr gehören auch Ärzte und Geistliche an. Unter ihnen der Bischof von Birmingham, Dr. Wilson. Diese Gesellschaft scheiterte erstmals 1936 im Oberhaus, die freiwillige Euthanasie durch Gesetzeskraft zu legalisieren. Nachdem seit dem Selbstmordgesetz von 1961 Selbsttötung nicht mehr als Verbrechen gilt, argumentierte der Earl of Listowel, einer der noch lebenden Initiatoren von 1936: «Wenn das Gesetz einem jeden erlaubt, sich selbst das Leben zu nehmen, dann muß es ihm logischerweise auch gestatten, seinem Leben mit Hilfe eines Arztes ein Ende zu setzen.»[81] Lord Ailwyn meinte, ein solches Gesetz räume die Möglichkeit ein, unheilbar Kranken und leidenden Alten einen «humanen Gnadentod wie unseren vierbeinigen Freunden zu geben»[82]. Ein entsprechender Gesetzesentwurf, der gewissermaßen den Freitod auf Krankenschein vorsah, und von Lord Raglan, dem Präsidenten der genannten Vereinigung und gleichzeitigem Oberhausmitglied im Oberhaus eingebracht wurde, scheiterte bei einem Stimmenverhältnis von 61 zu 40. Natürlich hatte das Gesetz eine Reihe von Sicherungsklauseln vorgesehen: Todeswunscherklärung bei vollem Bewußtsein, Unheilbarkeitserklärung durch zwei Ärzte, 30 Tage Karenzzeit zwischen Unterschrift und «Exekution». Das Gesetz befürwortete u. a. auch «der Führer des Oberhauses, Lord Shackleton . . ., der Staatsminister im Innenministerium Lord Stoneham und der Staatsminister im Handelsministerium Lord Brown»[83]. – Auch ein Leiter der zentralen Fürsorge in Dänemark soll an «Selbstmordkliniken» gedacht haben[84].

Wenn in der Bundesrepublik die im November 1980 als Verein eingetragene Bürgerrechtsbewegung, die sich «Deutsche Gesellschaft für Humanes Sterben» (DGHS) nennt, den «Gnadentod» über ein neuzuschaffendes «Heilbehandlungsgesetz» fordert, dann handelt es sich keineswegs um eine sektiererische Außenseitererscheinung, sondern um den Teilaspekt einer deutlich zunehmenden weltweiten Bewegung.

Zudem, «ein Konsens über das Verbot der Euthanasie ist gerade unter Ärzten und Juristen nicht gegeben»[85], wie das gemeinhin gern unterstellt wird. Nach Paragraph 216 Strafgesetzbuch gilt Tötung als strafbar, auch wenn «jemand durch das ausdrückliche und ernstliche Verlangen des Getöteten» dazu bestimmt worden ist. Dies dünkt eindeutig zu sein, straffrei ist aber «Beihilfe zur Selbsttötung». Der Arzt darf also nach dem Strafgesetzbuch dem Kranken, der zur Selbsttötung entschlossen ist, helfen, doch er muß verhindern, daß sein Handeln im Sinne der «mors voluntaria» mit Paragraph 330 c Strafgesetzbuch kollidiert: «unterlassene Hilfeleistung», ein «Widersinn, der die abwehrende Vorsicht des Arztes immerhin begreiflich macht»[86].

Es dürften in der modernen Gesellschaft also weniger moraltheologische oder humanitärsittliche Bedenken, nach dem Hippokratischen Eid Leben erhalten zu sollen, sein, die weite Kreise der Ärzteschaft vor der Euthanasie zurückschrecken lassen; es ist sicherlich auch die Furcht vor ihrer Entmachtung, im Grenzfall allein entscheiden zu dürfen, ob Dasein der Bewußtlosigkeit durch die Technik der Intensivstation für Tage, Monate oder gar Jahre als lebenswert gelten soll oder ob das Weiterleben eines unheilbar Kranken mit künstlichem Darmausgang für einen Menschen ertragbar sein muß. Sigmund Freud erinnerte seinen Arztkollegen und Freund Max Schnur nach sechzehnjährigem Mundkrebs in dem Augenblick an die Versprechenspflicht, ihm bei der Selbsttötung zu helfen, als sein Lieblingshund wegen des Gestanks sein Zimmer nicht mehr betreten wollte. – Es liegt in der Haltung weiter Kreise der Ärzteschaft – heute auch eine anmaßende Hybris – zu meinen, sie allein hätten das Recht, zu bestimmen, unter welchen Umständen eine Lebensverlängerung angenommen werden müsse, selbst wenn sie nach fachlichem Urteil selbst wissen, daß es sich in Wirklichkeit nur um eine Sterbensverlängerung handelt.

Wir sind geschichtlich in diese groteske Situation geraten,

weil wir in bisher nie gekannter Weise in den natürlichen Lebensablauf technisch einzugreifen in der Lage sind. Gerade die Ausweitung dieser Möglichkeit hebt das Naturgegebene auf, während die Euthanasie-Beispiele der Naturvölker ein Nachvollziehen der unabänderlichen Naturgegebenheiten darstellen.

Betrachten wir das gegenwärtige medizinische Handeln unter dem Aspekt der Re-Inkarnationshypothese, dann gerät die Lebensverlängerung an unheilbar Kranken ebenso in den Bereich fragwürdiger Medizin, wie die Abtreibung unter sozialer Indikation. Denn in dem einen Fall will das Sich-Durchbewegende ein Sich-Wegbewegendes sein über die Todesschwelle, im anderen Falle ist es – wie wir von Regredierten wissen, bereits seit der Zeugung[87] – ein Sich-Herbewegendes über die Geburtsschwelle. In beiden Fällen würde die heutige Medizin Leben verhindern. Da andererseits der vorangegangene Tod und die Geburt vorrangig jene Traumata bewirken, die zumindest den nächsten Lebensdurchgang bestimmen, müßte die Medizin alles tun, eine «negative» Motivation zu verhindern oder abzubauen. Konkret heißt das, die Beschäftigung mit den Qualen und Ängsten ist wichtiger als die Reparatur der Physis bei fragwürdigem Effekt. Psychotherapeuten sagen, die Todeserfahrung hänge ab von dem, was für einen Menschen sein Lebenssinn war. Wir wissen durch die Re-Inkarnationshypothese, daß die Lebenserfahrung umgekehrt auch abhängt von der Widerfahrnis des vorangegangenen Todes. – Was muß das für eine wiedergeborene Generation geben, die in den Badezimmern, Waschräumen, Abstellecken unserer überfüllten Kliniken oder unter dem unbarmherzig und rigoros gehandhabten Skalpell, sozial isoliert, fremdbestimmt und verängstigt – verendet? Sollten wir also den «schönen Tod» anstreben? Vielleicht im Kreise lieber Menschen? Eventuell in der Natur? Doch da sind wir eigentlich beim nächsten Thema, nämlich wie wir als Re-Inkarnierte zu leben hätten.

Ein Wort zum künftigen Todeserleben:
Schicksal als Machsal

Wir sagen gern angesichts einer Fülle von Verbots- und Gebotsübertretungen, die zu einem Verkehrsunfall mit Todesfolge führten – trotz der Eindeutigkeit von fahrlässiger Unterlassung und schuldhaftem Irrtum – es habe sich um eine unglückliche Häufung von Zufällen gehandelt. Wir bringen damit etwas zum Ausdruck, was von den Begründern der Wahrscheinlichkeitsrechnung, Blaise Pascal und Jakob Bernoulli, im 17. Jahrhundert initiiert worden ist. Nach den Definitionen dieses mathematischen Zweiges können wir als Zufall «jedes Ereignis bezeichnen, das aus komplexen Zusammenhängen entsteht, die wir nicht beherrschen»[1]. Wenn wir aber als Zufall jedes unberechenbare, jedes unvorhersagbare Ereignis bezeichnen, dann «erweitert sich der Begriff des Zufalls unversehens auf fast alles, was tagtäglich um uns herum geschieht»[2].

Was dem Blick heute besonders zu fehlen scheint, ist das Verständnis für Wirkzusammenhänge. Zwar besitzen wir kaum die Fähigkeit, die Komplexität von Zusammenhängen und deren Auswirkungen zu überschauen, doch es handelt sich nach den Erkenntnissen der Wahrscheinlichkeitsmathematik bei «Zufällen» einer Komplexität um solche, «die den logischen Gesetzmäßigkeiten der Wahrscheinlichkeit folgen müssen»[3]. Nach den Erkenntnissen der Wahrscheinlichkeitsrechnung wächst proportional zur Anzahl der Fehlhaltungen und Fehlleistungen die Wahrscheinlichkeit eines Unfalls.

Damit ist das Ereignis also der Unberechenbarkeit des Zufalls mit steigender Anzahl des Fehlverhaltens entrückt in die statistische Wahrscheinlichkeit. – Nun gut. Der Tod ist statistisch wahrscheinlich, ist er dann auch gottgewollt? Thornton Wilder schreibt in der «Brücke von San Luis Rey» über eine «so außerordentliche Verkettung von Zufällen, daß man beinahe das Walten einer Absicht vermuten könnte»[4]. Der gläubige Christ ist geneigt, in einen vernünftig erklärbaren Vorgang mathematischer Wahrscheinlichkeit das Mysterium unergründlichen Willens zu projizieren. – Bei einer hinreichend großen Anzahl von Spielen im Toto oder Lotto steht der prozentuale Anteil an Gewinnen und Verlusten fest, wenngleich das einzelne Spiel unberechenbar bleibt. – Gottes Wirken nur aus dem Tatbestand eines alleinigen Todes oder einer alleinigen Rettung ableiten zu wollen, ist eher ein psychologischer Akt der Selbsttröstung.

Um sich diesen Fragen zu entziehen, hat die Theologie an Stelle von Gottes Willen die Göttliche Zulassung eingeführt, während sein Wille als unergründliches Mysterium verstanden wurde. Dahinter stand die theologische Entwicklung von der «potentia absoluta» zum «Deus absconditus» der Spätscholastik, schließlich zur Vorstellung vom «Dieu caché» und vom «Deus emeritus». Unter dieser Depotenzierung Gottes wuchs die vermeintliche Machensallmacht des Menschen, aber, wie es scheint, auch die Rückkehr des Schicksalsglaubens. Schiller legt in der «Piccolomini» Wallenstein, dem Feld-Herrn, das viel zitierte Bekenntnis in den Mund: «In Deiner Brust sind Deines Schicksals Sterne». Doch was dem Herrn des Krieges Machensallmacht dünkt, das ist dem einfachen Soldaten in Diderots Roman «Jacques der Fatalist» kollektives Schicksal: C'est ainsi qu'il était écrit là-Haut (Es steht alles da oben geschrieben). Noch deutlicher manifestiert sich dem Menschen Schicksal, gegen das es kein Aufbegehren gibt, sondern nur die fatalistische Erduldung, in der Macht der Natur, zum Beispiel in den schweren Erdbeben der letzten Jahre in Friaul und in den Abruzzen. Die Vorstellung des Gläubigen wehrt sich dagegen, solche kol-

lektiven Schicksale dem göttlichen Handeln in seiner All-
macht zurechnen zu sollen; da sie aber gleichzeitig auch der
Machensallmacht des Menschen entzogen sind, schiebt sich
neuzeitlich in diese Lücke die alte Schicksalsvorstellung. Das
Schicksal ist nämlich ebensowenig berechenbar wie das Zu-
fällige, aber auch wie der absolut freie Wille des «Deus
absconditus».

Heißt Schicksal dann Zwang? Ist der Tod zwangsläufig? Das
ist die falsche Assoziation, die heutzutage gewöhnlich vom
Begriff Schicksal ausgelöst wird. Gewiß, es geht um «vorher-
bestimmte Notwendigkeit, die unmachbar unabänderliche
Unverfügbarkeit dessen, was jeder ist und was ihm geschieht»[5]. So ist unser genetischer Code, unser Geschlecht
Schicksal in diesem Sinne. Aber auch das Hineingeboren-
werden in das Milieu eines bestimmten Kulturkreises, in die
Sprachfamilie eines Volkes, ja in einen bestimmten Zeit-
raum, in dem der Mensch zu leben hat mit den «unverfügbaren Vorgaben»[6] der Geschichte, läßt sich als derartig prägen-
des Schicksal verstehen. Schicksal schafft Identität rassischer, völkischer, kultureller Art, es wählt aus, aber es trennt
auch. Nur als Franzose leben zu müssen, also Romane zu
sein, nicht gleichzeitig Neger sein zu dürfen, entspricht ganz
dem ursprünglichen Begriff. Das griechische «Moira hängt
mit Meros zusammen: Teil; keiner erlebt alles, schon deswe-
gen nicht, weil er stirbt»[7]. So ist bereits in diesem weitgezo-
genen Rahmen Schicksal gleichzeitig Individuation. Sie verstärkt sich durch die äußere und innere Einstellung des
Menschen zu den von den Schicksalsgöttinnen, den Nornen,
verfügten Rahmenbedingungen. Schicksal muß also stets
seit der germanischen Urprägung des Schicksalsglaubens
abgelehnt oder angenommen, also ergriffen werden, Schicksal fordert Schicksalsvollzug! Erst dieses Wechselspiel zwischen Freiheit und Notwendigkeit ergibt jenes Muster, das
wir individuelles Schicksal nennen, von Krankheit, Schuld,
Verhängnis, von Leistung, Verdienst und Glück. – Wir

möchten Goethes «Urworte Orphisch» ins Gedächtnis zurückrufen. Nirgends ist dieses Wechselspiel treffender umschrieben worden als in diesem Gedicht.

> Wie an dem Tag, der dich der Welt verliehen,
> Die Sonne stand zum Gruße der Planeten,
> Bist alsobald und fort und fort gediehen
> Nach dem Gesetz, wonach du angetreten.
> So mußt du sein, dir kannst du nicht entfliehen,
> So sagten schon Sibyllen, so Propheten,
> Und keine Zeit und keine Macht zerstückelt
> Geprägte Form, die lebend sich entwickelt.

Das ist die erhellende Formel, und dennoch scheinen wir uns im Kreise gedreht zu haben, wenn wir fragen wollten, warum die Parzen den Lebensfaden kürzen. Erst in dem Augenblick, in dem wir Schicksal nicht mehr mythisch fassen, sondern psychologisch, kommen wir einen Schritt weiter. «Thomas Mann – auch er, schon er – erinnert in seiner zweitschönsten Freudrede an Freuds Formulierung, daß ‹der Geber aller Gegebenheiten in uns selber wohnt›, und zitiert einen Satz von Jung, ‹der das Zustoßen als ein Machen entlarvt›: selbst das, was uns vermeintlich nur trifft, ist maskiertes Selbstgemachtes, ein getarntes Artefakt. Schicksal ist unbewußtes Machsal.»[8] Diese Deutung aber ist alt. Sie führt zu den Wiedergeburtslehren; denn «nicht zu trennen von der Idee der Wiedergeburt ist diejenige des Karma. Die entscheidende Frage ist», nach C. G. Jung, «ob das Karma eines Menschen persönlich sei oder nicht. Stellt die Schicksalsbestimmung, mit der ein Mensch sein Leben antritt, das Resultat von Handlungen und Leistungen vergangener Leben dar, so besteht eine persönliche Kontinuität. Im anderen Fall wird ein Karma von einer Geburt gewissermaßen erfaßt, so daß es sich wieder verkörpert, ohne daß eine persönliche Kontinuität bestünde.»[9] Buddha ist dieser Frage ausgewi-

chen. Es hat jedoch den Anschein, daß uns die wissenschaftlichen Erkenntnisse zur modernen Re-Inkarnationshypothese Indizien zu einer Antwort liefern könnten.

Setzen wir zunächst die Hypothese, daß Schicksal möglicherweise Machsal sei, daß wir selbst also unser Schicksal
bestimmen. Wie ließe sich eine solche Hypothese halten
angesichts eines ungewollten Todes? Hätten wir einen frühen
Tod selbst «gewollt», «gemacht». Was vordergründig grotesk klingt, hat tiefenpsychologisch tatsächlich Sinn. Generell schicksalbestimmend scheint nämlich unser Verhältnis
zum Tod zu sein, jene Einstellung, die wir zu ihm gewinnen.
«War unser Tod voller Schmerz und Bitterkeit, so nehmen
wir diese Gefühle mit uns und verbinden vergleichbare Situationen von vornherein damit.»[10] Gefühle der Verbitte-
rung, der Verlassenheit, des Lebensekels, desgleichen von
Unsicherheit und Angst gegenüber dem Tod werden durch
die Todeserfahrung des vorangegangenen Lebens bestimmt.
Aber auch Höhenangst, die Unerträglichkeitsgefühle in einem engen geschlossenen Raum, das Unheimlichkeitsgefühl
angesichts der Wassermassen des Meeres und ähnliche Reaktionen lassen auf Todestraumata, möglicherweise auch
auf eine Todesursache vergangener Leben schließen. Umgekehrt bedingt das friedliche Sterben ein undramatisches
nächstes Leben.

Unser Kontinuitätsbewußtsein sucht bestimmte Erfahrungen zu machen, auch Todeserfahrungen. So tritt der Tod
wohl in dem Augenblick ein, in dem eine äußere Situation zu
dieser Erfahrungssuche paßt. «. . . auch in Zukunft werden
nur wenige von uns dem Tod vorbereitet und gefaßt entge-
gentreten können» – zumal dann, wenn er als Unfalltod
kommt – «die meisten sind dazu verurteilt, alles unvollendet
zurückzulassen.»[11] «Kommt der Tod plötzlich», so die Erfahrungen Dr. Nethertons, «nehmen wir die ungelöste Situation mit ins nächste Leben, wo wir im Unterbewußtsein
versuchen, das «damals» nicht mehr gelöste Problem im jet-

zigen, neuen Leben zu bewältigen»[12]. Deshalb ist jede Re-Inkarnation eine Wahl von ausstehenden Bewältigungen; Re-Inkarnation wäre dazu da, «die alten Verhaltensmuster neu zu beleben»[13]. Der Re-Inkarnationstherapeut Netherton ist aus seiner Praxiserfahrung – die er «Hunderten von Lebensläufen» entnahm – «überzeugt, daß wir unser Leben selber wählen und daher auch die Verantwortung für uns und unser Verhalten übernehmen müssen»[14]. So «wählt» wahrscheinlich unser Kontinuitätsbewußtsein auch eine bestimmte Variante des Verhaltensmusters Tod; denn wir wissen ja, daß die unterschiedliche Erfahrung des Todes tief hineinwirkt in ein darauffolgendes Leben. Nicht ein Numinoses, wir selbst sind unser Schicksal. «Die Schuld ist des Wählenden; Gott ist schuldlos», heißt es schon in Platons «Politeia» (X, Kap. 15, 617 c). Ebenso wichtig wie der gute Tod ist in diesem Zusammenhang die Freiheit von der Schuldverantwortung; «denn während unser Bewußtsein in der Lage ist, die besonders schmerzlichen oder erschreckenden Ereignisse im Leben einfach zu ‹vergessen›, das heißt zu verdrängen, verschließt sich das Unbewußte niemals und prägt mit seinem Informationsvorrat Bewußtsein und Gefühlsleben eines jeden Menschen»[15].

Die Psychiatrie vermutet hinter jedem Unfall sogar ein tiefenpsychologisches Handeln: «Hinterm Unfall wird in aller Regel bis zum Beweis des Gegenteils ein Täter vermutet: der an der zum Unfall führenden Ursachenkonstellation meist durch Fahrlässigkeit Schuldige. Dies kann der dem Unfall zum Opfer Gefallene selbst sein oder eine zweite Person oder Instanz. Daß diese Vermutung sehr zu Recht besteht, daß der neutrale Terminus ‹Unfall› keineswegs mehr ausreicht, um gewaltsamen Tod zu erklären, ist inzwischen in der Psychiatrie vorgebracht worden: Bei Verkehrsunfällen sei es in jedem Falle notwendig, eine Untersuchung vorzunehmen, ob nicht das Verkehrsmittel in mörderischer oder selbstmörderischer Absicht als Waffe benutzt worden sei.»[16] So könnte das Kontinuitätsbewußtsein eines Unfall-Schuldigen nach den Ansichten der Psychiatrie und der neuesten philosphischen Thanatologie das eigene Versagen sogar als Mord registriert haben. – Er mag seine Schuld erfolgreich verdrängen oder sich hiesiger Gerichtsbarkeit entziehen, doch der «Gerichtsbarkeit» seines Kontinuitätsbewußtseins bleibt er ausgeliefert. Das aber kennt weder Vergessen noch Trost, Gnade oder Vergebung, sondern nur die Unerbittlichkeit des Müssens. «Mit der Geburt beginnt für das Kind das Leben, in dem es versucht, die Erfahrungen aus früheren Existenzen zu ‹bewältigen›, ohne sie überhaupt zu kennen.»[17] Jene, die durch Tötung schuldig wurden, dürften mit einer Schuldangst, nicht den Lebenserwartungen genügt zu haben, geboren werden, der Art, wie wir sie bei der Beschreibung des präsuizidalen Syndroms kennengelernt haben, was sich tiefenpsychologisch als Lebensunsicherheit, geheime Lebensangst, als mangelnde Selbstsicherheit und Selbstachtung äußern könnte. Schuld erscheint unter dem Aspekt der Re-Inkarnation also als ein Schuldigbleiben dem eigenen Kontinuitätsbewußtsein gegenüber.

Ein solches Schuldigbleiben liegt auch beim Anerkennungsversagen vor. Es gibt Spekulationen darüber, daß die lesbische oder homosexuelle Grundveranlagung möglicherweise auf der mangelnden Bejahung des eigenen Geschlechts in einem früheren Leben beruht. Das führt vielleicht zur Wiedergeburt einer Frau als Mann bei immer noch vorhandener Ablehnung des dann gegengeschlechtlich Weiblichen durch das Kontinuitätsbewußtsein. Reihen sich solche Lebensdurchgänge mangelnder Ich-Identifikation, dann rückt die Gefahr der Schizophrenie heran. Sie wäre das Ergebnis besonders belastender Wiedergeburten, in denen das Kontinuitätsbewußtsein mit früheren Existenzen nicht fertig wurde. Bei einer nur latenten Schizophrenie liegen eventuell die Erfahrungen früherer Existenzen offener. Deshalb lassen sich vielleicht Genie und Wahnsinn so schwer trennen, sofern wir dem Genie die Fähigkeit zuschreiben, die Erfahrungssumme früherer Leben künstlerisch ins Bewußtsein zu heben und tiefenpsychologisch zu bewältigen durch die Sublimierung mit Hilfe künstlerischer Formgebung; denn auch die künstlerischen Wunderkinder scheinen ja in gleicher Weise begabt zu sein, die im Kontinuitätsbewußtsein gespeicherten Fähigkeiten eines vorzeitig abgebrochenen früheren Lebens hier und jetzt dem Wachbewußtsein zugänglich zu machen. Was wir Begabungen nennen, hätten wir uns also früher selbst gegeben. Wir könnten in ihnen die positiven Seiten des Schicksals erkennen, welches «Machsal» unseres Kontinuitätsbewußtseins ist. Deshalb sollte der Mensch – natürlich mit geschichtlich bedingten Abweichungen – jene Berufe wählen, die ein früher erworbenes Können zum Tragen bringen.

«So ist gesundes normales Verhalten das Ergebnis vergangener Erfüllung»[18]; es gibt uns «Sicherheit, Selbstachtung und Produktivität»[19]. Wer das Glück der Liebe, der Ehe oder anderer partnerschaftlicher Beziehungen findet, verdankt das seinem früheren Leben, in dem er diese Probleme bereits zu einer Lösung brachte. Und wer sich bis in jede Faser seines Seins mit Stamm, Volk und Kultur beglückend identifizierte, dessen Kontinuitätsbewußtsein dürfte sich in einer nächsten Existenz kaum unter die Eskimos oder die Hottentotten verirren.

Unterscheiden sich diese Reflexionen aufgrund der Erfahrungen neuester Re-Inkarnationstherapie von den Ratschlägen Platons, «ein mittleres Leben zu wählen und sich vor dem Übermäßigen nach beiden Seiten hin zu hüten» (Politeia, X., 13., 619 a)? Eigentlich haben wir nichts Platons Bild von der «Spindel der Notwendigkeit» (8., 13., 617 a-e) zuzufügen, das wir im II. Kapitel so ausführlich beschrieben.

So kommt es kaum darauf an, ob gute oder beschwerliche soziale Verhältnisse gegeben sind, ob freiheitliche Demokratie oder Diktatur das politische Leben beherrschen, ob ich

angehalten werde, Kühe heilig zu halten, kein Schweine-
fleisch zu essen oder freitags Fisch zu speisen. Wie Institutio-
nen, Sitten und Konvention sich auswirken, mißt sich allein
an unserem Kontinuitätsbewußtsein und seiner Einstellung
zu diesen Phänomenen. Das sind alles sehr relative Werte!
Jener Mensch, der in einer Diktatur zur Selbstaufgabe, zum
Opfer für die Gemeinschaft erzogen wird und in dieser Rah-
menbedingung zu einer Ich-Identifkation findet, bereitet
wahrscheinlich das Schicksal seiner nächsten Existenz wesentlich besser vor als ein Wohlstandsbürger, der seine Sinn-
entleerungsneurose mit beruflich überzogenem Ehrgeiz,
Machtbesessenheit, Prestigebedürfnis, Geltungsdrang und
modischer Gefallsucht verdrängt. Selbst das Vorzeichen
einer solchen angenommenen Diktatur wäre unwichtig, da
das Kontinuitätsbewußtsein völlig unabhängig von rot,
braun oder schwarz nur die Ich-Identifikation mit der Rah-
menbedingung der geforderten Opfergesinnung zu registrie-
ren scheint.
Allerdings zwei Rahmenbedingungen halten wir einer stär-
keren Beachtung heute noch wert: Es handelt sich um 1. eine
Medizin, die sich dem Abbau möglicher Todestraumata widmet, anstatt ein Leben immer und unter allen Bedingungen
verlängern zu wollen; 2. eine Pädagogik, die eine Rückerinnerung im Sinne Platons für wichtiger hält als die Sozialisa-
tion in einer höchst vergänglichen gesellschaftspolitischen
Situation. Einer solchen Pädagogik wollen wir abschließend
noch einen Gedanken widmen.
Die Gefühlsregungen der ästhetischen, der metaphysischen
und der religiösen Ergriffenheit sind «durchtönt von dem
fragenden Suchen nach einem Absoluten, nach etwas, das
dem Strom der Zeitlichkeit und dem Gesetz der Vergänglich-
keit enthoben ist»[20]. Alle drei Bereiche sind gleichsam ein
«Fenster ins Absolute»[21]. Nur Ganzheitserlebnisse dieser
Art bleiben, während verstandesmäßige Lernerfolge der Vergessenheit anheimfallen oder lediglich zur routinierten Fer-

tigkeit führen. Wenn über die Schulzeit häufig an Stammtischen nur negativ renomiert oder gewitzelt wird, dann deshalb, weil sie an Ganzheitserlebnisse fast überhaupt nicht mehr heranführt. Dieses Erbe unzähliger beglückender Ganzheitserlebnisse nehmen wir mit! Es wird der Reichtum schöpferischer Kraft sein. Solange «tausendjährige Wanderschaft» währt, wie Platon in der letzten Zeile seiner «Politeia» unser Erdendasein umschreibt. Was nach dieser Wanderschaft vieler Erdenleben geschieht, ist dagegen Sache des Glaubens, und nichts hindert daran, die Vorstellung Platons von der Rückkehr zu den Göttern mit unseren christlichen Vorstellungen zu überhöhen. Goethe schrieb am 25. Januar 1813 in einem Brief an Falk: «Ich bin gewiß wie Sie mich hier sehen schon tausendmal dagewesen und hoffe wohl noch tausendmal wiederzukommen.» – An eine mehrmalige Wiedergeburt zu glauben, dünkt jedenfalls nicht phantastischer zu sein als an eine einmalige! Bisher haben wir vielzitierte Verse, die Goethe Charlotte von Stein schrieb, nur als die feinsinnige Umschreibung von Seelenverwandtschaft verstanden.

> Sag, was will das Schicksal uns bereiten?
> Sag, wie band es uns so rein genau?
> Ach, du warst in abgelebten Zeiten
> meine Schwester oder meine Frau.

Heute lesen wir diese Verse ganz anders. Sie sind zweifellos eine ontische Begründung interpersonaler Liebe, die von der wissenschaftlichen Re-Inkarnationstherapie gestützt wird. Nach den Erfahrungen Nethertons ist der «Coup de foudre» wahrscheinlich ein Akt des Wiedererkennens einer in einem früheren Leben geliebten Person[22]. Aber nicht nur die Liebe auf den ersten Blick legt den Gedanken nahe, sich früher gekannt zu haben, die Praxiserfahrungen Nethertons wie Helen Wambachs legen sogar die dringende Vermutung

nahe, daß wir viel mehr Menschen unserer Umwelt von
«früher» kennen[23], als unser Wachbewußtsein weiß, ja daß
unser Kontinuitätsbewußtsein den Akt der Wiedergeburt
möglicherweise grundsätzlich unter dem Aspekt des Wieder-
sehenwollens wählt.

Vielleicht können wir unter diesem Aspekt etwas mehr gewinnen von dem, was die Griechen Ataraxie nannten –
Unerschütterlichkeit, Seelenruhe, Gleichmut –, ein wenig
also von jener inneren Harmonie, die von den Pythagoreern
angestrebt wurde. Das «meditare mortem» Senecas ist das
Einzige und Letzte, was es zu lernen gilt! Kein Geringerer als
Rilke hat das vollgültig ausgedrückt in seinem «Buch von
der Armut und vom Tode»:

> O Herr, gib jedem seinen eigenen Tod.
> Das Sterben, das aus jenem Leben geht,
> darin er Liebe hatte, Sinn und Not.
> Denn wir sind nur die Schale und das Blatt.
> *Der große Tod,* den jeder in sich hat,
> *das ist die Frucht, um die sich alles dreht.*

ANMERKUNGEN

Zum 1. Kapitel

[1] Die ungewöhnliche Schreibweise folgt der Sprechweise und der Etymologie

[2] Raymond A. Moody: Leben nach dem Tod, Stuttgart 1977 (Lizenzausgabe für die Europäische Bildungsgemeinschaft), S. 130

[3] Moody, S. 131

[4] Moody, S. 33

[5] Moody, S. 45

[6] Moody, S. 124

[7] Moody, S. 63 f.

[8] Moody, S. 26, 29, 43

[9] Moody, S. 143 f.

[10] Moody, S. 148 f.

[11] Ian Stevenson: Reinkarnation. Der Mensch im Wandel von Tod und Wiedergeburt, Freiburg ³1979

[12] Stevenson, S. 17

[13] Stevenson, S. 18

[14] Stevenson, S. 336 f.

[15] Stevenson, S. 247

[16] Stevenson, S. 248

[17] Stevenson, S. 256

[18] Stevenson, S. 249

[19] Stevenson, S. 254

[20] Stevenson, S. 254

[21] Stevenson, S. 255

[22] Stevenson, S. 273

[23] Stevenson, S. 274

[24] Stevenson, S. 276

[25] Stevenson, S. 110

[26] Stevenson, S. 109 f., 116

[27] Stevenson, S. 114

[28] Stevenson, S. 116 ff.

[29] Stevenson, S. 115, 116 ff.

[30] ESOTERA, Jahrg. 28, Nr. 7/ 1977

[31] Stevenson, S. 171

[32] Stevenson, S. 170 f.

[33] Stevenson, S. 185 f.

[34] Stevenson, S. 186

[35] Stevenson, S. 201, 219

[36] Stevenson, S. 205

[37] Stevenson, S. 216

[38] Stevenson, S. 219

[39] Stevenson, S. 219

[40] Jean Baptiste Delacour: Aus dem Jenseits zurück, Düsseldorf 1976

[41] Stevenson, S. 102, 107

[42] Stevenson, S. 131, 136 f.

[43] Stevenson, S. 223

[44] Stevenson, S. 221

[45] Stevenson, S. 222 f.

[46] Stevenson, S. 231

[47] Stevenson, S. 249

[48] Stevenson, S. 128

[49] Stevenson, S. 131

[50] Stevenson, S. 216

[51] Stevenson, S. 157

52 Stevenson, S. 315
53 Morris Netherton/Nancy Shiffrin: Bericht vom Leben vor dem
   Leben; Reinkarnationstherapie,
   Bern/München 1979
54 Netherton, S. 152 f.
55 Netherton, S. 161
56 Netherton, S. 122, 128
57 Netherton, S. 51
58 Netherton, S. 207 f.
59 Jeffrey Iverson: More Lives
   Than One? London 1976
60 Arthur Guirdham: The Cathars
   & Reinkarnation, London 1970

61 J. Björkhem: The Hypnotiska
   Hallucinationerna, Stockholm
   1943
62 Guirdham
63 Jess Stearn: Der schlafende Prophet, Prophezeihungen in Trance
   1911–1998, Genf 1971
64 Gerhard Adler: Seelenwanderung und Wiedergeburt. – Leben
   wir nur einmal? Freiburg 1977,
   S. 82 f.
65 Adler, S. 82
66 Stevenson, S. 387
67 Adler, Inhaltsverzeichnis

Zum 2. Kapitel

1 Max Raphael: Wiedergeburts-
   magie in der Altsteinzeit. – Zur
   Geschichte der Religion und re-
   ligiöser Symbole, hg. v. Chirley
   Chesney und Ilse Hirschfeld,
   Frankfurt/M. 1979
2 Ulrich Mann: Der Tod in der
   religiösen Vorstellungswelt der
   Zeiten und Kulturkreise, in:
   Grenzerfahrung Tod, hg. v.
   Ansgar Paus ²1978 (Suhrkamp
   Tb 430), S. 47 ff.
3 Lutz Röhrich: Der Tod in Sage
   und Märchen, in: Leben und
   Tod in den Religionen, hg. v.
   Gunther Stephenson (Wissenschaftliche Buchgesellschaft),
   1980, S. 165 ff.
4 Jean E. Charon: Der Geist der
   Materie, Wien/Hamburg 1979,
   S. 136 f.
5 Mann, S. 43
6 Paul Arnold: Das Totenbuch

   der Maya, Bern/München 1980,
   S. 44
7 Arnold, S. 86
8 Arnold, S. 46
9 Mann, S. 47
10 Arnold, S. 44
11 Mann, S. 50
12 Reiner Flasche: Germanische
   Religiosität als lebensbezogener
   Schicksalsglaube, in: Stephenson, S. 142 f.
13 Mann, S. 53, 68
14 Mann, S. 65
15 Mann, S. 62
16 Mann, S. 63
17 Mann, S. 64
18 Mann, S. 65
19 Joachim Friedrich Sprockhoff:
   Die feindlichen Toten und der
   befriedete Tote, in: Stephenson
20 Mann, S. 65
21 Sprockhoff, S. 264
22 Das Tibetanische Totenbuch

oder die Nachtod-Erfahrungen auf der Bardo-Stufe Olten/ Freiburg ¹⁶1981, S. 166

23 Ludwig: «Origenes und die Präexistenz». Psychische Studien 43 (1916), S. 256

24 Ludwig, S. 247

25 Ludwig, S. 248

26 Ludwig, S. 255

27 Ludwig, S. 257

28 Ludwig, S. 257

29 Ludwig, S. 258

30 Ludwig, S. 254

31 Marc Rozelaar: Das Leben mit dem Tode in der Antike, in Paus, S. 97 ff.

32 Rozelaar, S. 100

33 W. F. Otto: Die Gestalt und das Sein, Darmstadt 1955, S. 102

34 Mann, S. 58

35 Rozelaar, S. 99

36 Rozelaar, S. 98 f.

37 Rozelaar, S. 103 f.

38 Georg Scherer: Das Problem des Todes in der Philosophie (Wissenschaftliche Buchgesellschaft), 1979, S. 83

39 Mann, S. 57

40 Rozelaar, S. 114 ff.

41 Burkhard Gladikow: Natura deus humanae, in: Stephenson, S. 122

42 Rozelaar, S. 113

43 Gladikow, S. 123

44 Gladikow, S. 124

45 B. L. van der Waerden: Die Pythagoreer. Religiöse Bruderschaft und Schule der Wissenschaft, Zürich/München 1979, S. 171 ff.

46 Waerden, S. 164 ff.

47 Waerden, S. 23

48 Waerden, S. 198

49 Waerden, S. 193

50 Waerden, S. 176

51 Waerden, S. 191

52 Waerden, S. 365 f.

53 Waerden, S. 366

54 Waerden, S. 278

55 Jacob Burckhardt: Griechische Kulturgeschichte (Kröner), Bd. I, 1952, S. 438

56 Diogenes Laertios VII, 14 – nach Waerden, S. 201

57 Rozelaar, S. 113 f.

58 Diels: Die Fragmente der Vorsokratiker nach der von W. Kranz hrg. 5. Auflage (ff.), Empedokles 31/B 112

59 Diels, B 117

60 Waerden, S. 44 ff.

61 Burckhardt, Bd. II, 1952, S. 365

62 Waerden, S. 49

63 Waerden, S. 48

64 Waerden, S. 263

65 Felix R. Paturi: Zeugen der Vorzeit, Düsseldorf/Wien 1976, S. 216–227; S. 236–241

66 Pierre Grimal: Mythen der Völker, Bd. 3 (Fischer Taschenbuch), 1977, S. 94

67 Flasche, S. 138

68 Rozelaar, S. 104 f.

69 W. F. Otto: Die Götter Griechenlands, Frankfurt/M. 1947, S. 13 und 19

70 W. F. Otto: Die Gestalt und das Sein, S. 42

71 Wilhelm Windelband: Lehrbuch der Geschichte der Philosophie, I. Teil, Genf, Einleitung

72 Scherer, S. 86

73 Charles Werner: Die Philosophie der Griechen (La Philoso-

phie Grecgue), Freiburg 1966, S. 22

[74] Werner, S. 23
[75] Rozelaar, S. 107
[76] Werner, S. 12
[77] Will Durant: Kulturgeschichte der Menschheit. Das klassische Griechenland, München 1977, S. 277
[78] Durant, S. 277
[79] Platon: Theaitetos 155 d
[80] Platon: Syposion 204 c, 4 f
[81] Platon: Politeia 621 d
[82] Platon: Phaidon 72 d
[83] Platon: Phaidon 73 a
[84] Platon: Phaidon 66 bc
[85] Platon: Phaidon 66 d
[86] Platon: Phaidon 82 e
[87] Platon: Phaidon 66 e
[88] Platon: Phaidon 67 a
[89] Platon: Phaidon 67 d
[90] Platon: Phaidon 67 e
[91] Platon: Phaidon 67 e
[92] Platon: Phaidon 67 c, 69 c
[93] Platon: Die Briefe. – Übersetzt von Heinrich Weinstock (Kröner), 1947, S. 62
[94] Scherer, S. 97
[95] Scherer, S. 96
[96] Scherer, S. 96
[97] Platon: Phaidon 76 c
[98] Scherer, S. 214
[99] Werner, S. 84 f.
[100] Werner, S. 84 f.
[101] Werner, S. 85
[102] Platon: Phaidon 72 e
[103] Scherer, S. 97
[104] Platon: Phaidon 88 a
[105] Platon: Politeia 614 a–616 a
[106] Platon: Phaidon 113 d–114 c
[107] Platon: Phaidon 114 c
[108] Platon: Politeia 616 c
[109] Platon: Politeia 617 c
[110] Platon: Politeia 617 d, e
[111] Platon: Politeia 620 a
[112] Platon: Politeia 619 a, b
[113] Platon: Politeia 620 e–621 d
[114] Scherer, S. 102
[115] Scherer, S. 114
[116] Scherer, S. 118
[117] Scherer, S. 116
[118] Platon: Phaidon 81 d
[119] Scherer, S. 216
[120] Scherer, S. 104
[121] Detlef I. Lauf: Im Zeichen des großen Übergangs. Archetypische Symbolik des Todes in Mythos und Religion, in: Stephenson, S. 91
[122] Lauf, S. 91

Zum 3. Kapitel

[1] Carl Gustav Hempel: Philosophie der Naturwissenschaften, Düsseldorf ²1974, S. 36
[2] Hempel, S. 33 f.
[3] H. Schäfer und P. Novak: Anthropologie und Biophysik, in: Neue Anthropologie, hg. v. Hans-Georg Gadamer und Paul Vogler, (dtv) 1972, Bd. I, S. 34
[4] Schäfer/Novak, S. 35 f.
[5] Schäfer/Novak, S. 35
[6] O. H. Schindewolf: Phylogenie und Anthropologie aus paläontologischer Sicht, in: Gadamer, Bd. I, S. 279
[7] Schindewolf, S. 280

[8] Peter R. Hofstätter: Psychologie. – Fischer Lexikon, 1957, S. 79

[9] John Eccles: Funktionsweisen des neutralen Mechanismus im Zentralnervensystem, in: Naturwissenschaftliche Rundschau, [4]1967, S. 139–151

[10] Hellmuth Benesch: Der Ursprung des Geistes. Wie entstand unser Bewußtsein – wie wird Psychisches in uns hergestellt? Stuttgart 1977, S. 9

[11] Benesch, S. 9 f.

[12] Benesch, S. 14

[13] Benesch, S. 15

[14] Benesch, S. 49

[15] Benesch, S. 49

[16] Teilhard de Chardin: Die Zukunft des Menschen, Olten/Freiburg 1963, S. 285

[17] Teilhard de Chardin: Auswahl aus dem Werk, (das moderne Sachbuch, Bd. 25), Olten/Freiburg 1964, S. 110

[18] Benesch, S. 10

[19] Teilhard de Chardin: Die menschliche Energie, Olten/Freiburg [2]1982, S. 368

[20] Teilhard: ebd., S. 367

[21] Gadamer, Bd. I, S. XVII

[22] Werner Heisenberg: Der Teil und das Ganze (Lizenzausgabe für die Europ. Bildungsgemeinschaft), Stuttgart 1969, S. 281

[23] Klaus Poeck: Hat der Mensch zwei Gehirne?, in: Deutsche Medizinische Wochenschrift 4/1968, S. 185–187
Klaus Poeck: Die funktionelle Asymmetrie der beiden Hirnhemisphären, in: Deutsche Medizinische Wochenschrift 47/1968, S. 2282–2287

[24] Hempel, S. 23

[25] Hempel, S. 27

[26] Hempel, S. 57

[27] Ernst Bender: Unser sechster Sinn, Hamburg [2]1973, S. 67 f.

[28] Jean E. Charon: Der Geist der Materie (L'Esprit, cet incounu), Wien/Hamburg 1979, S. 87

[29] K. Wetzler: Menschliches Leben in der Sicht des Physiologen, in: Gadamer, Bd. 2, S. 348

[30] Charon, S. 148

[31] Charon, S. 148

[32] Peter Tompkins/Christopher Bird: Das geheime Leben der Pflanzen, Bern/München [2]1974, S. 34–56

[33] Evidence of Primary Perception in Plant Life, in: International Journal of Parapsychology, Bd. X, 1968 (nach Tompkins, S. 30)

[34] Tompkins, S. 27

[35] Charon, S. 9

[36] Charon, S. 9

[37] Charon, S. 34

[38] Einstein, nach Charon, S. 60

[39] Charon, S. 60

[40] Charon, S. 16

[41] Charon, S. 62

[42] Charon, S. 47 f.

[43] Denis Postle: Das kosmische Ballett (The Fabric of Universe), Frankfurt/M. 1976, S. 61

[44] Fritjof Capra: Der kosmische Reigen (The Tao of Physik), Bern/München/Wien [2]1978, S. 61

[45] Charon, S. 49

[46] Capra, S. 63

[47] Postle, S. 80

[48] Capra, S. 69

49 Capra, S. 71
50 Capra, S. 71
51 Postle, S. 83–87
52 Postle, S. 83
53 Postle, S. 83
54 Charon, S. 77
55 Charon, S. 64 f.
56 Postle, S. 83
57 Charon, S. 67–70
58 Charon, S. 71 f.
59 Charon, S. 35
60 Charon, S. 37
61 Charon, S. 61
62 Charon, S. 37
63 Charon, S. 76 f.
64 Adolf Haas: Teilhard de Chardin-Lexikon, Freiburg Bd. 2, 1971, S. 347
65 Teilhard de Chardin: Der Mensch im Kosmos, München 1959, S. 31
66 Teilhard de Chardin: Die menschliche Energie, Olten/Freiburg ²1982, S. 304
67 Teilhard de Chardin: Das Auftreten des Menschen, Olten/Freiburg ²1965, S. 287
68 Charon, S. 65
69 Charon, S. 82
70 Charon, S. 83
71 Charon, S. 71
72 Charon, S. 220
73 Charon, S. 250
74 Charon, S. 254
75 Charon, S. 219 f.
76 Charon, S. 193
77 John C. Eccles: Das Gehirn des Menschen, 1979, 6. Kapitel
78 Charon, S. 193 f.
79 Charon, S. 147
80 Charon, S. 35
81 Charon, S. 73
82 Charon, S. 72
83 Charon, S. 39
84 Charon, S. 135
85 Charon, S. 38
86 Charon, S. 39
87 Charon, S. 194
88 Charon, S. 261 f.
89 Charon, S. 194
90 Teilhard de Chardin: Der Göttliche Bereich. Ein Entwurf des Inneren Lebens, 1962 (deutsche Werke Bd. II), S. 40
91 Charon, S. 155
92 Charon, S. 154
93 Charon, S. 258
94 Charon, S. 258
95 Charon, S. 183
96 Morris Netherton/Nancy Shiffrin: Bericht vom Leben vor dem Leben; Reinkarnations-Therapie, München 1979, S. 230
97 Charon, S. 194
98 Charon, S. 247
99 Teilhard de Chardin: die Zukunft des Menschen, Olten/Freiburg ³1982, S. 33
100 Teilhard de Chardin: Die Zukunft des Menschen, S. 35
101 Charon, S. 247
102 Charon, S. 247
103 Charon, S. 244
104 Netherton, S. 229
105 Charon, S. 104
106 Charon, S. 186
107 Charon, S. 186
108 Heisenberg, S. 311
109 Carl Friedrich von Weizsäcker: Die Einheit der Natur, München ⁴1972, S. 113
110 Weizsäcker, S. 113 f.
111 Weizsäcker, S. 378
112 Weizsäcker, S. 378

Zum 4. Kapitel

[1] Max Planck: Religion und Naturwissenschaft, in: Vorträge und Erinnerungen (Wissenschaftliche Buchgesellschaft; Reprografischer Nachdruck, ⁵1949), 1975, S. 331

[2] Planck, S. 331

[3] E. Jean Charon: Der Geist der Materie, Wien/Hamburg, 1979, S. 38

[4] Teilhard de Chardin: Wissenschaft und Christus, Olten/Freiburg 1970, S. 207

[5] Johannes B. Lotz: Der Tod in theologischer Sicht, in: Grenzerfahrung Tod, hg. v. Ansgar Paus, (Suhrkamp Tb 403), ²1978, S. 81

[6] Karl Rahner / Herbert Vorgrimler: Kleines theologisches Wörterbuch, Freiburg 1961, S. 109

[7] Rahner, S. 223 (vgl. Höfer/Rahner [Hrsg.]: Lexikon für Theologie und Kirche, 9. Bd., 1964, Sp. 578 f.)

[8] Rahner, S. 223

[9] Rahner, S. 261

[10] Werner Heisenberg: Der Teil und das Ganze (Lizenzausgabe für die Europäische Bildungsgemeinschaft), 1969, S. 273

[11] Charon, S. 254; 251

[12] Wolfgang Pannenberg: Was ist der Mensch. – Die Anthropologie der Gegenwart im Lichte der Theologie, Göttingen 1962, S. 37 f.

[13] Carl Friedrich von Weizsäcker: Der Garten des Menschlichen, München/Wien 1977, S. 164

[14] Niels Bohr: Atomic Physics and Human Knowledge (John Wiley & Sons, New York), 1958, S. 20

[15] Fritjof Capra: Der kosmische Reigen. Physik und östliche Mystik – ein zeitgemäßes Weltbild. (The Tao of Physics, 1975), Bern/München/Wien, ²1978, S. 68

[16] Werner Heisenberg: Physik und Philosophie, Berlin 1973, S. 60

[17] Heisenberg: Physik, S. 40

[18] Carl Friedrich von Weizsäcker: Die Einheit der Natur, München 1972, S. 382

[19] F. Wiplinger: Der personal verstandene Tod, Freiburg 1970, S. 48 f.

[20] Richard Wilhelm: I Ging. Das Buch der Wandlungen, Düsseldorf 1970, S. 15

[21] Wilhelm, S. 275

[22] Isa-Upanischade 5

[23] Capra, S. 153, nach: J. R. Oppenheimer: Science and the Common Understanding, London 1954, S. 42 f.

[24] Weizsäcker: Die Einheit, S. 376

[25] Weizsäcker: Die Einheit, S. 375

[26] Aristoteles: Metaphysica 982 b 17 f. – Ausgabe von Immanuel Bekker (Neudruck Darmstadt), 1960

[27] Walter Schulz: Zum Problem des Todes, in: Hans Ebeling, Der Tod in der Moderne, Hanstein 1979, S. 174 (vgl. Ernst Topisch: Vom Ursprung und Ende der Metaphysik [dtv] 1972 [1958], S. 10)

[28] Martin Heidegger: Sein und Zeit, Tübingen ^{15}1979, § 49

[29] Heidegger, § 49

[30] Heisenberg: Der Teil, S. 277

[31] Bernulf Kanitscheider: Philosophie und moderne Physik. – Systeme, Strukturen, Sythesen (Wissenschaftliche Buchgesellschaft), 1979, S. 376

[32] Kanitscheider, S. 376

[33] Charon, S. 17

[34] Charon, S. 71, 250 (vgl. Kanitscheider: zu den beiden Friedman-Gleichungen, S. 82 ff.)

[35] Charon, S. 209 f., 251

[36] Charon, S. 218

[37] Charon, S. 210

[38] Charon, S. 219

[39] Charon, S. 219

[40] Charon, S. 211

[41] Charon, S. 72 f.

[42] Charon, S. 219

[43] S. W. Hawkins: Quantum explosions of black holes. Scient. Am., January 1977, S. 39, nach: Kanitscheider, S. 195

[44] Kanitscheider, S. 181

[45] Kanitscheider, S. 181

[46] Charon, S. 15

[47] Charon, S. 40

[48] Josef Koch: Nikolaus von Kues, in: Die großen Deutschen – Deutsche Biographie, hg. v. Hermann Heimpel / Theodor Heuss / Benno Reifenberg, Berlin, I. Bd., 1956, S. 281 f.

[49] Heinz Heimsoeth: Die sechs großen Themen der abendländischen Metaphysik, (Wissenschaftliche Buchgesellschaft) ^{5}1965, S. 76

[50] Meurers, S. 12

[51] Meurers, S. 12

[52] Heimsoeth, S. 77

[53] Heimsoeth, S. 77

[54] Heimsoeth, S. 77

[55] Heimsoeth, S. 77

[56] Heimsoeth, S. 87

[57] Heimsoeth, S. 87

[58] Heimsoeth, S. 88

[59] Heimsoeth, S. 88

[60] Kanitscheider, S. 318

[61] Kanitscheider, S. 318

[62] nach Kanitscheider, S. 317

[63] Kanitscheider, S. 319

[64] Heimsoeth, S. 133

[65] Heimsoeth, S. 133

[66] Heimsoeth, S. 133

[67] Heimsoeth, S. 142

[68] Heimsoeth, S. 147

[69] Heimsoeth, S. 149

[70] Heimsoeth, S. 150

[71] Heimsoeth, S. 151

[72] Meurers, S. 27

[73] Meurers, S. 27

[74] Meurers, S. 28

[75] Meurers, S. 28

[76] Heimsoeth, S. 151

[77] Heimsoeth, S. 152

[78] Heimsoeth, S. 155

[79] Heimsoeth, S. 156

[80] Heimsoeth, S. 165

[81] Heimsoeth, S. 165

[82] Heimsoeth, S. 171

[83] Heimsoeth, S. 171

[84] Heimsoeth, S. 147

[85] Heidegger, § 47

[86] Heidegger, § 48

[87] Heidegger, § 51

[88] Heidegger, § 51

[89] Georg Scherer: Das Problem des Todes in der Philosophie, (Wissenschaftliche Buchgesellschaft) 1979, S. 60

[90] Wiplinger, S. 45
[91] Scherer, S. 65
[92] Scherer, S. 64
[93] C. G. Jung: Erinnerungen, Träume, Gedanken, Olten/ Freiburg 1971, S. 317 (^{12}1982)
[94] Rahner, S. 356 f.
[95] Charon, S. 257
[96] Charon, S. 247
[97] Charon, S. 246
[98] Charon, S. 246
[99] Charon, S. 245 f.
[100] Kanitscheider, S. 48
[101] Charon, S. 261 f.
[102] Gabriel Marcel: Tod und Unsterblichkeit, in: Auf der Suche nach Wahrheit und Gerechtigkeit, Frankfurt 1964, S. 75 ff.
[103] Marcel, S. 75 ff.

Zum 5. Kapitel

[1] Jean E. Charon: Der Geist der Materie (L'Esprit, cet incounu), Wien/Hamburg 1979, S. 11
[2] Heinz Horst Schrey: Einführung in die Ethik (Wissenschaftliche Buchgesellschaft) 1972, S. 18 (vgl. J. Gründel: Moraltheologie, in: E. Neuhäussler / E. Gössmann [Hrsg.]: Was ist Theologie?, 1966, S. 214 ff.)
[3] Schrey, S. 16
[4] Schrey, S. 10
[5] Schrey, S. 61
[6] Werner Fuchs: Herrschaft und Gewalt, in Ebeling, S. 158
[7] Fuchs, S. 158
[8] Fuchs, S. 159 f.
[9] Wilhelm Kamlah: Meditatio mortis, in: Ebeling (Hrsg.): Der Tod in der Moderne. – Neue wissenschaftl. Bibliothek. Philosophie, Hanstein, S. 219
[10] Löwith, S. 135
[11] Löwith, S. 135
[12] Löwith, S. 132
[13] Löwith, S. 132
[14] Kamlah, S. 220
[15] Löwith, S. 134
[16] Löwith, S. 135
[17] Löwith, S. 136
[18] Hellmuth Günther Dahms: Der zweite Weltkrieg, Tübingen 1960, S. 563
[19] Dahms, S. 565
[20] Löwith, S. 138
[21] Löwith, S. 143
[22] Schrey, S. 129
[23] Karl Rahner / Herbert Vorgrimler: Kleines theologisches Wörterbuch, Freiburg 1961, S. 124 f.
[24] Rahner, S. 124 f.
[25] Schrey, S. 129
[26] Schrey, S. 128
[27] Rahner, S. 219
[28] Schrey, S. 128 f.
[29] Schrey, S. 129 (vgl. H. H. Schmidt: Gerechtigkeit als Weltordnung, 1968)
[30] Schrey, S. 129
[31] Otto Friedrich Bollnow: Wesen und Wandel der Tugenden, Stuttgart 1958, S. 186
[32] Bollnow, S. 187
[33] Bollnow, S. 187

34 Bollnow, S. 188
35 Rahner, S. 125
36 Rahner, S. 125
37 Erwin Ringel: Suizid und Euthanasie, in: Granzerfahrung Tod, hg. v. Ansgar Paus, ²1978 (Suhrkamp Tb. 430), S. 260
38 Löwith, S. 141
39 Löwith, S. 142
40 Löwith, S. 136
41 Löwith, S. 136 f.
42 Kamlah, S. 222
43 Ringel, S. 243
44 Ringel, S. 241
45 Ringel, S. 241
46 Ringel, S. 275
47 Ringel, S. 245
48 Gion Condrau: Todesfurcht und Todessehnsucht, in: Paus, S. 211
49 Condrau, S. 217
50 Arthur Jores: Der Tod des Menschen in psychologischer Sicht, in: Arië Sborowitz (Hrsg.): Der leidende Mensch. – Personale Psychotherapie in anthropologischer Sicht (Wissenschaftliche Buchgesellschaft, Wege der Forschung, Bd. X), 1965, S. 425
51 Ringel, S. 247
52 Ringel, S. 263
53 Ringel, S. 256
54 Ringel, S. 256
55 Ringel, S. 256
56 Ringel, S. 256
57 Ringel, S. 261
58 Ringel, S. 254
59 C. G. Jung: Erinnerungen, Träume, Gedanken (hrsg. v. A. Jaffé), Olten/Freiburg 1971 (¹²1982), S. 304
60 Jung, S. 322
61 Condrau, S. 236
62 Jung, S. 320
63 Condrau, S. 218
64 Condrau, S. 218
65 Condrau, S. 236
66 Kamlah, S. 221
67 Ringel, S. 246
68 Ringel, S. 246
69 Jores, S. 422
70 Jores, S. 427
71 Herbert Plügge: Über die Hoffnung, in: Sborowitz, S. 441
72 Plügge, S. 442
73 Peter R. Hofstätter (Hrsg.): Psychologie. – Fischer Lexikon 1970, S. 244
74 Edgar Herzog: Tötungsträume, in: Sborowitz, S. 408 (nach Lévy Bruhl: Die geistige Welt der Primitiven, München 1927, S. 285)
75 Herzog, S. 407
76 Löwith, S. 142
77 Löwith, S. 142
78 Löwith, S. 142
79 Kamlah, S. 216
80 Ringel, S. 282
81 nach Ringel, S. 279
82 nach Ringel, S. 277
83 Ringel, S. 278
84 Ringel, S. 277
85 Fuchs, S. 152
86 Kamlah, S. 223
87 Morris Netherton/Nancy Shiffrin: Bericht vom Leben vor dem Leben. Reininkarnationstherapie, Bern/München 1979

Zu: Schicksal als Machsal

1. Max Woitschach: Läßt sich der Zufall rechnen? – Nutzen und Grenzen der Wahrscheinlichkeitsrechnung, Stuttgart 1978, S. 26
2. Woitschach, S. 19
3. Woitschach, S. 19
4. Thornton Wilder: die Brücke von San Luis Rey (Fischer Taschenbuch) 1959, S. 11
5. Odo Marquard: Ende des Schicksals? – Einige Bemerkungen über die Unvermeidlichkeit des Unverfügbaren, in: Schicksal? Grenzen der Machbarkeit. Ein Symposion, (dtv) 1977, S. 8
6. Marquard, S. 15
7. Marquard, S. 8
8. Marquard, S. 9 (nach: Thomas Mann: Freud und die Zukunft, 1936, in: Werke, Schriften und Reden zur Literatur, Kunst und Philosophie II, Frankfurt 1960, S. 222, 221)
9. C. G. Jung: Erinnerungen, Träume, Gedanken, Olten/Freiburg 1971 (¹²1982), S. 320
10. Morris Netherthon/Nancy Shiffrin: Bericht vom Leben vor dem Leben; Reinkarnationstherapie, Bern/München 1979, S. 173
11. Netherton, S. 179
12. Netherton, S. 173
13. Netherton, S. 187
14. Netherton, S. 230
15. Netherton, S. 28
16. Werner Fuchs: Eigentod und Fremdtod, in: Ebeling (Hrsg.): Der Tod in der Moderne. – Neue wissenschaftliche Bibliothek. Philosophie, Hanstein 1979, S. 158
17. Netherton, S. 153
18. Netherton, S. 16
19. Netherton, S. 16
20. Philipp Lersch: Aufbau der Person, München ⁹1964, S. 275
21. Lersch, S. 276
22. Netherton, S. 103
23. Netherton, S. 228

Das tibetanische Totenbuch

oder

Die Nachtod-Erfahrungen auf der Bardo-Stufe

Herausgegeben von W. Y. Evans-Wentz
Mit einem Geleitwort
und einem psychologischen Kommentar
von C. G. Jung

335 Seiten. 1971, 16. Auflage 1981,
6. Auflage der Sonderausgabe 1982

Das Tibetanische Totenbuch, ein berühmtes und immer mehr auch im Westen geschätztes Weisheitsbuch aus Tibet, wurde von Lama Govinda, einem der besten Kenner der tibetanischen Literatur, in Text und Kommentar revidiert. 1935 war es erstmals in deutscher Sprache erschienen. Kommentare helfen zum Verständnis des geheimnisvollen Buches. Es zeigt unter anderem auch den Weg, wie man, statt durch eine Schoßgeburt in die Welt zurückzukehren, durch Erkenntnis und Willen zu einer übernormalen Geburt in ein Paradies gelangen kann.

«Die Botschaft dieses Buches ist, daß die Kunst des Sterbens ebenso wichtig ist wie die Kunst zu leben und daß sie diese ergänzt und krönt; ferner, daß das künftige Dasein vielleicht sogar ganz abhängt von einem richtig gemeisterten Tod. Was wir Geburt nennen, ist nichts als die andere Seite des Todes. Es ist die Rückkehr vom Tode, die Reinkarnation.»

Deutsches Ärzteblatt, Köln 1978

Walter-Verlag